OKAERI TRAVEL JAPAN

轻松游日本

まっぷる マガジン

镰仓

江之岛

日本昭文社 编著

王志壮 管左婷 胡悦 译

ARTTIME 时代出版

时代出版传媒股份有限公司

安徽科学技术出版社

镰仓 江之岛

contents ①

区域目录在P.3

可以轻松取下并使用

豪华!!

3大特别附录手册

特别附录1 镰仓咖啡馆向导帖

特别附录2 镰仓散步MAP

特别附录3 新江之岛水族馆、江之岛BOOK

MAPPLE
轻松游日本 镰仓·江之岛
特别附录1

古都咖啡时光，品味无上幸福

CAFÉ BOOK

镰仓咖啡馆向导帖

在镰仓，这里寺院林立、风景秀美，漫步小街也乐趣横生，还有许多咖啡馆可供休息。咖啡馆内部氛围也十分好。一起去喝杯咖啡，放松疲倦的身体吧。

CONTENTS

温暖的空间
心情舒畅

古民家咖啡馆

在镰仓，这里有很多利用了融合古都景色的古民家咖啡馆。朴素的氛围让人怀念，人们不知不觉中就想久坐下去。

鹤冈八幡宫·小町路地区

Garage Blue Bell

●ガレージブルーベル

☎0467-22-4836　　MAP附录②P.11 A-2

由英国的古式家具组成，娴静氛围的茶点时间。品味自家制的司康面包与红茶等，好好来享受下英国传统茶点时间。您还可以欣赏四季之花盛开的庭院。

休星期四、第3个星期三　L11:30～17:30(18:30关门)　所镰仓市小町2-4-14　交JR镰仓站东口步行7分钟　P无

来到庭院
享受鸟的
叽喳声

Yummy Sweets!

1檐廊的座位是特等座。庭院树树滴翠,美不胜收　2"司康面包和阿萨姆邦茶"一套是1000日元。附加的果酱和蛋奶冻也是自家生产的　3店主驹泽康子小姐。④建造约70年的古民家。座位之间的空间很宽敞，能让您尽情放松　5与小町路非常近，在JR线路沿线选址。店前悬挂着英国国旗作为标记

长谷·由比滨地区

cafe 坂之下

●カフェさかのした

☎0467-25-7705　　MAP附录②P.15 B-3

这里可是成为了电视剧中登场的咖啡馆的模范店。店主亲自改造的店中内部装潢，拆掉隔间，成为开放式的空间。配置了古式家具等，让您心情舒畅。

休星期一(如果是节假日,则第二天休息),其他日期不定期休息　L10:00～16:00(17:00关门)、周末～17:00(18:00关门)　所镰仓市坂之下21-15　交江之电长谷站步行8分钟　P无

Yummy Sweets!

1这里是利用建造了七八十年的民家宅院　2"抹茶薄饼 香草冰淇淋加上饮料套餐"1380日元。松软的薄饼配上满满的鲜奶油等　3散发着北欧和昭和时代气息的沙发、椅子和桌子都放置在店内里

长谷·由比滨地区

无心庵

●むしんあん

0467-23-0850

MAP 附录②P.14 E-2

这里是利用建造了将近100年的朴素民家的小店。店内有日本庭园，还能看见江之电。“豆干”(600日元)，以及以松软而丰满的煮豆作为原料的料理都非常有名。

休 星期四（节假日也照常营业）
L 10:00～17:00(关门) 所 镰仓市由比滨3-2-13 🚃江之电和田塚站前
P 无

1 榻榻米的和室，里面有桌子座位等 2 “豆沙水果凉粉”700日元。红糖汁和豆子很搭配

穿过门，通过整理得很精致的庭院去往店内。从庭院能看见飞驰的江之电

1 “有机粗米米饭与熟食的什锦拼盘”1500日元
2 还有车不能通过的小路

长谷·由比滨地区

NATUDECO

●ナチュデコ

0467-40-6973

MAP 附录②P.15 C-2

改装古民家的汽车库，早上8点开始营业的咖啡馆。享受使用有机食材和优质食品制作而成的熟食盒饭和饭后甜点。

休 无休 L 8:00～18:00(关门、早餐～10:00、午餐11:00～15:00) 所 镰仓市长谷1-14-26 🚃江之电长谷站前
P 无

走向深处的店内。阳光从敞篷车顶一样的顶棚中照射进来

二楼的天花板装饰着花篮和一些假花，营造出独特的空间

长谷·由比滨地区

La Maison Ancienne

0467-81-4040

MAP 附录②P.15 A-3

存在于从极乐寺之路开始，台阶不断升高的高台隐匿之处的咖啡馆——二楼的咖啡馆提供使用香草的菜单，一楼是经营香草和杂货的商店。

休 星期三 L 10:30至日落 所 镰仓市极乐寺2-1-13 🚃江之电极乐寺站步行6分钟 P 1个停车位

1 “香蕉面包蛋糕+调和香草茶”1200日元 2 古民家的墙壁被涂成白色，外观看上去似乎有着欧洲般的风情

装饰着马灯和彩绘玻璃，东西结合的装饰。还有画廊

1 这是宽阔而宽广的玻璃伸展开的建筑让人感受到历史 2 “法国风味吐司”850日元，很受欢迎。中间有着像布丁一样的口感

长谷·由比滨地区

HALENOVA

●ハレノバ

0467-84-8414

MAP 附录②P.15 A-3

用自家烘焙的咖啡与豆乳等制作的健康面包圈，店以此闻名。日本风味与西洋的室内装饰相协调，展现了心情舒畅的空间。

休 星期一 L 11:00～17:00(18:00关门)、周末和节假日～18:00(19:00关门)
所 镰仓市极乐寺3-6-14 5江之电极乐寺站步行3分钟 P 无

稻村崎·七里滨地区

YORIDOKORO

0467-40-5737

MAP 附录②P.20 G-3

建造在江之电稻村崎站附近的道口旁边，食堂和咖啡馆由大正时代后期的古民家改装而来。使用店主本家的鱼类干货专卖店里售卖上乘的干货制作而成的套餐，好评不断。使用家燕咖啡烘焙地的豆子制作的咖啡，推荐您品尝!

休无休 L7:00~9:00、11:00～17:45(18:00关门)
所镰仓市稻村崎1-12-16 江之电稻村崎站前 P无(附近有付费停车场)

我会告诉您一些镰仓的观光信息。如果心情好，请务必来转转

Yummy Lunch!

1窗边的座位看江之电，十分有临场感！从外面的阳台座位也能看到 2店主惠武志先生 3“咸鲐鱼的干货套餐”1300日元。干货套餐有5种。饭是白米还是十五谷米，由您选择

1下古老的房梁和柱子的痕迹。设计感上乘的椅子和桌子也十分瞩目 2“高级面包与使用土鸡蛋制作的法式吐司”1512日元。还附带用面包边儿炸的面包干 3沿着住宅街的小道往前走，您就会看到

长谷·由比滨地区

café recette 镰仓

●カフェルセットかまくら

0467-38-5700

MAP 附录②P.15 B-3

这是由大正时代的民家改装而成的面包甜点专卖的咖啡馆。使用最高级的面包制作的法式吐司，雅致松软的食感，的确是新感觉!

休无休 L8:30～17:00(早餐～11:00、午餐11:00～14:00、下午茶14:00～17:00) 所镰仓市坂之下22-5 江之电长谷站步行5分钟 P无(有合作停车场)

长谷·由比滨地区

布手巾咖啡 一花屋

●てぬぐいカフェいちげや

0467-24-9232

MAP 附录②P.15 B-3

店内，作为茶室使用的宽阔的榻榻米的空间，放置着矮脚饭桌和手工制作的桌子，檐廊的门敞开着，眺望庭院十分惬意。同时也贩卖手布巾和陶器等和式杂货。

休星期二、三 L10:30～17:00(关门) 所镰仓市坂之下18-5
江之电长谷站步行5分钟 P无

1这里摆放着用手巾布缝制而成的褥垫，给人一种怀旧感 2沏茶“印度茶”600日元,“红茶”500日元。“酒糟柠檬蛋糕”和饮料一套900日元 3长谷居民街的民家

北镰仓地区

狸穴Cafe

●まみあなカフェ

0467-33-4866　MAP附录②P.16 D-2

东庆寺附近咖啡馆用复古木材的风格，让你感受到雅趣。2楼天花板很高的，空间是开放式的，让您心情舒畅。放入黏糊糊的牛胫肉的炖牛肉等料理也十分出彩。

休不定期休息　L11:30～17:00（18:00关门）（根据季节有所不同）
所镰仓市山之内403　5JR北镰仓站前　P无

1沿着镰仓街道，丝毫不逊色于周边寺庙神社的存在感　2有酸酸味道的“勃艮第风格炖牛肉”1850日元。附赠面包和沙拉

二楼剥露的粗大梁柱，让人格外注目。这里也配备有衣橱等日常家具，酝酿出怀旧的情感

这里也会卖一些面包。如果点了汤汁和饮料，在店内也能食用

镰仓站西口地区

kamakura 24sekki

●カマクラにじゅうしセッキ

0467-81-5004　MAP附录②P.13 B-4

这里是利用建造了40年的民家做成的面包房咖啡馆。充分利用原材料的状态下，品尝简单的天然酵母面包和自然栽培蔬菜的汤汁。芳香与香甜味随着您的咀嚼扩散开来。

休星期一～星期三，夏天有长假　L11:00～17:00（咖啡馆11:30～、面包卖完也会营业）　所镰仓市常盘923-8　JR镰仓站西口步行19分钟　P2个停车位

1随汤附带的“三明治过滤漏斗”120日元，以及“有机三年番茶的豆奶拿铁”580日元　2建造在闲静的居民街一角

不仅是古民家！

这样的地方也能成为咖啡馆

除了古民家以外，在镰仓还有些有韵味的咖啡馆。如果您知道以前那里是怎样的建筑，就更想去一探究竟吧！？

长谷·由比滨地区

vuori

●ブオリ

0467-23-2450
MAP附录②P.15 C-2

咖啡馆是由昭和初期的海产物批发店的仓库改造而来的。充分利用原材料的甜点与手冲咖啡等，你可以一边品尝一边放松。2楼现在是一个画廊。

休不定期休息　L11:00～18:30（19:00关门，商店和画廊12:00~18:00）（冬季有所不同）
所镰仓市长谷1-15-1　江之电长谷站步行4分钟　P无

人气“荞麦粉的好运烘饼 盐奶油香草冰淇淋”一套1150日元

仓库改装而来

工作人员亲自改装，古家具和古木材到处都有的复古空间

鹤冈八幡宫·小町路地区

tsuu

●ツウ

0467-22-2592
MAP附录②P.11 D-4

改装100年前的米仓，咖啡馆和酒吧有着令人怀念的氛围。美丽的白墙壁使人心情舒畅。午餐来一些咖啡和甜点，中餐套餐，晚上通过预约能享受正餐和酒水。

休星期一（节假日照常营业）　L11:30～21:00（关门，晚上需要预约）
所镰仓市小町2-23-6
JR镰仓站东口步行5分钟　P无

米仓改装而来

1“蔬菜奶油蛋糕（根据季节种类有所不同）”500日元。如果和咖啡组成套餐则为980日元2店内高高的天花板给人印象深刻

让心飞舞的
超棒地标

海咖啡馆

咖啡屋位于国道旁边，面朝大海。
广阔的海洋映入眼帘，在这个给人压倒性感受的开阔
空间里享受美食，步行的疲惫也会被吹散。

1

稻村崎·七里滨地区

Pacific DRIVE-IN

●パシフィックドライブイン

☎0467-32-9777　MAP 附录②P.20 F-3

2015年3月，Drive-in咖啡屋在七里滨海岸的沿岸开张了。在这个开阔感十足的开放空间里，让人想坐在露天座位上，好好品味店主拿手的夏威夷风味食物。

休 不定期休息　L 10:00~19:30(20:00关门)(根据季节不同而变化)　所 镰仓市七里滨东2-1-12　🚃 江之电的七里滨站台步行3分钟　P 370个停车位

Yummy Sweets!

2

3

1 位于国道134号旁边　2 能品尝到夏威夷的本地风味，松软的"黄油牛奶烤薄饼"972日元　3 坐在露天座位能够将相模湾收入眼底，是极佳的上等席位

1

在宽敞的窗边座位上
可眺望由比滨

1 吧台座位位于窗边，椅子很大。可宽敞入座，并享受周围景致　2 "每日一变麻心御膳"1280日元起。可乐饼的面酥由麻子粉制作

长谷·由比滨地区

The Organic & Hemp Style Cafe & Bar 麻心

●ザオーガニックアンドヘンプスタイルカフェアンド バーまごころ

☎0467-38-7355　MAP 附录②P.15 C-3

这个咖啡屋是以有机物和麻为主题的自然派咖啡屋，从店内可望到由比滨。全部菜品都采用麻的种子制作，料理中也使用了当地的蔬菜和鱼类，别有一番滋味。

休 星期一(节假日时第二天休息)　L 11:30~21:00　所 镰仓市长谷2-8-11 2楼　🚃 江之电长谷车站步行5分钟　P 无

2

稻村崎·七里滨地区

bills 七里滨

●ビルズしちりがはま

☎0467-39-2244　MAP 附录②P.20 E-2

世界上的名流们称赞这里的早餐为"世界第一早餐"，这个早餐就是悉尼为发源地的"全天休闲餐饮all day casual dining"。从宽敞的窗户内一眼望去，七里滨的大海就在眼前。从店内的任何座位看过去，都能看到大海。

休 不定期休息　L 7:00~20:00(21:00关门)，星期一~16:00(17:00关门)　所 镰仓市七里滨1-1-1 WEEKEND HOUSE ALLEY 2层　🚃 江之电七里滨站附近　P 31个停车位

1

©Petrina Tinslay

2

1 乳酪薄饼w/新鲜香蕉、蜂巢黄油（honey comb butter）1512日元
2 店内有阳光照射。露天座位颇受欢迎，可感受着海风享受美食

稻村崎·七里滨地区

AMALFI CAFFE

●アマルフィイカフェ

0467-53-8801　　MAP附录②P.20 E-2

本店的甜点是采用意大利阿玛菲地域的原材料制成，颇受好评。在3楼的露天座位，可以享受180度的广阔全景。来一份“dolce套餐”，一并享用吧。

休无休　L11:00～18:30(19:00关门)、周末10:00～※可能出现变更　所镰仓市七里滨1-3-14 3楼　🚃江之电七里滨站附近　P18台(共用)

1 带着柠檬清香的“Delizia al limone”360日元　2 符合湘南风格的木制设计，现代主义外观　3 在露天座位上能够享受海风习习。右侧能看到江之岛

长谷·由比滨地区

Daisy's Cafe

●デイジーズカフェ

✆0467-23-9966　　MAP附录②P.15 C-3

此店让人联想到美国村野的海边咖啡屋。店内的窗户宽敞，能够一眼望到由比滨海岸。菜品丰富，自制的蛋糕也颇有人气。

休无休　L11:00～20:00(饮品L.O.20:30、21:00关门)、星期五~星期日，营业至23:00(饮品L.O.23:30、24:00关门)　所镰仓市长谷2-8-11　🚃江之电长谷车站步行5分钟　P无(有停车场)

1 店外是一条公路，另一侧就是由比滨的大海　2 店名写在白色墙壁上，氛围简单而休闲　3 “Jasmine's rice”风味浓郁，是店里的人气菜品。930日元。将其拌匀后，大吃一番吧

江之岛地区

iL CHIANTI BEACHE

●イルキャンティビーチェ

✆0466-26-0234

MAP附录③P.12 C-5

全景式海景就在眼前。全部坐席都能望见海洋，但最为推荐的还是露天座位。伴随着海洋景色，可享用14种以上的丰富窑烧披萨。

休无休　L11:00～22:00(23:00关门)
所藤泽市片濑海岸2-20-3　🚃小田急江之岛线路片濑江之岛站附近　P200个停车位

1 “深夜意面”Msize1490日元（中央）　2 本大型店临近大海，有停车场，能够停泊200辆车　3 露天座位36席位，能观赏180　海景

1眼前的竹林笔直延伸到远处，心中畅快 2附带有干点心的“抹茶（附点心）”500日元。在竹林庭院的入口处购买饮食券 3坐席设在正对竹林庭院的地方

在清幽的景色中洗涤身心

寺咖啡馆

镰仓拥有很多寺院，这些寺院很多都有休憩之所。一边欣赏极具风情的院落，一边喘口气。去和古都的风景来一次邂逅吧。

金泽街道　二阶堂地区

休耕庵

●きゅうこうあん

报国寺的寺院内

0467-22-0762（报国寺）

MAP附录②P.18 E-5

报国寺内有将近2000株繁茂生长的孟宗竹。本茶室就位于此中的竹林庭院内。一面欣赏竹林庭院，一面享用抹茶和干点心。另外，竹林的新绿更是美不胜收。

休12月29日至次年1月3日 L9:00～15:30（关门） 所镰仓市净明寺2-7-4 ¥需另支付竹林庭院参观费用200日元 交JR镰仓车站东口坐京急bus highland循环，镰仓灵园正门前太刀洗方向　金泽八景车站方向，约9分钟，到净明寺下车，步行3分钟 P5个停车位

金泽街道·二阶堂地区

喜泉庵

●きせんあん

净妙寺的寺院内

0467-22-8638

MAP附录②P.18 F-4

在本茶室中，可一边观赏庭院中的枯山水，一边品位抹茶。1991年，位于净妙寺中的这个茶室被复原，之前是僧侣们在此饮茶的场所。这里还可以体验位于走廊中的水琴窟的音色。

休无休 L10:00～16:15（16:30关门） 所镰仓市净明寺3-8-31 ¥需另支付净妙寺参观费用100日元 交JR镰仓车站东口坐京急bus highland循环，镰仓灵园正门前太刀洗方向·金泽八景方向，约9分钟，到净明寺下车 P20个停车位

1枯山水庭院展现了禅意的减法美学，精简到极限 2“和果子和抹茶”1000日元。和果子采用的是镰仓老铺“美铃”的生果子 3坐在榻榻米上，在平和的心境中享受庭院风光

圆觉寺的寺院内

北镰仓地区

圆觉寺如意庵茶舍 安宁 an-nei

●えんがくじにょいあんさりょうあんねい

080-7741-0683

MAP 附录②P.16 D-1

2014年秋，本茶舍开设在塔头“如意庵”中。庭院中四季开满各色花朵，还能品尝到手工制作的豆沙水果凉粉和咖啡。即使您不是来茶舍喝茶，也可以参观这里的庭院。

休 星期六~星期二（第二个星期六营业）之外，不定期休息 L 10:00~16:00（关门） 所 镰仓市山之内425 ¥ 需另支付元觉寺参观费用300日元 🚃 JR北镰仓车站下车即到 P 25个停车位

1 穿过别具一格的如意庵大门，走入其中 2 “安宁豆沙水果凉粉”1000日元。品尝料理的同时，还能欣赏应景的花与叶 3 除了窗边坐席之外，也有座椅席位

从窗内可望到镰仓的街道和大海。不光是窗边的坐席，从店内的各个角落都能望到风景

长谷·由比滨地区

海光庵

●かいこうあん

长谷寺的寺院内

0467-23-8668

MAP 附录②P.15 B-2

本店设于高台之上，眺望风景是个大亮点。还能品尝到甜食和美味餐品。从宽敞的大窗户内望去，由比滨和逗子的景色就在眼中。“寺院咖喱饭”是颇具人气的美食，制作过程不采用任何动物性食材。

休 无休 L 10:00~16:00 所 镰仓市长谷3-11-2 ¥ 需另支付长谷寺参观费用300日元 🚃 江之电长谷车站步行5分钟 P 30个停车位

Yummy Lunch!

1 用大豆来制作高汤的“寺院咖喱饭”1080日元。其中有蒟蒻和季节蔬菜等 2 海光庵在绿意的包围下若隐若现

金泽街道·二阶道地区

石窑花园露台

净妙寺的寺院内

●いしがまガーデンテラス

0467-22-8851

MAP 附录②P.18 F-4

改装了大正时代留下来的西洋建筑，开设咖啡屋和餐厅。精心保养过的庭院中开满四季花朵。可一边欣赏，一边享用药草料理和石窑烧制的面包套餐等。

休 星期一（节假日时第二天休息）*夏季有暑期休假 L 10:00~16:00（17:00关门） 所 镰仓市净明寺3-8-50 ¥ 需另支付净妙寺参观费用100日元 🚃 JR镰仓车站东口坐京急bus highland循环，镰仓灵园正面前太刀洗方向·金泽八景方向，约9分钟，到净明寺下车 P 20个停车位

1 “每日鱼料理”3000日元。附有石窑面包、前菜什锦拼盘、甜点等。使用镰仓本地的新鲜蔬菜，还有自家制作的香草 2 本建筑是90年以上的西洋式建筑，很有风情。前方是英国式的敞开式庭院

非院落内

街边的寺咖啡馆

在镰仓车站东口的若宫大路上，有一家由寺院经营的咖啡馆。除了一般的咖啡厅服务之外，还可以在这里体验抄写佛经。

鹤冈八幡宫·小町路地区

镰仓寺院Cafe

●かまくらおてらカフェ

0467-25-6588

MAP 附录②P.11 C-3

横须贺的这座古刹，从镰仓时代就有了。咖啡屋也是由净荣寺的僧侣来经营的。还有能够轻松挑战的“小型抄写佛经套餐”（1000日元，附有咖啡）。

休 无休（可能会临时休业） L 11:00~19:00（关门） 所 镰仓市小町2-12-35 大路大厦2楼 🚃 JR镰仓车站东口步行5分钟 P 无

1 甜品套餐，由苹果和红薯制作的水果派和咖啡组成。800日元 2 从窗边的坐席可以看见若宫大路。店内浮动着佛香的气息

在绿意盎然的
空间里治愈身心

森咖啡馆

逃离繁华都市的喧闹，镰仓有着这样绿意盎然的地区。树木繁茂生长，大自然气息十足，在这样的空间里，舒缓身体，体验休闲生活。

镰仓车站西口地区

露天咖啡座 树之庭园

●カフェテラスいつきガーデン

☎0467-31-4869　　MAP附录②P.13 C-4

这个开放式的露天咖啡屋，坐落在大自然的景色中，仿佛漂浮在森林上空一般。除了意大利面等餐品，“苹果派”(700日元)等糕点也是一绝。

休 不定期休息　L 10:30～17:00(18:00关门),周末和节假祝日10:00～、11～3月～16:30(17:00关门)　所 镰仓市常盘917　🚌JR镰仓站西口步行15分钟　P 12个停车位

1 毗邻远足路线，作为远足途中的歇脚处，此店颇具人气　2 屋内设有座椅坐席　3 “每日意面”1300日元起

1 从窗边坐席可观赏全景式风光。特别推荐樱花和红叶时节　2 “镰仓芝士蛋糕”（前面）和咖啡（里面）各540日元　3 光照寺就在附近

北镰仓地区

北镰仓 GALLERY NEST

●きたかまくらギャラリーネスト

☎0467-47-9540

MAP附录②P.17 B-1

在此可眺望四季风光，小高丘上建着这座美术长廊＆咖啡屋。手工制作的蛋糕不添加防腐剂和色素，每杯现磨咖啡等，店里的料理中写满了真挚，引来许多频繁光顾的老客。

休 星期二　L 10:00～17:30(18:00关门)　所 镰仓市台1399-1　🚌JR北镰仓站步行8分钟　P 无

金泽街道·二阶堂地区

cafe kaeru

●カフェカエル

☎0467-23-1485

MAP附录②P.18 D-4

绿意浓郁的庭院和店内都点缀着青蛙的主题形象，吸引人们眼球。这家咖啡屋是用建筑年龄约50年的独门独户改造的。在这里可品尝用健康食材制作的料理。

休 星期三、四，以及有不定期休息　L 11:00～16:30(17:00关门)　所 镰仓市二阶堂936　🚌JR镰仓站东口坐京急公交,大塔宫方向,7分钟后在天神前下车,步行3分钟　P 1个停车位

Yummy Lunch!

1 “时节蔬菜盖饭”1100日元。将炒过的镰仓本地蔬菜，用酱油汁调味，入口清爽
2 门庭上将店名写在白墙之上　3 阳光房内有树叶间漏下的阳光

江之岛地区

iL CHIANTI CAFE 江之岛

●イルキャンティカフェえのしま

0466-86-7758　MAP附录③P.12 C-1

此店位于展望灯台、江之岛sea candle附近。从全部席位都可以望见sea candle，特别是开放式的露天席位很受欢迎。虽说是咖啡屋，但也有很正宗的意大利料理和红酒等。

休无休　L11:00～20:00(21:00关门)　所藤泽市江之岛2-4-15
小田急江之岛线片濑江之岛车站步行20分钟　P无

1 “意大利风味薄饼”采用了意大利的生火腿。1404日元　2 此店的一面可望到大海，风景优美，仿佛让人联想到地中海的美景　3 露台望去的景色极其开阔。一边望着大海，一边享受美食，别具一番风味

在江之岛浸润休养生息的心境

岛咖啡馆

由于“像画一样美丽的小岛”，江之岛也被称为“绘之岛”。这样像画一样美丽的风景，在江之岛的咖啡屋也能寻到。

江之岛地区

LONCAFE

●ロンカフェ

0466-28-3636　MAP附录③P.12 C-1

这间咖啡屋位于江之岛Samuel cocking苑中。从露天坐席可观赏绝妙景色。本店拿手的土司面包有丰富的配菜种类供选择。

休不定期休息　L11:00～19:30(20:00关门)，周末和节假日10:00～　所藤泽市江之岛2-3-38 江之岛Samuel cocking苑中　小田急江之岛线片濑江之岛车站步行25分钟　P无

1 “奶糖香蕉和核桃土司饮品套餐”1188日元　2 面朝广场，露天席位具有十足的开阔感，可感受休养生息的心情

江之岛地区

小岛咖啡屋江之丸

●しまカフェえのまる

0466-47-6408　MAP附录③P.12 C-1

改装了大正时期的古代民居建筑，建成这家咖啡屋。和风以及雅致的氛围让这个店里有些许暖意，时光在这里缓缓流淌。手工做出的甜品和香茶颇受好评。

休星期三　L11:00～日落
所藤泽市江之岛2-3-37
小田急江之岛线片濑江之岛车站步行25分钟　P无

1 “江之丸特供甜点”700日元。香蕉蛋糕配有香草冰激凌
2 店内放着由矮脚饭桌改造而成的桌子

江之岛地区

咖啡·马蒂江之岛店

●カフェマディえのしまてん

0466-41-9550

MAP附录③P.12 D-1

这家咖啡屋在2015年4月开张，建于高台之上，可俯观江之岛的海景。广阔的露天坐席上，可品位使用镰仓本地蔬菜制作的咖喱饭，以及分量超足的甜品。

休不定期休息　L11:00～17:30(18:00关门)
所藤泽市江之岛2-6-6　小田急江之岛线片濑江之岛站步行25分钟　P无

1 广阔的露天坐席上能感受到海风吹拂
2 “japone可丽饼”972日元。上面盛有软冰激凌，超足分量满分

MAPPLE
MAPPLE镰仓·江之岛
特别附录❷

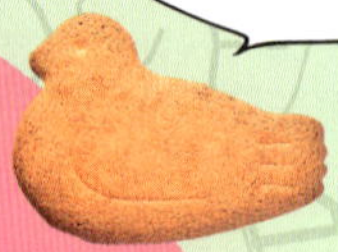

镰仓散步 MAP

Kamakura Walking Map

CONTENTS

©鎌倉市観光協会

就在镰仓站东口旁

镰仓充满话题美食的主街道

小町路

→P.44

是这样的地方 和通向鹤冈八幡宫的若宫大路平行的小町路，不管什么季节，都是游客最多的观光胜地。喧喧嚷嚷的分布着各式各样的餐馆。

『街道』划分

镰仓 扩大版 漫步地图

Kamakura Walking Map

若宫大路就是从鹤冈八幡宫向比滨方向直线延伸约1.8千米的参拜用的大路

镰仓零星分布着最适合散步的街道。美食和购物自不用说，尽情享受只有亲自走过才能理解的沿路的风情吧。

C 酥脆的口感，香气四溢

果酱可丽饼 小町路店

●クレープコクリコこまちどおりてん ☎0467-22-7286

创业40年以来，专注于可丽饼的材质，守护着这份味道的果酱可丽饼店。招牌是柠檬砂糖。

休 无休 L 10:30～18:15（冬季～18:00）
所 镰仓市雪之下1-6-4
交 JR镰仓站东口步行6分钟 P 无

MAP 附录②P.2·11 B-2

B 享受对个性咖喱的追求

OXYMORON

●オクシモロン →P.48

引入各国的饮食文化的5种独创咖喱。香菜爱好者云集。甜点也很有人气，还能品尝咖啡。

A 在开放的明亮空间中放松

roomlax Cafe

●ルームラックスカフェ →P.46

让人联想起美国西海岸明亮而开阔的咖啡店，充裕的预定席位以及能容纳百人的空间——享受店家自豪的熟成法国吐司吧。

F 低糖、低脂肪不使用鸡蛋 也能让身体愉悦
Mrs.Freeze
●ミセスフリーズ →P.45

以低糖、低脂肪、不使用为理念，提供安全而健康的冰淇淋。同时也提供无糖冰淇淋，宠物冰激凌等变种。

E 适合边走边吃或者用作伴手礼
油炸豆腐 镰仓小町路店
●はんなりいなりかまくらこまちどおりばいてん →P.44

因适合边走边吃而积累大量人气的油炸豆腐专营店。在二楼的就食处，能品尝到当日捕获的沙丁鱼。带走这名物油炸豆腐吧。

D 对可爱的玻璃纸杂物一见钟情吧
镰仓bi～··doro 小町路店
●かまくらびーどろこまちどおりてん ☎0467-61-2002

玻璃制杂物的专营店。拥有包括护身符、坠饰、有品位的首饰等百种玻璃杂物。

休无休 L10:00～19:00 所镰仓市小町2-7-35 小町大厦1楼 交JR镰仓站东口步行4分钟 P无

MAP附录②P.2·11 B-3

注意!
希望能在观光前拜访
JR镰仓站东口检票处的右边拐角处，有一个观光指南处。

注意!

从车站即可买到特产
可以买到新鲜镰仓蔬菜的Ranbai。就在镰仓站旁的这里→本书P.57

注意!
由米仓改造而来的白墙咖啡店

"tsuu"是由百年历史的米仓改造而来的咖啡店。其美丽的白墙引人注目。→附录①P.5

注意!
朱红涂装的栏杆美丽动人

滑川上架设的琴禅桥被选为"镰仓百景"之一

改造工程持续到2016年3月末，栽植了新的樱花树

I 复古咖啡店的名物 煎薄饼
IWATA咖啡店
●イワタコーヒーてん →P.54

川端康成和大佛次郎常常光顾的老店。为了煎薄饼，周末排起长长的队。和"IWATA混合咖啡"一起品尝吧。

H 昼夜两种面貌的名店
Yoshirou
→P.51

用倾尽店主心血的的料理来招待客人的小料理店。白大的煮小豆大受好评，作为一家和式点心屋经营着。昼夜都想去的小町路名店。

G 香气浓郁的巧克力专营店
ca ca o
●カカオ →P.28

这家巧克力专营店大量使用哥伦比亚产的香气浓郁的咖啡豆。品质上乘、价格合理的话题名店。

镰仓 漫步地图 扩大版

镰仓站西口旁

御成路

老铺和新铺汇聚，当季最受瞩目的区域

→P.29・64

是这样的地方

西口的御成路备受当地人喜爱，是个令人沉静下来的地方。近来，因为不停地有时尚的咖啡店和商店的开业而成为话题。也可以在有着漫长历史的酒屋里喝酒，有各种不同的玩法。

注意！

适合当集合场所的广场标志

1916年建造的旧车站屋顶的旧时钟改建而来。

矗立在御成路入口处的大门。支柱上所记「湘南人御用達」也令人在意

注意！

标志是可爱的猫咪招牌

KIBIYA面包房在小巷里面，找到它可爱的喵咪标志吧。

注意！

还能感受到车站当时的痕迹

道口前是江之电大町站的旧址，还挂着站名标示。

标志的说明

和食 洋食 咖啡 购物

A 看起来随意，但料理可是认真的

Bistrot Orange

→P.34

老字号餐馆重新翻新，随性地享受以法餐为基础的创意料理。从单点的菜色到甜点种类丰富。

B 镰仓少见！司康饼专营店

钻石蛋糕

→P.67

排列着精心制作的15种司康饼。因其美味和可爱的外形获得人气。常有新作，以约每两星期一次的频率登场。

C 晃荡时倚靠着喝喝酒的立饮式酒吧

PANDA BAR

●パンダバル →P.65

小皿料理十分好吃的西班牙酒吧。明亮的外观让人容易亲近。白天售卖的通称“朝PANDA”的西班牙风早餐引人瞩目。

D 独特的杂货和健康的饮食

ComoriB＊ComoreB+大家的slow cafe

●コモリビコモレビたすみんなのスローカフェ →P.67

以BAND-MAID为中心，精心挑选的商品。在临时的咖啡厅里，可以享用选用对身体友好的原料制作的午餐和有机咖啡。

E 因讲究的手工面包而大受欢迎

KIBIYA面包房

●キビヤベーカリー →P.67

每天用石杵研磨的无农药日本国产小麦制作而成的面包，香味和口感更加明显。店内经常人满为患。

C
全是个性的文具
KOTORI
→P.111
装满了店主精心挑选有趣的杂货。处方签形状的包装纸“korean gilr”等，让人不自觉地露出微笑的礼物。

B
光是看着就觉得很有趣的杂货
Trois Famille
●トロワファミーユ →P.110
手工西装和杂货店，售卖排列着能感受到手工温暖的商品。上等麻和羊毛手工制成，接受订制。

A
让人欲罢不能的松饼
米町松饼
●こめまちマフィンズ →P.113
不使用砂糖，而是用蜂蜜、松饼，有着有节制的甜度。在排列着民居的小路上，通过招牌才能找到。

从镰仓站东口步行 7 分钟

大町周边

聚集了杂货店和快餐店

→P.106

是这样的地方

位于镰仓站南侧的宽阔街市。与热闹的镰仓站周边相比，这里算是一个安静的地方，却聚集了许多人气店铺。在这街道中，小范围地悠然漫步吧！

F
秘制乌冬和扁面条
镰仓 百苑
●かまくらももぞの →P.106
充满劲道的手打乌冬人气店。每天早上5点开始制作的乌冬，从面、汤、煮制方法等方面看都是上品。

E
宛如巴黎街角的小店
CREPERIE ARMORIQUE
→P.106
提供荞麦的果酱煎饼、格雷派饼，以及甜食、主食等，各种各样的薄饼，还提供可露丽、烧纸点心等。

D
充满海风气息的可爱杂货屋
GOOD SMILE KAMAKURA
●グッドスマイルカマクラ →P.111
独创的杂货、二十世纪六七十年代的存货、古着质地的服装等等应有尽有。

镰仓站西口 步行15分钟

由比滨大路

享受个性的商店和美食吧

C 齐聚格式时尚的海外杂物

ALKU'MI

●アルクウミ →P.76

不附庸流行，出于天然品味而陈列着各种杂货。从欧美购入的杂货闪烁着店主的品味。

B 沉溺于其劲道的口感

由比滨 小寿寿

●ゆいがはまこすず →P.81

不使用防腐剂，每天早上用蕨粉搅拌制作的蕨餅很有人气。黑蜜也是自家制，与蕨餅十分搭，可用作伴手礼。

A 令人瞩目的烹调方法

FARM TO YOU

●ファームトゥーユー →P.27

2015年4月开业，提供加利福尼亚烹调法的店铺。从阳台可近距离看到江之电行驶的样子。

→P.29·76 是这样的地方

从和田塚站到长谷站的与江之电平行的街道。时尚而个性的杂货屋、法餐、点心等各种店铺坐落于此。

F 可爱的设计和配色

banromsai

●バーンロムサイ →P.76

由事业型NPO“バーンロムサイジャパン”运营。它是售卖在泰国清迈生产的衣物、七彩的物件的公益小店。

E 精炼的个性法餐

ete

●エテ →P.78

总是预约已满的小店。服务周到的同时，菜品也很给力，有很多回头客。菜单都是套餐，所以希望能够细细品尝。

D 一定要尝尝招牌的披萨！

Cafe Bitter Sweet

→P.79

店里提供披萨、意面、杂菌烩饭等西餐。人气菜品是沙丁鱼烩饭和樱虾披萨。看上去就令人食指大动。

I 令人上瘾的清甜
麸帆
●ふはん →P.82

人气商品是用生麸包裹，放入艾蒿，留有克制的香甜馅的麸皮包子笹衣。口感坚实的同时也有生麸的香味。

H 如果在意就一定能找到
KOKEISHIKA镰仓
●コケーシカかまくら →P.82

集结日本传统木芥子和俄罗斯套娃。木芥子与东北的物件放在一起，套娃从俄罗斯工房直接进口。

G 鱼糕的老字号，还是那不变的味道
井上蒲锋店
●いのうえかまぼこてん →P.82

1963年创业以来，作为镰仓店特产，有着强大的人气，只选用白身鱼嘴的部分作为原料。

注意！
令人心怡的小路静静延伸
通向镰仓文学馆的小路，被树荫覆盖，就像隧道一样，静静向前延伸。

女作家吉屋信子的纪念馆，是个颇具风情的故居。

人气的话题店面齐聚于此

注意！
古城般的建筑引人注目
寺庙与城郭的特色相结合，已收录在物质文化遗产保护名录。

注意！
被指定为物质文化遗产
采用纯正日式烹饪的旅馆，和洋兼备，是很有趣的建筑。

注意！
默默矗立着的塔的辻迹碑
在道路的交叉处“辻”建塔来标示地点。

L 令人怀念的鲷鱼烧味道
鲷鱼烧的波涛是也
●たいやきなみへい →P.82

一条条直火烘烤，香脆的表皮，讲究的红豆馅，滑润而饱满的豆沙馅。可以在店内就餐。

K 能体味独特风情的和式甜点
无心庵
●むしんあん →附录①P.3

在江之电和和田站的旁边。店内是纯和风装饰，改造于使用已百年的民居。在路线的拐角，跨过江之电线就能进到店里。

J 打开后让人感动的精巧绘本
meggendorfer
→P.77

以百年前的立体绘本的复刻版为首，集有600种以上的立体绘本。因为备有样品，所以可以亲身尝试阅读。

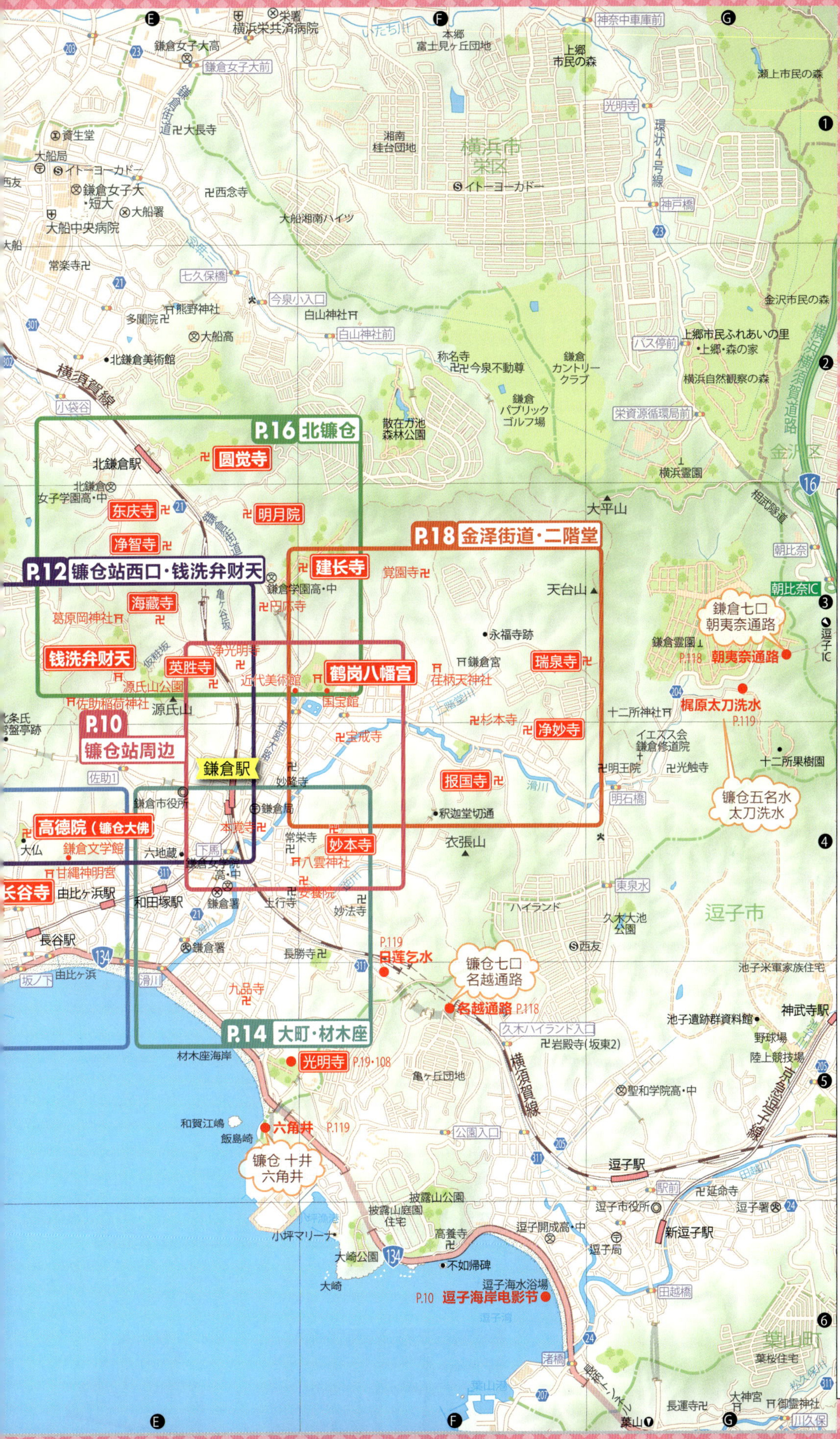

镰仓整体图

kamakura

地图标识

- 都道府县厅
- 市政厅
- 区役所·町村役场·支所
- 警署
- 交通灯
- 邮电局
- 消防署
- 消防分署
- 学校
- 幼儿园
- 保育园
- 医院
- 超级市场
- 餐厅
- 酒店·旅馆
- 银行
- 神社
- 寺院
- 教会
- 停车场
- 住宅区
- 信号灯
- 公交站
- 交叉点

本书介绍物件

- 观光·游玩
- 购物
- 旅馆
- 用餐
- 温泉

快餐店

- 麦当劳
- 摩斯汉堡
- 肯德基
- MR DONUTS
- Lotteria
- 其他

便利店

- 7-11
- Lawson
- FamilyMart
- circle K
- sunkus
- Daily Yamazaki
- Three-F
- MINI STOP
- 其他

加油站

- ENEOS
- cosmo
- 昭和壳牌
- 出光兴产
- 美孚
- 埃索
- 东燃通用
- 冰河机油
- 三井石油
- 太阳石油
- 其他

湘南台駅
善行駅
湘南台
戸塚
横浜
藤沢翔陵高
県立体育センター
スポーツアリーナ
小田急江ノ島線
戸塚区
水再生センター
藤沢バイパス出口
鉄砲宿
大清水浄化センター
スポーツ広場
藤沢清流高
東海道
鎌倉養護
島ノ神
城廻
聖心侍女修道会
清泉女学院高·中
栄光学園高·中
大船駅
大船観音寺（大船観音寺）
竜宝寺
玉縄ふるさと館
玉縄
横須賀線
東海道本線
根岸線
聖園女学院高·中
御殿辺公園
藤沢市民病院
藤沢本町駅
伊勢山公園
ヤマカ
藤嶺学園藤沢高·中
遊行寺
諏訪神社
消防出張所前
白旗
湘南高入口
湘南高
藤沢IC
遊行寺
藤沢橋
藤沢団地
オリンピック
天嶽院
ライフ
フラワーセンター
デンカ
富士見町
フジ
妙法寺
北野神社
鎌倉市
日本精工
南仲通
ダイエー
さいか屋
藤沢局
ローゼン
藤沢駅
藤沢市役所
小田急
南藤沢
東海道本線
普門寺
茅ヶ崎駅
神戸製鋼所
泉光寺
湘南町屋
昌清院
鎌倉中央公園
藤沢市
ヨーカドー
警察署前
藤沢署
石上駅
柏尾川
湘南深沢
深沢
手広
南署
ミネベア
新林公園
深沢高
本鵠沼駅
やまか
P.121
有坑炉的旅店
镰仓小旅馆
グルメシティ
本真寺
鵠沼高
柳小路駅
江ノ島電鉄
青蓮寺
手広川
片瀬山入口
やまか
湘南学園高·中
湘南モノレール
鎌倉山
笛田公園
八雲神社前
圓久寺
ローゼン
鵠沼
鵠沼海岸駅
鵠沼駅
泉蔵寺
西鎌倉
P.15 长谷·由比滨
大仏切通
茅ヶ崎
片瀬教会
湘南白百合学園高·中
片瀬山
新鎌倉山入口
湘南海岸公園駅
鎌倉山神社
鎌倉園
光則
附录③P.12下图 江之岛周边
目白山下
宝善院
腰越
モンタナ修道院
湘南江の島
龍口寺
江ノ島駅
腰越駅
鎌倉高
忍性墓
極楽寺
極楽寺駅
成就
新江ノ島水族館
片瀬江ノ島駅
江の島入口
片瀬東浜
満福寺
鎌倉高校前駅
七里ヶ浜駅
七里ヶ浜高
七里ヶ浜ゴルフ場
小動
小動岬
江の島弁天橋
江の島大橋
七里ヶ浜
行合橋
鎌倉プリンス
稲村ヶ崎駅
海浜公園
附录③P.12上图 江之岛扩大
江ノ島電鉄
鎌倉海浜公園
稲村ヶ崎
江の島
江島神社（边津宫）
江の島ヨットハーバー
サムエル·コッキング苑
奥津宮
中津宮
江の島大師
江の島岩屋
江之岛
P.20 稻村崎·七里滨
相模湾
N
0
1km
1:36,000
A
B
C
D
1
2
3
4
5
6

镰仓站周边

▶周边图 P.8

心想事成

开运·胜利

出人头地

学业成就

Pick Up

白旗神社

しらはたじんじゃ

白旗神社位于鹤冈八幡宫的中央位置。将源赖朝公·实朝公作为供奉的神。希望被赋予胜利的运气的神力来参拜的人很多。

※和鹤冈八幡宫相同

家人平安

心想事成

开运

事业学业有成

健康

鹤冈八幡宫

つるがおかはちまんぐう

无论过去现在，鹤冈八幡宫作为镰仓的象征受到人们喜爱。以国家的重要文化财产的主神社为首，散布着其他历史悠久的建筑。也是一年四季欣赏樱花、荷花等的好去处。

休无休 L6:00～20:30

MAP附录②P.10 G-1 详见▶本书P.42

目标！

镰仓站周边

将灵气之地全部征服！

小町路·若宫大路

▶周边图 P.10

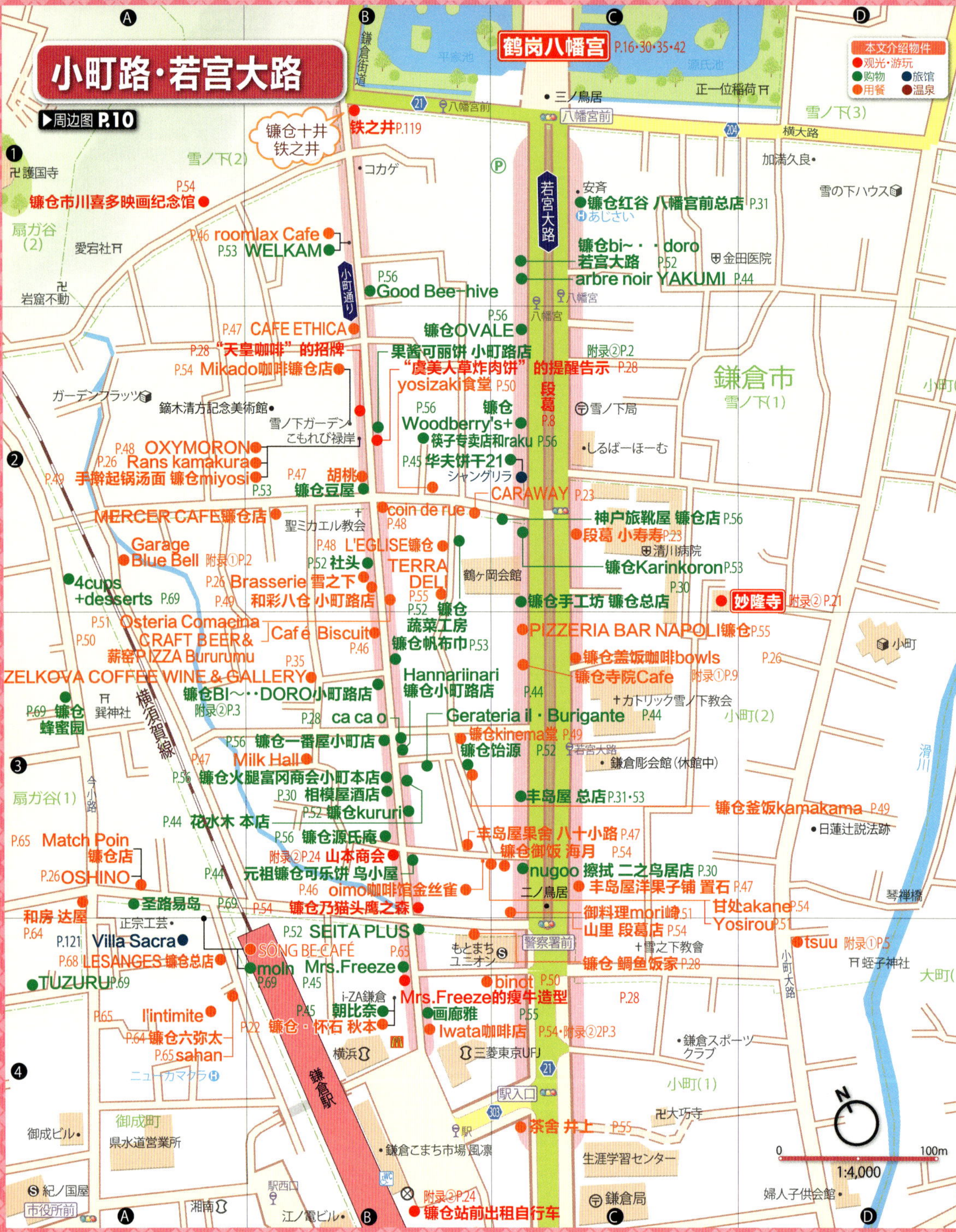

本觉寺

ほんがくじ

- 祈求好姻缘
- 生意兴隆
- 事业学业有成
- 健康

日出上人在1436年创建的寺院。从见延山将日莲圣人的遗骨分埋在此处，因此本觉寺也被称为东见延。

0467-22-0490 寺内自由
镰仓市小町1-12-12
JR镰仓站东门步行5分钟
P无 MAP附录②P.10 F-4

政子石

まさこいし

Pick Up

保佑好姻缘、夫妻和睦和求子成功十分灵验

位于旗上弁财天社的后面，双手合十祈祷的话，可以保佑遇到好的姻缘、夫妻和睦，求子也很灵验。

- 好姻缘
- 心想事成
- 开运
- 平安生产·求子
- 诸事顺利

旗上弁财天社位于鹤冈八幡宫境内，建在源氏池上的一个岛上。被列为镰仓·江之岛七福神之一。

※和鹤冈八幡宫相同

旗上弁财天社

Pick Up

はたあげべんざいてんしゃ

▲P.17
▲P.16
天柱峰碑 P.97
北镰倉駅
亀谷坂通路史迹 P.19·118
镰仓七口 亀ヶ谷坂切通
急な道
底脱之井 P.119
海藏寺 P.21·62
葛原冈神社 P.68
镰仓十井之中 有十六之井和 底脱之井
薬王寺
扇ガ谷(3)
扇ガ谷(4)
扇之井 P.119
景清の土牢
镰仓五大 名水之一
镰仓七口 之一
步行时穿上 舒适的运动鞋！
扇ガ谷(2)
净光明寺 P.68
假妆坂通路史迹 P.119
钱洗水 P.119
钱洗弁财天 宇贺福神社 P.60
源氏山公园 P.68
横須賀線
镰倉市
穿过像洞穴 一样的隧道吧
英胜寺 P.21·63
佐助稻荷神社 P.62
源氏山 ▲93
寿福寺 P.63·119
胜桥（的碑）P.119
佐助(2)
高滨虚子和大佛 次郎氏的坟墓 也在一片墓地里
扇ガ谷(1)
葛根凉粉minowa P.69
佐助トンネル
古我邸 P.27
茶房 云母 P.68
佐助(1)
P.11 小町通り·若宮大路
Fe★NEEDS P.37
新佐助トンネル
GARDEN HOUSE P.64
Starbucks 咖啡镰仓御成町店 P.68
Bun Bun红茶店 P.68
市役所通り
御成トンネル
PALETAS 镰仓店 P.69
镰倉市役所
鎌倉駅
骏河屋本铺 江之电镰仓总店 P.69
Bistrot Orange P.34
THE GOOD GOODIES P.66
WanderKitchen P.65
Laine Sucre sale P.29
XROSK P.55
Kurepukokuriko 御成路店 P.66
山本饺子 P.65
镰仓kuran P.66
新仓santi的 手工制作的果酱 P.66
原安保小儿科医院 P.29
DIAMOND CAKES P.67
Ile du chocolat P.55
裁许桥 P.119
咖啡镰仓美学 P.24
ComoriB＊ComoreB＋大家的slow cafe P.67
镰仓chiffon P.57
PANDA BAR P.65
Heartsease P.57
pieni krone P.66
PARADISE ALLEY BREAD & CO. P.57
高崎屋总店 P.67
雏鸟处乌一
镰仓镂金作坊 P.37
镰仓市农协连即卖所 P.57
FARM TO YOU P.27·32
KIBIYA面包店 P.67
由比滨 小寿寿 P.29·81
"KIBIYA面包房"的招牌 P.29
eunoia design store P.76
mar P.77
Cafe Bitter Sweet P.79
Andy's Stone P.77
TUMUGI P.34
玫瑰节 P.10
镰仓文学馆 P.17·83
笹目町
長谷(1)
由比ガ浜(1)
▼P.14

目标！
镰仓车站西门 钱洗弁财天周边
将灵气之地全部征服！

佐助稻荷神社
●さすけいなりじんじゃ

- 好姻缘
- 出人头地
- 生意兴隆
- 事业学业有成
- 健康

红色的牌楼和鲤鱼旗是佐助稻荷神社的显著标志。作为出世稻荷十分有名，在源赖朝和北条政子的美好爱情的感化下，在带来爱情好运势方面也会灵验吧。

神社内自由

MAP附录②P.12 D-3 详见▶本书P.62

葛原冈神社
●くずはらおかじんじゃ

- 好姻缘
- 成功
- 开运
- 学业有成
- 健康

祭祀日野俊基的神社，除了姻缘之外，还作为祈求好运和学业的神而被人们爱戴。

神社内自由

MAP附录②P.12 E-1
详见▶本书P.68

Pick Up 魔去石
●まさるいし

位于牌楼的旁边，将陶制的小碟子（100日元）摔到魔去石上，摔碎就可以受到神灵保佑。

Pick Up 缘结石
●えんむすびいし

右边供奉着男石，左边供奉着女石。推荐您在这祈祷。

钱洗弁财天 宇贺福神社
●ぜにあらいべんざいてん·うがふくじんじゃ

- 祈求成功
- 财运
- 生意兴隆

源赖朝在梦里受到宇贺神的启示，而修建了宇贺福神社。用这里洞穴里的泉水洗钱，再有意义地使用，财富可以翻倍。

无休 8:00～16:30

MAP附录②P.12 E-2 详见▶本书P.60

大町·材木座

健康

妙本寺 みょうほんじ

被北条氏消灭的比企一族长眠于此。一直到二天门，树都很高，夏天十分凉爽。

休无休 L9:00～17:00

MAP 附录②P.14H-1 详见▶本书P.109

消灾 开运

安养院 あんよういん

前身是北条政子为了给源赖朝祈冥福而建立的长乐寺。

休7月8日、12月29～31日 L8:00～12:00、13:00～16:30

MAP 附录②P.14G-2 详见▶本书P.112

新罗三郎手玉石

しんらさぶろうてだましい

名字来源于为了消除瘟疫而祭祀神灵的新罗三郎义光。表面光滑的两个圆石让人感觉很有灵气。

Pick Up 神树的根部球状的石头 消灾很灵验

消灾 开运

八云神社 やくもじんじゃ

镰仓最古老的消灾神社。在7月举行定期的祭祀活动，人很多，十分热闹。

☎0467-22-3347 L神社内自由
所镰仓市大町1-11-22 交JR镰仓站东门步行10分钟 P无

MAP 附录②P.14 G-2

目标！ 大町·材木座 将灵气之地全部征服！

长谷·由比滨

▶周边图 P.8-9

高德院 こうといん

极乐往生
健康

将国宝镰仓大佛作为主佛的净土宗寺院。这里还有与谢野晶子的歌碑。

休无休 ⏰8:00～17:30（10月至次年3月～17:00）

MAP附录②P.15 C-1 详见▶本书P.74

求子石 こうみいし

保佑求子成功、顺利生产、顺利养育孩子的灵石

据说可以保佑求子成功、顺利生产等的子安地藏菩萨和放在菩萨脚下的子生石。

Pick Up 不动明王 ふどうみょうおう

Pick Up 主佛是保佑有好姻缘的不动明王

右手中拿的剑和左手拿的绳索代表斩断迷惑，背后的火焰代表烧光迷惘。

成就院 じょうじゅいん

好姻缘
消灾
开运

第三代掌权者泰时建立的寺庙。站在台阶上可以远眺由比滨。

休无休 ⏰8:00～17:00

MAP附录②P.15 B-3 详见▶本书P.81

目标！
长谷·由比滨
将灵气之地全部征服！

大船
1473
六国見山
今泉台(1)
今泉台(3)
かえで通り
町内会館
吉が沢公園
今泉台(4)
鎌倉湖畔通り
ポンプ所
明月荘
舎利殿
正続院
黄梅院
雲庵
寿徳庵
妙香池
如意庵
北镰仓站的圆觉寺旁的检票口必须持有Suica或者PASMO才可以乘车
圆觉寺 P.19·20·36·86·119
如意庵茶铺 安宁 an-nei P.87·附录①P.9
松嶺院
仏殿
方丈
蔵六庵
山門
円覚寺庭園
北镰仓"円" P.92
御果子司 Komaki P.94
総門
帰源院
明月院通り
石川咖啡 P.96
狸穴Cafe 附录①P.5
北镰仓古民宅博物馆 P.95
复位cafe 北镰仓店 P.93
东庆寺画廊&商店 P.96
Takeru Quindici P.24
西管領屋敷
鎌倉明月窯
喫茶ミンカ
明月川
茶舍 风花 P.94
镰仓十井之一
北镰仓叶祥明美术馆 P.95
瓶之井 P.119
庆寺
藏屋 P.92
甘味十川路花 P.94
镰仓明月 P.9 5
钵之木新馆 P.93
饮茶 吉野
明月院 P.18·30·90
明月院的八仙花 P.10
雪堂美术馆 P.95
明月院
镰仓学园グラウンド
镰仓五山 P.9 6
镰仓十井之一
甘露井 P.119
河村瑞賢墓
21
北镰仓日日响 P.9 3
净智寺 P.91·119
巨福山
北镰仓nufu・ichi P.26
上町
東管領屋敷
天源院
山ノ内
龍峰院
正統院
回春院
去来庵 P.23
宝珠院
雷神堂 北镰仓店 P.96
建长寺 P.17·20·36·88
三日月堂 花仙 P.94
半僧坊节分会 P.10
P.96 备屋咖啡店 镰仓总店
長寿寺
金龙水 P.119（现无）
镰仓艺术节 P.11
白黒小路
不老水（现无） P.119
北镰仓宝藏的庭院 P.37
建長寺
鎌倉学園高·中
五山
三門
扇ガ谷トンネル
镰仓七口之一
亀ケ谷坂
妙高院
西来庵
禅居院
钵之木咖啡 P.93
亀谷坂通路史迹 P.19·118
步行路上经过此洞门
镰仓十井之中有十六之井和底脱之井
P.95
圆应寺
巨福呂坂洞門
陆坡
コートハウス
海藏寺 P.21·62
底脱井 P.119
巨福呂坂送水管路すい道
鎌倉街道
扇ガ谷(4)
薬王寺
扇ガ谷(3)
镰仓 欧林洞 P.95
新宮神社
バレンシア
雪ノ下(2)
巨福吕坂通路 P.118
步行时穿上舒适的运动鞋！
扇之井 P.119
近代美術館鎌倉別館
鶴岡文庫
景清の土牢
妙伝寺
镰仓七口之一
镰仓祭 P.10
镰仓骨董祭 P.10
七夕节 P.10
雪洞祭 P.11
例大祭 P.11
扇ガ谷(2)
P.119
泉之井
八幡宮裏
P.19
鎌倉山荘
净光明寺 P.68
本宮
宝物殿
伝阿仏尼墓
里のうどん
P.48
手擀面石川
鹤冈八幡宫 P.16·30·35·42
P.11 小町路·若宫大路
祖霊社
大銀杏
舞殿
若宮
白旗神社
扇ガ谷(1)
ランズアンド ティビィー
P.2 1·63 英胜寺
鎌倉駅
護国寺
休憩所
社務所

目标！
北镰仓
将灵气之地全部征服！

圆觉寺
●えんがくじ

好姻缘　健康

岛崎藤村和夏目漱石都曾在此参禅的镰仓五山的第二位的古刹。有三门、国宝的洪钟等众多景点。绣球花、红叶等美景都十分有名。

休无休　L8:00～16:30（12月至次年2月16:00）
MAP附录②P.16 D-1　详见▶本书P.86

建长寺
●けんちょうじ

消灾　财运　开运　生意兴隆　健康

临济宗建长寺派的大本山。作为日本首个禅宗专门寺院，制定了严格的律法和礼仪。为认定为国家名胜古迹的庭园里，有在“心”中描写过的池塘。

休无休　L8:30～16:30
MAP附录②P.16 F-4　详见▶本书P.88

净智寺
●じょうちじ

开运　健康

镰仓五山的第四位，临济宗的寺庙。登上古色声香的石阶后的钟楼门，推测树林超过700年的高野槙等看点。绣球花和樱花也很美丽。

休无休　L9:00～16:30
MAP附录②P.16 D-3　详见▶本书P.91

Pick Up
摩挲肚子的健康祈福

布袋尊像
●ほていそんぞう
镰仓、江之岛七福神之一，位于境内背后的洞穴中。传说用手摩挲布袋尊像的肚子就能带来健康。

金泽街道·二阶堂
▶周边图 P.8
本文介绍物件
观光·游玩
购物
用餐
旅馆
温泉
N
0
200m
1:7,000
栋立井 P.119
薬師堂
五輪塔
西ヶ谷
觉圆寺 P.103
ACCI P.104
亀ガ渕公園
天园远足路线的觉园寺侧面的攀登入口在这儿！
ピュアハイム
鎌倉市
獅子舞
亀ヶ渕
二階堂
亀ヶ渕橋
鎌倉カトリック霊苑
永福寺跡
三堂
通玄橋
理智光寺橋
鎌倉天園ハイキングコース
瑞泉寺 P.102
植政造園
镰仓 凛林 P.104
紅葉谷
鎌倉宮カントリーテニスクラブ
タケダクリニック
護良親王墓
附录②P.19
镰仓宫
荏柄天神社
P.21·105
大塔宮
宝物殿
社務所
太平殿
宮前
お宮通り
稲葉越橋
理智光寺谷
横小路
天神前
デイサービス古の花
二階堂川
第二小
稲葉越
熊野神社
附录①P.9 石窑花园露台
cafe kaeru 附录①P.10
向荏柄
杉本
歌桥 P.119
喜泉庵 P.101·附录①P.8
净妙寺 P.101·119
杉本寺 P.103
浄明寺(3)
浄明寺(4)
辻子のみち
杉本観音
フレンドリー鎌倉
犬懸橋
204
浄明寺局
COCHICHIKA P.105
左可井 P.105
P.105 RAKU
廣瀬橋
報国寺入口
浄明寺
チバ薬局
華の橋
曾经有田乐师在这条路边上的释迦堂前住过，这条路就以此命名
镰仓 梅之屋 P.105
上杉朝宗邸跡
金沢鎌倉線
十二所
明王院
茶道宗偏流止観亭
エクレール
P.36·100 报国寺
P.10附录①P.8 休耕庵
滑川
青砥橋
鎌倉グリーンテニスクラブ
朝比奈IC
浄明寺(1)
浄明寺(2)
虹の橋
泉水橋
県営住宅
西泉水橋
旧华顶宫邸 P.83
釈迦堂切通
浄明寺(5)
松久寺
迎山荘
大町(6)

镰仓扩大版漫步地图
镰仓整体图
镰仓站周边小町路·若宫大路
镰仓站西口·钱洗弁财天
大町·材木座
长谷·由比滨
北镰仓
金泽街道·二阶堂
稻村崎·七里滨
交通中心

目标！
金泽街道二阶堂
将灵气之地全部征服！

报国寺
●ほうこくじ

【诸多技能学业成就】

以镰仓屈指可数的竹亭而闻名的禅寺。有从京都移植过来的2000棵江南竹林立着，寺内还保留着五轮塔。

休12/29～1/3　L9:00～16:00
MAP附录②P.18 E-5　详见▶本书P.100

荏柄天神社
●えがらてんじんじゃ

考试合格
学业成就
消灾

作为学问的神灵而广为人知的菅原道真是(神社)供奉的神灵,在考试之际,许多人为祈愿考试合格慕名而来,神社内还有树龄超过900年的银杏树。

休无休　L8:30～16:30
MAP附录②P.18 D-3　详见▶本书P.105

镰仓宫
●かまくらぐう

消灾
替身

后醍醐天皇的皇子,祭祀护良亲王的神社。地牢和狮子头的护身符很有名,也是镰仓为数不多的观赏红叶的有名景点。

☎0467-22-0318　休无休　L9:00～16:30（12月和次年1月～16:00）　¥免费(土牢、宝物殿中学生以上300日元，小学生150日元）　所镰仓市二阶堂154　交JR镰仓站东口坐京急公交往大塔宫方向10分钟，大塔宫下车即到　P20个停车位
MAP附录②P.18 E-3

Pick Up
●替身
みがわりさま

保护亲王生命安全的家臣的木像。诚心抚摸，据说自己珍视的人担心的事情就会变好。

Pick Up
●切除厄运石
やくわりいし

往素陶瓷的酒杯里猛吹一口气，朝着石头投过去，据说通过这样做能消除自身的厄运，名曰切割厄运石。

稻村崎·七里滨

【长寿健康】

满福寺

●まんぷくじ

在这里，源义经写下腰越状并交给赖朝宛。此外，还留存着源义经使用过的古井和武藏坊弁庆休憩过的石台。

休 无休 ⏲9:00 ～ 17:00

MAP 附录②P.21 B-2 详见▶本书P.116

净行菩萨

●じょうぎょうぼさつ

Pick Up

用水过滤，身体和心灵都会变得澄澈

用水冲一下，能够洗去身上的罪孽和污垢。

【消灾】【长寿健康】

龙口寺

●りゅうこうじ

日莲宗灵迹群山之一。能看到神奈川县唯一的木制五重塔和山门的雕刻等，值得一看的东西很多。

休 无休 ⏲6:00 ～ 16:00（传达室10:00～）

MAP 附录②P.21 A-1 详见▶附录③P.10

【求子育儿】

极乐寺

●ごくらくじ

镰仓唯一的真言律宗的寺庙，作为创始人的他坚忍，尽力救济贫民而被世人仰慕。春天的樱花和夏天的芙蓉都非常好看。

休 无休

⏲9:00 ～ 16:30

MAP 附录②P.20 H-1 详见▶本书P.75

目标！

稻村崎·七里滨

将灵气之地全部征服！

福禄寿
*ふくろくじゅ

掌管幸福和财运和长寿的神仙。

御灵神社

MAP附录②P.15 B-3

详见▶本书P.75

大黑天
*だいこくてん

掌管商业兴荣、五谷丰收的神仙。

长谷寺

MAP附录②P.15 B-2

详见▶本书P.72

夷神
*えびすじん

努力工作的话就授予我们福财的神仙。

本觉寺

MAP附录②P.10 F-4

详见▶附录②P.11

寿老人
*じゅろうじん

掌管健康、长寿、幸福的白胡子神仙。

妙隆寺

0467-23-3195 境内自由 镰仓市小町2-17-20 JR镰仓駅東口から徒歩8分 无

MAP附录②P.11 C-2

昆沙门天
*びしゃもんてん

驱赶恶灵、授予宝藏的消除厄运的神仙。

宝戒寺

MAP附录②P.10 H-2

详见▶本书P.54

弁财天
*べんざいてん

掌管美、智慧、财运，以及音乐技能的神仙。

江岛神社

MAP附录③P.12 C-2

详见▶附录③P.5

鹤岗八幡宫（旗上弁财天社）

MAP附录②P.10 G-1

详见▶本书P.42

布袋尊
*ほていそん

掌管开运、良缘、孩子、家庭圆满的神仙。

净智寺

MAP附录②P.16 D-3

详见▶本书P.91

完全称霸

巡游镰仓·江之岛七大神仙

弁财天有两所，逛遍8个就圆满了。北镰仓站出发，以江岛神社为终点的路线（或者相反的）路线最方便巡游。

便利MAP

要想高效地逛遍到处是多彩的、值得一看的景点的镰仓，当地的交通工具是必不可少的。利用公交或者江電能够高效地顺利地切换场所。充分地利用交通工具，尽情享受镰仓的乐趣吧！

镰仓的专线公交

kamakura Bus

镰仓室内的专线公交基本上右边是不透明色，江电和京急在运营中。

地图的使用方法

How to use the Map

公交停靠站的标记

粉色数字表示从镰仓站出发到达停靠站所需时间，白色数字表示从镰仓站出发到达停靠站所需车费

本书只刊登公交的主要线路和主要停留所

所需时间根据道路的拥挤程度和气候可能会有很大变动，请酌情参考使用

步行所需时间的同心圆标识

从车站延伸的同心圆表示从车站到主要地区和景点大致所需要的时间

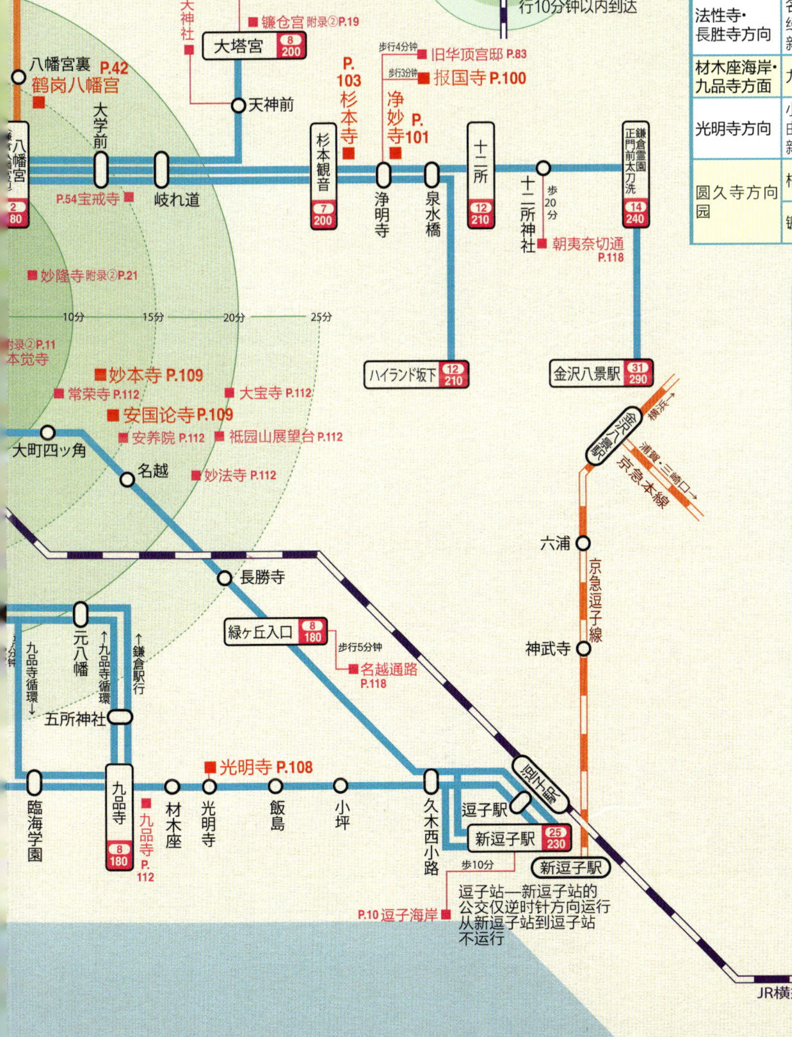

从镰仓站（东口）、镰仓市役所前出发的主要的公交一览表

前往方向	公交的主要停靠站	发车频率	系统编号	乘车场所	运行公司
鹤岗八幡宫·建长寺·北镰仓站方向	北镰仓经由大船站·本乡台站·上大冈站	每小时2～4班	（无）	东口2	江之电
长谷观音方面	长谷观音经由桔梗山	1天8～9班	（无）	东口1	江之电
	长谷观音经由藤泽站	每小时4～6班	（无）	东口1	江之电
	深泽经由大船站	1天4～6班	船7	东口6	京急
	镰仓山·諏访谷·江之岛	每小时3～4班	镰4·5·6	东口6	京急
	江之岛	1天4～11班	镰6	东口6	京急
	梶原	每小时1～2班	镰2	东口6	京急
镰仓宫·瑞泉寺方向	大塔宫	每小时3～4班	镰20	东口4	京急
杉本寺·报国寺方向	金泽八景站（含Rindou号）	每小时1～3班	镰24	东口5	京急
	Highland（循环）	每小时1～2班	镰36	东口5	京急
	镰仓灵园正門前大刀洗	每小时2～3班	镰23	东口5	京急
法性寺·長胜寺方向	名越经由绿丘入口·新逗子站	每小时2～4班	镰30	东口3	京急
材木座海岸·九品寺方面	九品寺循环	每小时1～2班	镰12	东口7	京急
光明寺方向	小坪·小坪经由新逗子站	每小时3～4班	镰40·41	东口7	京急
圆久寺方向园	桔梗山	1天15～18班	（无）	镰仓市役所前	江之电
	镰仓中央公园	1天11班	镰51	镰仓市役所前	京急

镰仓站前公交乘坐点MAP

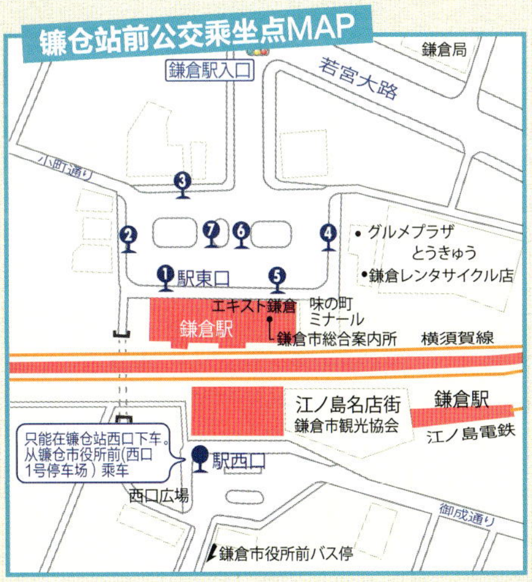

这个地图的公交路线是以镰仓站出发和到达镰仓站为中心记载的。

高效地逛遍值得一看的景点 参观当地

当地有力的伙伴 公交

遍布东西南北的公交路线。以稍微离车站有一点距离的金泽街道区域为首，在寺社和寺社之间移动的时候也可以充分利用。

直达大船站
湘南单轨电车

粗略地逛了镰仓后，回来的时候尝试选择与来时不同的路线，也不失为是一种乐趣。将江之岛作为观光计划的最后部分，最后是乘坐单轨电车到大船站换成JR。

湘南江の島								
目白山下							170	2
片瀬山						170	170	4
西鎌倉					170	170	170	5
湘南深沢				220	220	250	250	9
湘南町屋			170	220	250	270	270	10
富士見町		170	170	250	270	290	290	12
大船	170	170	220	270	290	310	310	14
							(円)	(分)

湘南单轨电车路线图

大船 — 富士見町 — 湘南町屋 — 湘南深沢 — 西鎌倉 — 片瀬山 — 目白山下 — 湘南江の島

行驶约10千米的单线电车
江之岛电气铁道

经常成为电视剧外景拍摄地的江之电，能够一边欣赏着相模湾的美景到达目的地。这是镰仓观光地必不可少的游玩手段。

（分钟）（日元）

34	300	300	300	300	300	260	260	260	260	220	220	190	190	190	鎌倉
32	300	300	300	300	260	260	260	260	220	220	190	190	190	和田塚	
31	300	300	300	260	260	260	260	260	220	220	190	190	由比ヶ浜		
29	300	300	300	260	260	260	260	220	220	190	190	長谷			
27	300	260	260	260	260	260	220	220	190	190	極楽寺				
23	260	260	260	260	260	220	220	220	190	稲村ヶ崎					
19	260	260	260	220	220	220	190	190	七里ヶ浜						
16	260	260	220	220	190	190	190	鎌倉高校前							
14	220	220	220	190	190	190	腰越								
10	220	220	220	190	190	江ノ島									
8	220	220	190	190	湘南海岸公園										
5	190	190	190	鵠沼											
3	190	190	柳小路												
2	190	石上													
藤沢															

也强烈推荐江之岛1日乘车券！
➡P.32

江之岛电铁路线图

藤沢 — 石上 — 柳小路 — 鵠沼 — 湘南海岸公園 — 江ノ島 — 腰越 — 鎌倉高校前 — 七里ヶ浜 — 稲村ヶ崎 — 極楽寺 — 長谷 — 由比ヶ浜 — 和田塚 — 鎌倉

也有这样的交通工具哦！
其他交通工具

这儿有一些可以一边游览一边乘坐的交通工具。人力车和游览公交附带有导游陪同，出租脚踏车则可以灵活地穿梭于观光景点。

人力车

有情趣的人力车旅行也是最值得推荐的，费用标准大概是2个人10分钟 2000日元。

●じんりきしゃゆうふうてい
人力车有风亭

【典型路线】圆觉寺➔建长寺➔巨福吕坂切通➔鹤岗八幡宫➔若宫大路
1小时路线9000日元
✆090-3137-6384（预约制）

●えびすやかまくら
虾夷屋镰仓

【典型路线】
鹤岗八幡宫➔源赖朝之墓➔荏柄天神社➔报国寺（参拜）➔鹤岗八幡宫
1小时路线（2人）17500日元
✆0467-61-3344

●グローブかまくら
GROVE 镰仓

一天2500日元起（前置悬架需预约，也有其他模式）。
✆0467-23-6667 休第2星期三、第一和第三个星期四休息 L10:00～19:00 所镰仓市由比滨2-1-13 🚃JR镰仓站东口步行5分钟
MAP 附录②P.14 F-2

●やまもとしょうかい
山本商会

第一个小时400日元（一个小时后每小时加300日元）、一天（最多费用）1600日元。电动自行车第一个小时600日元（一个小时后每小时加500日元），一天2600日元。
✆0467-22-0723 休第2星期四、第一和第3个星期三休息 L9:00～18:00 所镰仓市小町2-2-23 🚃JR镰仓站东口步行3分钟
MAP 附录②P.11 B-3

出租自行车

是能够高效地周游镰仓的交通方式。作为移动时间的一个标准，从镰仓站到镰仓宫大概需要12分钟。镰仓站到钱洗弁财天大约10分钟。

●かまくらえきまえレンタサイクル
镰仓站前出租自行车

最初的一小时600日元，以后每延长一个小时需加250日元。4小时以上一律1600日元。要租电动自行车，身份证明书是必要的。车站内也有营业所。
✆0467-24-2319（不可预约）
休无休（1/1~1/3不提供租赁服务）
L8:30～17:00 所镰仓市小町1-1
🚃JR镰仓站东口（派出所后面）
MAP 附录②P.11 B-4

定期游览公交 镰仓·江之岛巡游（江之电公交）

定期观光公交能够高效地游遍主要的观光地，也值得推荐。通过预约制度，从3个月前到乘坐的前一天接受预约，（12月31日~1月3日运营休息）所有的线路都有公交导游同行。

线路名称	线路·观光地·出发及到达时刻	运行时间	成人费用	儿童费用
安静号	镰仓站出发 11:00➔建长寺➔鹤岗八幡宫➔镰仓宫➔（午饭）➔长谷寺➔高德院（镰仓大佛）➔到达镰仓站 15:30	4小时30分钟	4000日元	3000日元

预约✆0466-24-5006 HP http://www.enoden.co.jp/

有一阵好香的味道，喵～♪

KAMAKURA CAFÉ BOOK

特别附录 3

可取下使用！

新江之岛水族馆/江之岛BOOK

小巧便携

新江之岛水族馆
江之岛BOOK

请先了解这些！
漫步江之岛信息
how to enjoy Enoshima

从镰仓出发，乘坐江之电25分钟

只有江之电这一班车能从镰仓站到达江之岛站。印象里的的江之岛是遥远的，但实际上坐电车30分钟就到了。出奇地近，我们去走一趟吧！

镰仓与江之岛1日游

到江之岛乘坐江之电，无论从鹤冈八幡宫的镰仓站出发，还是长谷寺的长谷站出发，都很近。锁定目标，1日就能游遍镰仓和江之岛。

江之岛速游1小时，闲游3小时

参拜江岛神社及观看参道风景只须1小时。想要再参观其他景区，3小时足够了。
若您想静静享受美食，再加1小时即可。

“江之岛1日游通票”很划算

1000日元可以买到通票，您不仅可以去塞缪尔·科金花园，还可以享受岛内饮食店、特产店的特价优惠。
让可爱的海洋生物给我们带来活力吧！

CONTENTS

可爱的海洋动物，给你治愈的力量！

水族馆大揭秘！

可以眺望江之岛最高之地的水族馆。各式展厅、水箱应有尽有，可以尽情体验美丽的水上世界。

江之水的魅力在哪里？

1 精彩的“海豚表演”！
聪明又可爱的海豚舒展身姿、生动的表演，必看！

2 色彩缤纷的水母展出生动有趣！
绚丽多彩的水母大聚会。珍奇的水母只有在江之水才能看到。

3 能眺望富士山、江之岛的地方！
这里大海与江之岛能尽收眼底。天气好时连富士山也能看清。

江之水必看信息

1 盖好章可再次入园！
再入场仅限当天。在表演时间内可进场。

2 允许带盒饭！
盒饭、打包好的食品可在看台上吃。

3 可以向展出饲养员提问！
有问题可以咨询展出饲养员(江之水 护养员)。

しんえのしますいぞくかん
新江之岛水族馆

0466-29-9960 休无休(设备检修时会临时休馆)
9:00~17:00(按季节调整) ¥2100日元、高中生1500日元、小学生和初中生1000日元、幼儿600日元
所藤泽市片濑海岸2-19-1 交小田急江之岛线片濑江之岛站步行3分钟 P无

MAP 附录③P.12 C-5

来看看可爱的海豚吧！

感动、惊喜连连！

2F 海豚表演场地

让人情不自禁高声呼喊的表演

在精心饲养下，生了四胎的海豚也时常表演

富士山、江之岛等美景与表演池完美结合的屋外设施。有海豚、海狮的笑声，可以观看到刺激的表演。海豚与驯兽师配合默契的表演值得一看！

人气活动 与海豚握手

1天1次(按季节调整)，每次活动取前30名可以触摸海豚胸鳍。500日元。

馆内MAP

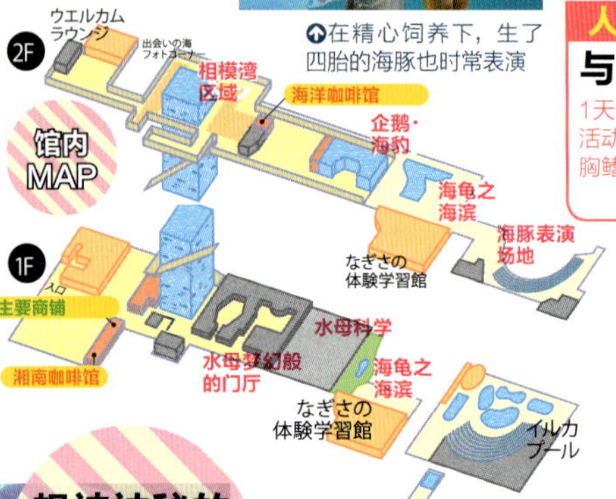

想被神秘的海豚治愈

水母深度介绍

1F 水母科学

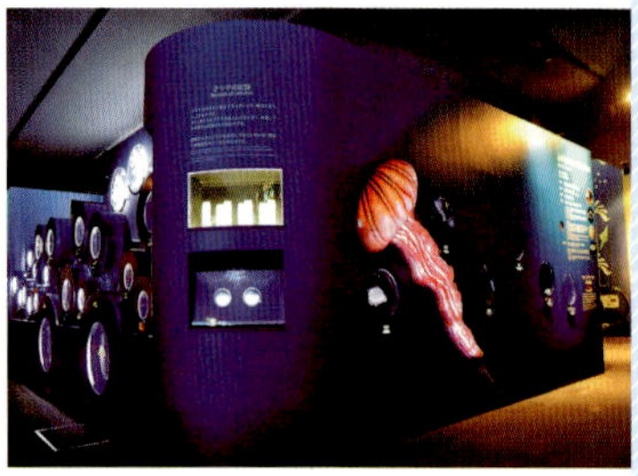

您也能了解到最新的水母新闻

水母饲养展示区常年展出的水母多达30种，为您详细介绍它们神秘的生态及生活史。您还能亲眼观看到水母饲养员护养员如何喂养水母。

绚丽多彩的水母

海月水母
在日本近海也能看到的有名水母

红色水母
触须呈现赤红色而得名的水母

蓝色水母
因为有多种颜色，又称彩色水母

硝水母
因其体态类似章鱼而得名

太平洋黄金水母
世界最大级别的水母之一，有的甚至长达2米

幻想般的门厅，让人放松的空间

1F 水母梦幻般的门厅

在半园顶的空间里配置了13座水箱，让您仿佛置身于水母体内，这里常年有14种以上水母的公开展出。在水母圆形水箱“水母行星”内浮游着的水母看上去像雪球。

结构图简单易懂的水母身体

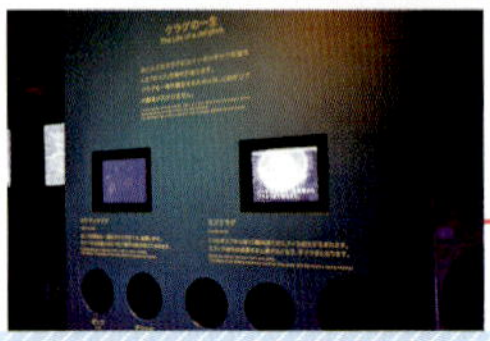

详细介绍记录水母的一生

我们还在研究下列水母

爬行水母
这是一种不漂浮，而是端坐在沙上，着实有趣的水母

拟柄突和平水母
自然界中尚未发现的神秘水母

球半冠螺水母
这种水母有4根长长的触手。边摆动触手边向前游去

新江之岛

想了解大海和鱼类

仿佛从相模海洋中
分离出的不断延伸的空间

2F 相模湾区域

人工波浪连绵起伏，完全接近自然的大海环境。看着鱼儿自在地畅游，让您仿佛身临其境。江之水护养员每天都会在水中为您举办介绍鱼类的表演。

看看这里!!

活动“相互示好”

江之水护养员在水箱中给大家表演抚摸鱼类，让您了解大海的神奇。

世界首次！

小银鱼展

湘南特产“小银鱼展”。能观看到罕见的小银鱼在水里游动，是极其珍贵的展出。

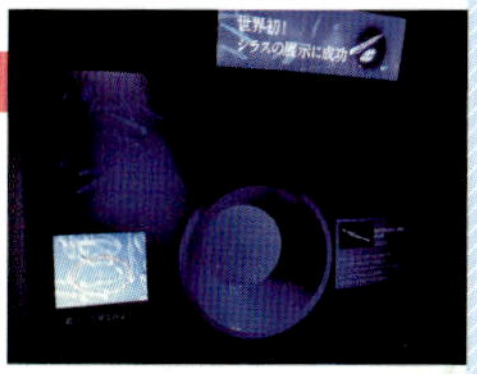

还有下列这样的活动！

江之水的一夜之旅

Enosui staying Night Tour

江之水最具人气的节目。
您可以观察闭馆后动物们在水箱、水池里的状况。
需自带睡袋、毛毯。价格按活动调整。

←可以尽情欣赏不同于白天的江之水

→庞大的海龟，震撼十足。允许抚摸，值得期待。（周末、节假日）

想仔细观赏海龟

深度了解海龟

1F 海龟之海滨

本展出通过了解海龟，向大家介绍当下的相模湾。能观看到红海龟、绿海龟。还为大家详细介绍海龟的食性和饲养方法。

→在陆地上走起路来摇摇摆摆的企鹅在海里却畅通无阻

还能看到北极的企鹅

飞来飞去的样子甚是可爱♡

2F 企鹅、海豹

企鹅、海豹展示区。其中，尤其以观看如同在水中飞一般游动的企鹅的表演最受大众喜爱。
另外，优雅地游动着的胡麻斑海豹也非常可爱。

人气特产看这里！

1F 主要商铺

“江之水”水母娃娃
小820日元／大1340日元

江之水护养员负责制作的娃娃。手感光滑，让您心情舒畅

1F 主要商铺

迷你水母行星
860日元

球形水箱式“水母行星”天体充满了整个雪球

1F 主要商铺

新江之岛水族馆原版
湘南啤酒 520日元

湘南唯一的酿酒厂与江之水共同打造的啤酒。水果风味，因口感细腻而受大众喜爱

江之水特有的咖啡馆菜谱

1F 湘南咖啡馆

江之水小银鱼盖饭780日元

盖饭上有足量的小银鱼、切细的煎蛋。请您先打开盖饭中间的温泉蛋品尝一下吧

2F 海洋咖啡馆

梦幻水母碳酸饮料 360日元

模仿“水母梦幻门厅”的水母制作的饮料

2F 海洋咖啡馆

水母面包 260日元

模仿水母形状制作的奶油面包。可爱到让您舍不得吃

2F 海洋咖啡馆

海龟甜瓜面包 260日元

非常可爱的海龟形的甜瓜面包，有原味和抹茶味两种供选择

满载欢乐之岛欢迎您

江之岛是这样一个地方

江户时代就广为人知的观光之地。现在更多的人来这里参拜、游玩。在这里您能尽享名胜、古迹和美食。

江岛神社周边

●えのしまじんじゃしゅうへん

本地区以坐拥雄伟神殿的江岛神社边津宫为中心。如果您来江之岛，请一定要来江岛神社。

这里能做什么?

●您可以在江岛神社祈祷爱情 →P.5

●您可以登上江之岛塞缪尔·科金（Samuel Cocking）花园的展望灯台欣赏绝佳美景 →P.5

●您可以在岛上咖啡馆休息片刻 →P.10、附录①P.11

➲同时也因结缘圣地而出名。可以在粉红色的绘马板上写下您的心愿

➲江岛神社是由边津宫、中津宫、奥津宫组成的三姐妹女神宫的总称

快去抢购"江之岛1日游通票"吧!

环游江之岛

超级划算哦!

小田快线(起始站到藤泽)往返车票，可以在藤泽到片濑江之岛之间自由上下车。您还能使用可以进入江之岛四大场所超划算的通票。使用此通票，您还可以享受其他场所优惠折扣，在江之岛饮食店等购买1000日元以上享受5%的折扣。

¥从新宿出发1970日元，儿童990日元。从町田出发1550日元，儿童780日元。可以在小田快线各站窗口、自动贩卖机上购买

➲举着蜡烛在神秘的岩屋内前行

江之岛岩屋周边

●えのしまいわやしゅうへん

这里是江之岛上离入口最远的区域。地形连绵起伏，能够享受远眺的乐趣，是江之岛屈指可数的名胜之一。

这里能做什么?

●您可以在江之岛岩屋内探险洞窟

●您可以在恋人之丘敲响龙恋钟

●您可以在稚儿渊观看日落

江之岛站周边

●えのしまえきしゅうへん

在江之电的江之岛站周边，聚集了当地受欢迎的饭店、商铺。

这里能做什么?

●您可以参观龙口寺 →P.10

●您可以尽享当地人气美食 →P.10

●您可以稍走远一点，看一看腰越站周边的店铺 →P.11

➲在"日本食夕阳"店慢慢品味日本料理

➲吃着"冰块雪糕"闲游

新江之岛水族馆周边

●しんえのしますいぞくかんしゅうへん

➲江之水有洪堡企鹅

最大看点首推"江之水"，但时下热门的咖啡馆、商铺也同样不容错过哦。

这里能做什么?

●您可以游览"江之水" →P.2

●您可以品尝人气薄煎饼 →P.10

●买时下流行的爆米花作为特产 →P.11

➲Eggs'n Things店的煎饼果子超有人气，哪怕排队我也想去尝一下!

➲在美国加利福尼亚受欢迎的爆米花店"Cornology"

江岛神社参道

●えのしまじんじゃさんどう

坐拥宏伟神殿的边津宫耸立着江岛神社。该地区是江之岛观光中心。

➲常年热闹喧嚣的神社沿街道

这里能做什么?

●您可以漫步神社参道，尽享"小银鱼盖饭"，品尝美食 →P.6

➲➲您可以在拥挤的神社沿街饭店内尽情享受美食

●您可以尽享江之岛岛上SPA，让自己放松

➲温泉能将您观光江之岛的疲惫一扫而光

●试坐一下江之岛电梯 →P.5

➲到达山顶大概需要4分钟

漫步江之岛计划

感受海风之际，体验环岛快乐

在江之岛值得一去的地方很多，在此为您介绍特色景点。让我们欣赏美丽风景之际，环岛旅游吧。

START [江之电] 江之岛站

先去 **新江之岛水族馆玩**

江之岛是最具人气的观光地。值得一看的景点也很多，让我们早点出发吧！

→P.2

想品尝小银鱼盖饭！

步行10分钟

顺道 **在江之岛大桥远眺美景，值得一赏！**

↓站在连接江之岛的大桥上眺望，您能清楚地看见富士山

1 在江岛神社参道吃海鲜午餐

如果您去江之岛，绝过不想错过的一定是海鲜盖饭，特别是小银鱼盖饭。小银鱼盖饭使用大量的新鲜海鲜食材，饱餐一顿后朝山顶前进吧！

神社特集→P.6

↑↓您能在湘南享受到特色小银鱼盖饭、竹荚鱼等海产。而且，菜谱也相当丰富，让人难以择决

←在神社沿街您能看到很多店都有海鲜菜谱

小提示 **坐“江之岛电梯”很省力哦！**

江之岛电梯是标高差46m，由4层电梯连接而成，全长106m的室外电梯。

☎0466-23-2444（江之岛游园事务所） 休 无休 营 9:00~19:05 ¥ 360日元，小学生180日元（不同层电梯间价格不同） 所 藤泽市江之岛2-3-9 交 小田急江之岛线片瀬江之岛站步行16分钟 P 无 MAP 附录③P.12 C-2

步行10分钟&坐江之岛电梯20分钟

顺道 **结缘圣地！去江岛神社走一走**

院内有棵被称为“结缘树”的大银杏神树，就是因结缘圣地而出名的。或许您许下愿望就可以实现……

☎0466-22-4020 营 8:30~17:00 ¥ 免费参观（奉安殿参观150日元，中学生、高中生100日元、小学生50日元） 所 藤泽市江之岛2-3-8 交 小田急之岛线片瀬江之岛站步行20分钟 P 无

MAP 附录③P.12 C-2

↑在粉色的绘马上写上您的愿望，挂在神木上

步行15分钟

顺道 **在江之岛小猫随处可见！**

↓偷懒的猫、睡觉的猫，随处可见

有点累了……

2 在江之岛塞缪尔·科金花园登展望灯台

←在江之岛外面，您也能看到该岛上标志性建筑——展望灯台

↑天气晴朗时，你还能看到远处的富士山

→蜿蜒的湘南海岸。只能在江之岛眺望

这里曾经是植物园，是以英国商人塞缪尔·科金的名字命名的。您可以在花园里常年观赏到花、植物。参观展望灯台——江之岛展望灯台需另付300日元。

☎0466-23-2444（江之岛游园事务所） 休 无休 营 9:00~20:00（最晚入园19:30） ¥ 200日元，小学生100日元 所 藤泽市江之岛2-3-28 交 小田急江之岛线片瀬江之岛站步行20分钟 P 无

MAP 附录③P.12 C-2（江之岛塞缪尔·科金花园）

MAP 附录③P.12 C-1（江之岛展望灯台）

3 在岛上咖啡馆放松，好好休息下

咖啡馆详情→P.10、附录❶P.11

实际上江之岛的咖啡馆都很豪华。有复古式氛围的咖啡馆，也有很适合远眺的咖啡馆，真想去休息一下。

↑当您品尝着手工甜点时，幸福之感油然而生

↑各咖啡馆还为您准备了原味甜点。去寻找您喜欢的店吧

步行25分钟

GOAL [江之电] 江之岛站

很开心！

值得一听 **也有人坐小型观光船“弁天丸”返程！**

这是连接江之岛与稚儿渊，路程仅10分钟的迷你游览。如果您要坐船，请一定确认一下航运状况。

☎0466-22-4141（藤泽市观光中心） 休 不定期运航 营 10:00~16:00（因天气、季节调整） ¥ 400日元，小学生200日元 所 藤泽市江之岛2（乘船处：稚儿渊） 交 小田急江之岛线片瀬江之岛站步行30分钟

MAP 附录③P.12 D-2（稚儿渊）

Yummy Gourmet! an eating tour

贝作

在店门前整齐摆着的水产成了海鲜店的活标记。店员在店门前把刚捕捞的海鲜烤好，您能尽情享受刚调制好的鲜香美味的海鲜。店门前摆放着桌椅，您可以在这里慢慢享用。

☎0466-22-3759 休星期二（遇节假日时则第二天休息） L10:00~20:00（关门）（按季节、天气调整） 所藤泽市江之岛1-3-20 小田急江之岛线片濑江之岛站步行10分钟 P无(有第三方提供的停车场)

MAP附录③P.12 B-2

竹荚鱼、小银鱼盖饭套餐 2160日元 店内用餐

这个套餐是在大份的小银鱼和竹荚鱼盖饭里加两个烤好的蛤蜊。份量相当地足，绝对让您满意哦！

调味烧烤 600日元 店内用餐

有整个烤乌贼、蛤蜊，带壳海螺、烤扇贝等各式菜谱

丸大仙水

穿过乌居，您就能看到不远处由批发商直营，创立于1830年的老字号调味烧烤海鲜店。店里的食材来自于相模湾捕捞的新鲜海产，主要有伊势虾，还有小银鱼、竹荚鱼。

☎0466-26-4701 休星期三（节假日照常营业） L11:00~19:00(20:00关门) 所藤泽市江之岛1-4-19 小田急江之岛线片濑江之岛站步行10分钟 P5个停车站

MAP附录③P.12 B-2

萨摩小银鱼汉堡 480日元 外卖

这种汉堡是新品：在炸好的鱼肉上放些小银鱼。多汁的鱼肉，意想不到的美味！

小银鱼牛肉汉堡530日元 外卖

添加了小银鱼的牛肉汉堡，让人赞不绝口。量足，堪称一绝！

横渡江之岛，立即出发！

吃遍美食，幸福满满！江岛神社参道美食

距江岛神社大约200米处，食堂、外卖店鳞次栉比。您既可以进店慢慢享用，也可以选择打包，边逛边吃。在此为您推荐下述店铺。

湘南汉堡总店

产自江之岛的快餐。本店新口味的汉堡使用小田原老字号萨摩烤鱼、受农业水产部长称赞的鱼糕、江之岛有名特产小银鱼为原料，因而广受大众喜爱。

☎0466-29-0688(江之岛Island SPA) 休无休 L10:00~19:00(关门)、12~2月11:00~17:50(18:00关门) 所藤泽市江之岛2-1-6 江之岛岛上SPA附属楼1层 小田急江之岛线片濑江之岛站步行10分钟 P无

MAP附录③P.12 B-2

纪之国屋总店

这是一家在店门前就能看到包子形状店心的日式点心店。现场为您制作御手洗团子，您能品尝到刚出锅的鲜美御手洗团子。如果您饿了，一定要进来尝一尝哦。

☎0466-22-5663 休星期三(节假日照常营业) L8:00~18:00 所藤泽市江之岛2-1-12 小田急江之岛线片濑江之岛站步行15分钟 P无

MAP附录③P.12 B-2

井上总店

这是一家于1925年创立的日式点心店。店里有招牌“贝最中”，夏天还能品尝到“水馒头”等时令点心。店里还准备了4人坐的桌椅方便您品尝日式点心。

贝最中 320日元 外卖

有白色豆馅、豆沙馅、红豆馅三种。可作为特产购买哦。

☎0466-22-4640 休星期五 L8:00~18:00(10月至次年3月~17:30) 所藤泽市江之岛2-1-9 小田急江之岛线片濑江之岛站步行15分钟 P无 MAP附录③P.12 B-2

水馒头 400日元（店内500日元） 外卖

在中间夹上红豆馅和抹茶冰激凌。这妙不可言的组合赢得了很多粉丝。

花见团子 140日元

由淡红色、白色、绿色等三色串起来的团子。光看这个外表就很可爱

夫妻包子 1个110日元 外卖

白色是豆沙馅，褐色是红豆馅。你还可以在店里买到刚出锅的包子

参道MAP

外卖

烤章鱼煎饼（右）350日元

由2~3个完整的望潮鱼烤制而成的煎饼。满满的饱足感！

烤海蜇煎饼（左）350日元

由3~4个完整的新鲜海蜇烤制而成的煎饼。刺激的甜辣味

Asahi总店

用185℃的铁板上下夹住约1吨的材料烤制而成。可以试着品尝一次拥有章鱼的原本美味的独特味道。您会被清新的海鲜香味吸引。该店可以排队购买。

0466-23-1775 休星期四 9:00~17:30 所藤泽市江之岛1-4-10 小田急江之岛线片濑江之岛站步行15分钟 P无

MAP附录③P.12 B-2

店内用餐

朝潮盖浇饭 1300日元

生鲜小银鱼和正樱虾，搭配色彩鲜明蛋丝的盖浇饭。上面加入腌制小菜

店内用餐

彩色海鲜盖浇饭 1730日元

盛满金枪鱼、三文鱼、腌鱼子、生鲜小银鱼等的大碗盖浇饭

江之岛Harumi

1972年创立，延续三代的老字号食堂，有小银鱼盖浇饭和海鲜盖浇饭等各种菜单。除盖浇饭以外，也准备了烤蛤蜊和烤蝾螺等。店里也供应烤海螺和烤扇贝。

0466-22-3629 休星期五（7~8月营业） 9:30~17:30（18:00关门）、夏季~18:30（19:00关门）、冬季~16:30（17:00关门） 所藤泽市江之岛2-1-12 小田急江之岛线片濑江之岛站步行10分钟 P无

MAP附录③P.12 B-2

外卖

小银鱼面包 250日元（3个装）

加入了小银鱼和芝士的炸面包。是适合品尝的一道美味

tobiccho 弁财天商店街店

小卖部商店，供应"小银鱼面包"和"炸小银鱼肉饼"等。因为大家都想品味热乎乎的鲉仔鱼面包，所以总有人在排队。充分地使用了生鲜鲉仔鱼的料理真是好评。

0466-29-9090 休不定期休息 11:00~20:00（L.O.） 所藤泽市江之岛2-1-9 小田急之岛线片濑江之岛站步行15分 P无

MAP附录③P.12 B-2

鱼华 二号店

能享受到江之岛的特产"小银鱼盖浇饭"，加入伊势龙虾汁的"海之华饭食"等15种以上的盖浇饭和创作料理。在新建成的二号店，除了卡座，还有可以一览江之岛的露天席位。由于靠近参道入口，位置很显眼。

店内用餐

生鲜小银鱼油炸小银鱼双拼盖浇饭 1350日元

在这里，早上捕获的新鲜小银鱼和炸小银鱼均能享受到，还有令人回味无穷的盖浇饭。新鲜素菜的色彩也能勾起食欲

0466-52-6354 休星期四 11:00~20:00（关门）（不同季节会有所变动） 所藤泽市江之岛1-3-6 小田急江之岛线片濑江之岛站步行10分钟 P6个停车位

MAP附录③P.12 B-2

满腹屋十大

吃正宗荞麦面和小银鱼盖浇饭的店，还提供小银鱼盖浇饭自助。自助也包含十割荞麦面，推荐的饮食方法为：吃完小银鱼盖浇饭吃荞麦面，以小银鱼茶泡饭收尾。

0466-28-9559 休星期四 11:00~15:20（16:00关门） 所藤泽市江之岛1-4-10 小田急江之岛线片濑江之岛站步行15分钟 P无

MAP附录③P.12 B-2

小银鱼盖浇饭自助 1360日元（40分钟）

盛满小银鱼和配菜的盖浇饭。可以品尝到其独创的味道

店内用餐

佐料也很丰富！
·裙带菜·萝卜
·生鸡蛋·海苔 等
约20种

店内用餐

炸小银鱼什锦 1080日元

饱满感十足的炸小银鱼什锦。松脆的嚼劲儿

店内用餐

金目鲷小银鱼盖浇饭 1728日元

欢迎根据您的喜好，选择炸小银鱼或者生鲜小银鱼

海鲜料理 天海

靠近参道中间位置的海鲜料理店。因所有原材料为精选之后提供，故推荐所有菜单。有所有的经典小银鱼美味，还有各种味道的美食，江之岛盖饭等。

0466-27-1060 休无休 10:00~19:00（20:00关门） 所藤泽市江之岛1-4-9 小田急之岛线片濑江之岛站步行15分钟 P无

MAP附录③P.12 B-2

SHIRASU问屋 TOBICCHO江之岛总店

●しらすどんやとびっちょえのしまほんてん

这里可以吃到小银鱼盖浇饭、使用了新鲜材料的多种料理，是人气很旺的店。除了小银鱼料理，还有寿司炸什锦、豆腐冰淇淋等丰富多彩的美食。

0466-23-0041 休不定期休息 L11:00～20:00（L.O.）所藤泽市江之岛1-6-7 交小田急江之岛线片瀬江之岛站步行15分 P无

MAP附录③P.12 B-2

➡也是江之岛里最受欢迎的TOBICCHO，也可以排队购买

⬇在宽敞的店内、在开放式氛围下，可以悠闲自在地品尝海鲜盖浇饭

受欢迎度在弁财天商业店也可以核实！ →P.7

在江岛神社参道也有商业街店。除了"小银鱼饭食"颇具人气外，店里还供应"小银鱼面包"。

满满的鱼贝喷发出来，阵容豪华！

您在寻找的是这个！

海鲜盖浇饭

1750日元

堆满了小银鱼、咸鱼子、生金枪鱼、煮海鳗、三文鱼等9种食材！

还有！人气菜单

- 炸小银鱼咸鱼子盖浇饭 1450日元
- 炸小银鱼盖浇饭（一片）950日元
- 小银鱼帝王蟹黄盖浇饭 1300日元

看到就能勾起您的食欲！

盖浇饭 大集合！

说到江之岛的有名特产，就不得不提使用大量鱼类食材的盖浇饭了。非常想去尝一尝各店仔细琢磨之后做出的美味极品盖浇饭。

仅凭借食材的味道就足够款待的珍品

还有！人气菜单

- 炸小银鱼盖浇饭 980日元
- 美味组合套餐 1650日元
- 江之岛盖浇饭 1080日元

您在寻找的是这个！

生、炸小银鱼双拼盖浇饭

980日元

生小银鱼和炸小银鱼各半放入。这样品尝最佳

富士见亭

●ふじみてい

创业120余年，历史悠久的老店。推荐生、炸小银鱼双拼盖浇饭和江之岛盖浇饭等。露天座位向前看有海，往下看可以看到稚儿渊。

⬇店铺位于向稚儿渊方向的下坡路中间。很有品味的这家老店店内气氛可以打满分

⬇正如店名一样，天气好的时候，在这里的露天座位可以远眺富士山

0466-22-4334 休不定期休息 L10:00～日落（L.O.）所藤泽市江之岛2-5-5 交小田急江之岛线片瀬江之岛站步行25分钟 P无

MAP附录③P.12 D-1

在江之岛山顶店品尝海鲜料理

您在寻找的是这个！

江之岛盖浇饭

928日元

由嚼劲松脆的海螺和鸡蛋的完美组合成的江之岛盖浇饭。一定要去品尝。

鱼见亭

●うおみてい

创立近150年的海鲜料理老店。除了可以品尝新鲜海鲜，还有甜食。除了店内座位，还准备了可观海的露天座。天气好的时候，可一边看海一边品尝海鲜料理。

还有！人气菜单

- 小银鱼盖浇饭 928日元
- 江之岛拉面 918日元
- 烤蛤蜊 928日元

0466-22-4456 休无休 L10:00～日落后30分钟（根据季节来变动休息时间）所藤泽市江之岛2-5-7 交小田急江之岛线片瀬江之岛站步行25分钟 P无

MAP附录③P.12 D-1

⬇靠近进入稚儿渊的阶梯。有叫卖声，很是热闹

➡店内有榻榻米座位和卡座。店内宽敞，多人就餐也可以安排

江之岛小屋

●えのしまこや

大碗食材的盖浇饭

可以品尝从片濑渔港采购的相模湾当地的鱼类以及九州玄界滩直接运送而来的鱼。稀有品种的鱼也有很多，还提供完全无添加农药的大米、芥末等食材。仅提供具有当地特色且不复杂的食材。

☎0466-29-5875 休不定期休息 L 8:00~14:30（15:00关门）、17:00~21:30（22:00关门） 所藤泽市片濑海岸2-20-12 交小田急江之岛线片濑江之岛站附近 P无

MAP附录③P.12 C-5

↑露天位置的桌子和椅子使用了可再利用木材

←正如店名，洋溢着一股小木屋风。远远就能看见这家店

还有！人气菜单

- 散式盖浇饭 1620日元
- 现炸小银鱼盖浇饭 1100日元
- 干炸健味鸡 840日元

您在寻找的是这个！

小屋特色盖浇饭 1380日元

当日到货的新鲜鱼做成的盖浇饭。半份量(840日元)也提供

©SHAKE PHOTOGRAFIC

特色

在活鱼经销店，一定要吃生小银鱼！

※生小银鱼的禁捕和少捕期，炸小银鱼盖浇饭制作而成

您在寻找的是这个！

生小银鱼和炸小银鱼各半双拼盖浇饭 980日元

盖浇饭上满满地盛有生小银鱼和炸小银鱼。可以蘸着生姜或者酱油品尝

还有！人气菜单

- 烤蛤蜊 600日元
- 烤海螺套餐 1500日元
- 烧烤套餐 1500日元

海鲜料理 KIMURA

●いそりょうりきむら

大量供应海螺、蛤蜊、伊势龙虾、鲍鱼的老店。实惠的价格可以吃到该店有名的新鲜鱼贝料理。烤海螺等江之岛名产也属于有名气的菜单之一。

↑该店在公园前方。稍微靠近参岛入口的闹市区

↑店内是复古风，有卡座和柜台座

☎0466-22-6813 休不定期休息 L 11:50~20:00（18:00以后需电话确认） 所藤泽市江之岛1-6-21 交小田急江之岛线片濑江之岛站步行15分钟 P2个停车位

MAP附录③P.12 B-2

蠢蠢欲动的鸡蛋搭配嚼劲松脆的海螺，绝对佳品

←从塞缪尔・科金苑走向稚儿渊，中途小道的边上可以看到该店

←除了榻榻米座和卡座，还有露天座。在露天座可以欣赏到绝色美景

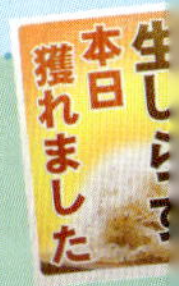

生小银鱼仅在3月中旬至12月下旬供应！

江之岛大受欢迎的生小银鱼不是去了就一定能吃到。注意，1月至3月中旬的禁捕期、风暴等引起的少捕或捕获不到的情况也存在。

您在寻找的是这个！

江之岛盖浇饭 1188日元

满足感十足的盖浇饭。满嘴能感受到海螺的海鲜风味。

还有！人气菜单

- 海鲜盖浇饭 1620日元
- 炸虾盖浇饭 1728日元
- 和式炸猪肉套餐 2160日元

江之岛亭

●えのしまてい

几乎与江之岛拥有同样历史的老店。由于建在崖上，可以一望湘南海岸的景色，从店内眺望其景色更壮观。大量地使用了新鲜鱼的绝佳料理。

☎0466-22-9111 休暴风雨天 L 10:30~17:30（18:00关门），周末、节假日~18:00（18:30关门）（根据季节及气候情况而异，需电话确认） 所藤泽市江之岛2-6-5 交小田急江之岛线片濑江之岛站步行25分钟 P无

MAP附录③P.12 C-1

到处是人气店铺!

江之岛周边区域指南

这里也Check!

iL CHIANTI BEACHE →附录①P.7

江之岛可以排队购买的人气煎饼

Eggs'n Things 湘南江之岛店

●エッグスンシングスしょうなんえのしまてん

0466-54-0606

MAP附录③P.12 C-5

夏威夷人气休闲餐厅，可以品尝到满足感十足的煎饼、华夫饼、快速美食等。日落的时间段，可以一边感受舒畅的海风，一边享受晚餐。

休无休 L9:00~21:30（22:30关门） 所藤泽市片濑海岸2-17-23 THE BEACH HOUSE 1楼 交小田急江之岛线片濑江之岛站步行3分钟 P无

"Strawberry whip cream"和"Macadamia nuts" 1150日元

靠近电车正对面的位置

江之岛电车在眼前经过

café 610

●カフェロクイチマル

"季节威风蛋糕"300日元。含饮料650日元

0466-23-1200

MAP附录③P.12 B-5

位于紧邻江之岛站的铁路沿线，从2楼能看到车站里始发到达的电车。每个季节推出的各种威风蛋糕等颇有人气。

休星期四 L11:30~19:00（关门） 所藤泽市片濑海岸1-3-20 1·2楼 交江之电江之岛站附近 P无

伫立在渔师街的人气意大利餐馆

Clarita da marittima

0466-47-3544

MAP附录③P.12 B-5

鱼是从附近的渔港捕捞，蔬菜利用了湘南蔬菜和当地的食材，通过厨师的细腻感性完成一道美食。细心关怀也是该店受欢迎的秘诀。

休星期一，最后一周的星期二 L11:30~14:00（15:00关门）、17:30~20:30（22:00关门） 所藤泽市片濑海岸1-6-11 1楼 交江之电江之岛站步行5分钟 P无

午餐每天都不同，以混搭的形式准备2种

大正时代古民家的咖啡时间

小岛咖啡屋 江之丸

●しまカフェえのまる

"Enomaru specialsweets" 700日元

0466-47-6408

MAP附录③P.12 C-1

由大正时期建筑古民家改装而成的咖啡店，和风味道和别致氛围相融合，即使一位女性也容易进入。它也有季节的味道。

休星期三 L11:00~日落 所藤泽市江之岛2-3-37 交小田急江之岛线片濑江之岛站步行25分钟 P无

大正时期浪漫神秘的咖啡店

Cafe Maru

0466-27-7939

MAP附录③P.12 B-2

安静地伫立在小巷的咖啡店。在用古式的内部家具装饰的店里，可以品尝现磨咖啡。还准备了6种左右的手工蛋糕。

休星期四 L11:00~18:00（18:30关门） 所藤泽市江之岛1-6-5 交小田急江之岛线片濑江之岛站步行15分钟 P无

酸、甜人气"酸奶蛋糕"500日元

一边欣赏海景，一边品尝新鲜海贝

海花亭

●うみはなてい

「生味小银鱼盖浇饭」1620日元

0466-26-1473

MAP附录③P.12 C-1

进入江之岛山顶的塞缪尔·科金花园，旁边就是吃饭的地方。相模湾捕捞的生小银鱼，竹荚鱼刺身等新鲜且带有涩涩海味的海鲜。露天座也可以携带宠物。

休不定期休息 L10:00~日落 所藤泽市江之岛2-4-11 交小田急江之岛线片濑江之岛站步行25分钟 P无

连续114年味道品质保证

中村屋羊羹店

●なかむらやようかんてん

0466-22-4214

MAP附录③P.12 C-1

作为江之岛乡土名牌糕点的专卖店，老店将迎来创店114年。创业时自创的元祖海苔羊羹，一直维持着其制作方法。

休不定期休息 L9:00~18:00 所藤泽市江之岛2-5-25 交小田急江之岛线片濑江之岛站步行25分钟 P无

永远喜爱的味道"元祖海苔羊羹"1个850日元

还有!

江之岛区域指南

这里也Check!

LONCAFE →附录①P.11

iL CHIANTI CAFE 江之岛 →附录①P.11

神奈川县具有代表性的木制大型建筑物

以排除灾难的圣地著称的寺庙

龙口寺

●りゅうこうじ

0466-25-7357

MAP附录③P.12 B-5

属于日莲宗灵迹总院之一、缘于日莲圣人的寺院。在龙的口刑场遗址建造的寺庙，除了有县内唯一的木造五重塔，还有在大阪灵雷寺的祈愿下峻工的山门雕刻等。

休无休 L6:00~16:00（前台10:00~） ¥参拜免费 所藤泽市片濑3-13-37 交江之电江之岛站步行3分钟 P5台

小银鱼和煎饼 搭配!

Aloha beach cafe

0466-47-7794

MAP附录③P.12 B-2

南国风的夏威夷un café 。备有煎饼，小银鱼拼盘等丰富多彩的菜单。2016年春，计划发售新品"江之岛Dog"（700日元）。

休无休 L10:00~17:30（18:00关门） 周末和节假日9:00~18:30（19:00关门） 所藤泽市江之岛1-6-8 交小田急江之岛线片濑江之岛站步行15分钟 P无

江之岛有名的小银鱼煎饼1500日元

开放式店可以感觉到绿色和海风

café du GABO

●カフェドガボ

0466-28-1100

MAP附录③P.12 C-1

该店拿手的绝佳产品是刚烤好的华夫饼。除经典品外，还备有季节性新菜单。您可以在露天座和花园席享受茶时光。

休无休 L10:00~19:30（L.O.） 所交P依照江之岛塞缪尔 科金花园规定

"Berry cheese cream" 600日元

能品尝到船主经营的小银鱼料理

Shirasuya

0467-33-0363

MAP 附录③P.12 A-4

小银鱼专营船主之一勘浜丸直营的饭馆。只在腰越供应且非常具有当地特色，所以在这里可以充分品尝新鲜的当地鱼。

休星期四 L11:00~21:30（22:00关门） 所镰仓市腰越2-10-13 交江之电腰越站附近 P10个停车位

生小银鱼炸小银鱼双拼盖浇饭 972日元

擅长制作丰盛的原始菜单

鳞亭

●りんてい

0467-31-7825

MAP 附录③P.12 A-4

以船员旅馆形式经营，可以品尝海鲜的创作料理店。是用当季鱼制作的料理，任何一道都是独创的。具备不拘泥于体裁的色彩丰富的菜单。

休星期四，其他不定期休息休息 L12:00~14:00（L.O.）、18:00~20:30（L.O.） 所镰仓市腰越2-10-30 交江之电腰越站步行3分钟 P8个停车位

小银鱼搭配湘南产番茄玛格丽特 1620日元

"刺身套餐" 1620日元。供应当季鱼

位于腰越渔港旁的地鱼料理店

地鱼料理 池田丸

●じざかなりょうりいけだまる

0467-32-2121

MAP 附录③P.12 A-5

该饭馆对当天从湘南海岸捕捞的鱼进行活切，备齐了新鲜的当地鱼。也可以快乐合理地享受高级鱼。充分地品尝刺身套餐等。

休不定期休息 L11:30~14:30（L.O.）、17:00~20:00（21:00关门） 所镰仓市腰越2-12-10 交江之电腰越站附近 P3个停车位

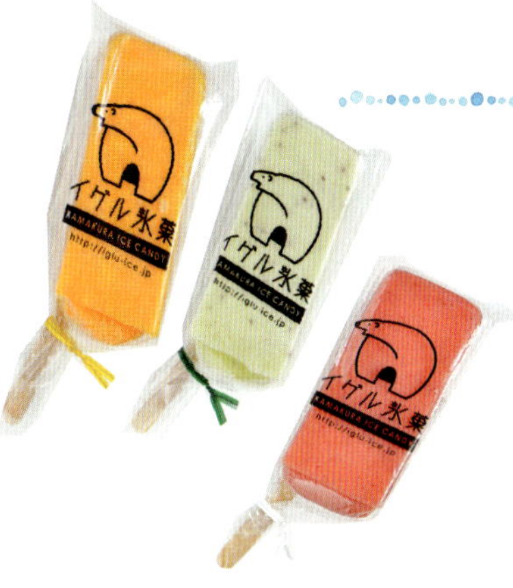

具备"草莓""北海道牛奶"等5种食材

自然风味的 Ice candy

冰雪糕

●イグルひょうか

0467-32-3539

MAP 附录③P.12 A-5

自家制作的Ice candy 外带店。"感受比水果更好吃的味道"，完全不使用香料和染色剂。

休星期一（节假日营业，冬季不定期休息休息，需确认） L11:00~17:00 所镰仓市腰越3-8-26 交江之电腰越站步行5分钟 P无

在日式料理店享受珍贵时光

日本食 yu-gata

●にほんしょくゆうがた

"午餐饭食日"，2000日元的拼盘

0466-50-5036

MAP 附录③P.12 B-5

夕阳缓缓落下的时候，只是眺望也很感动。这家店铺能如此给您提供些许珍贵的时间。可以品尝到使用了天然素材的日本料理。

休星期三，最后的星期四 L11:30~14:30（15:00关门）、17:30~21:00（22:00关门） 所藤泽市片濑3-14-31 江之叶大厦1-A 交江之电江之岛站步行3分钟 P4个停车站

江之岛登陆的人气Popcorn

Cornology

●コーノロジー

0466-77-4414

MAP 附录③P.12 C-5

加利福尼亚的人气爆米花店。从片濑江之岛站步行2分钟左右，会看到黄色屋檐。有"焦糖""太妃糖"等7种调味料。

所有Flavor M尺寸 440日元~，L尺寸 980日元~

休星期一（节日的第二天） L10:00~17:00（夏季~18:00） 所藤泽市片濑海岸2-15-17 交小田急江之岛线片濑江之岛附近 P1个停车站

停放江之电车辆的店 土特产是江之岛豆馅糯米饼

扇屋

●おうぎや

0466-22-3430

MAP 附录③P.12 B-5

一家供应日式点心的店，店头停着的江之电车辆很醒目。箱子里的特产"江之电豆馅糯米饼"加入了芝麻、梅、柚子、牛皮糖等5种食物。

休不定期休息 L9:00~17:00 所藤泽市片濑海岸1-6-7 交江之电江之岛站步行4分钟 P无

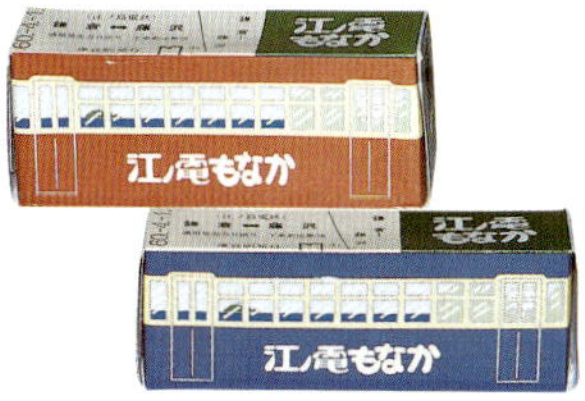

江之电豆馅糯米饼 10条组合 1300日元

和食 洋食 咖啡 购物 观光

Mapple Magazine MAPPLE 镰仓 江之岛 特别附录③
本地图制作过程获得日本国土地理院院长认可，同时参考该院发行的《万分之一地形图》和《基盘地图信息》。（许可号 平成27情使、第14-278623号）

镰仓 江之岛

contents ②

用前必读

本杂志登载的内容都是采用了从2015年11月到2016年1月取材、调查的东西。

本杂志在出版之后，有些饮食店的菜单、商品内容以及金额等各类东西可能会发生改变，由于季节原因也可能会稍有变动或者是临时停业等，在这些情况下可能会导致您无法享受这些服务。另外对消费税的重新评估也可能会导致各种金额发生一些变化。因此，根据场所的不同有的时候会通过不含税的形式来表现出来。您在使用的时候，请务必提前确认好。另外，根据本杂志登载的内容而产生的问题或者损害等，弊公司难以为您提供补偿，请您在知晓如上情况之后再使用。

各种数据按照如下标准进行登载

- 电话号码／登载的电话号码都是各个设施用来提供咨询的号码，也有的和当地的号码有些出入。如果您用汽车的导航系统进行检索的时候，可能会有和实际地方有出入的时候，请您务必注意。
- 休…休息日／原则上，只说明定休日，省略了年末年始以及黄金周、盂兰盆节、临时休息等。
- 营业时间／饮食店的“LO”表明了中止订餐的时间。
- 开馆时间／在没有特别说明的情况下，表示的是各种设施从开馆到可以入馆的最终时间。
- ¥…价格／原则上，表示的是从最近的地铁站开始的交通方式。所需时间只是一个基准，会根据季节、天气以及列车运行时刻的变化而产生一些变动。
- 所…所在地
- 交通方式／原则上，表示的是从最近的地铁站开始的交通方式。所需时间只是一个基准，会根据季节、天气以及列车运行时刻的变化而产生一些变动。
- P…停车场／表示那个设施本身的专用停车场，或者是显示离设施最近的一般停车场的普通车辆停车数上限。不管免费还是收费都予以登载。

标志的意义／地区不同的指示符号如下所示。

观赏（观光） 用餐 购物 咖啡 温泉 游玩

MAP 附录⓪P.00 A-0…表示设施在地图上的位置。

专注日式酒店的深度体验
日本文化的结晶就在日式酒店
九九旅行
99TRAL
北京九九有方旅行社有限公司
昭文社授权中国唯一的代理机构，专注于日本温泉酒店预订服务，为您定制一宿两餐之旅。
九九旅行 Search
http://www.99tral.com/
打开微信扫描二维码
淘宝 app 扫描二维码
（打开天猫）

日本酒店便宜订！
查找酒店
最低价
TRIPCON
http://www.tripcon.com
酒店
景点
机票
机票+酒店
温泉旅馆靠近火车站
立刻查询
TRIPCON是一家可集中搜索旅行社以及预订网站所售旅游商品，
并可同时进行价格比较的旅游出行对比搜索网站。

5分钟就懂！

KAMAKURA

镰仓是这样的地方

看一看每个地方的特征，更有效率地找出自己中意的地方！

以鹤冈八幡宫和小町路为中心，并且有很多景点值得一看的镰仓。每个地域都有自己独特的一面，所以首先了解每个地方的特征，制订一个适合自己的计划吧。

最近地铁站 北镰仓站

北镰仓

圆觉寺·建长寺

きたかまくら
えんがくじ・けんちょうじ
→P.84

飘荡着严肃且沉着的气息

位于镰仓北部的玄关口处，以很多花寺和大寺而出名。因为有着丰富的自然环境，所以可以在里面闲庭信步。

圆觉寺作为镰仓的代表寺院之一非常有人气→P.86

明月院是作为八仙花寺院非常有名→P.90

这个区域的亮点

- 在圆觉寺观赏国宝
- 明月院的八仙花
- 品尝名店的日式膳食

在“钵木新馆”里品尝会席料理→P.93

报国寺里壮观的竹林→P.100

最近地铁站 镰仓站

金泽街道·二阶堂

报国寺

かなざわかいどう・にかいどう　ほうこくじ
→P.98

可以欣赏到四季的应时花→P.102

这个区域的亮点

- 在报国寺的竹苑里散步
- 在隐居餐厅吃个午饭

在被静寂与绿色包围的空间里静心走走

位于离镰仓站有点距离的金泽街道二阶堂。除了报国寺和瑞泉寺等值得一看的地方，还有一家餐厅也格外引人注目。

像隐居一样的餐厅ACCI→P.104

买一些丰岛屋的小鸽子奶油饼干作为特产→P.53

Il Brigante的意大利冰淇淋→P.44

最近地铁站 镰仓站

鹤冈八幡宫·小町路

つるがおかはちまんぐう・こまちどおり
→P.40

这个区域的亮点

- 参拜鹤冈八幡宫
- 在小町路买些杂货&边走边吃
- 探访若宫大路的咖啡馆&餐厅

来镰仓就要参观一下鹤冈八幡宫→P.42

不管是不是第一次来的人，首先都会到这里

人气超高的鹤冈八幡宫经常有很多参拜者。从鹤冈八幡宫一直延伸到若宫大路和小町路是镰仓首屈一指的繁华街道。

排长队的有名店“玉子烧ozawa”→P.22

最近地铁站 镰仓站

大町·材木座

おおまち・ざいもくざ
→P.106

在海边度过悠闲的时光

这里因有很多日莲圣人因缘的寺院而广为人知，另外，大町还因聚集了前卫的商店而出名。

值得一看的比企一族因缘的妙本寺→P.109等

很有人气的“GOOD SMILE KAMAKURA”→P.111

种类繁多的“mermaid island”→P.110

这个区域的亮点

- 逛逛有雅趣的寺院
- 在大町买一些可爱的小物件

MEMO 镰仓散步的7个基础信息

提前掌握这7个基础信息，就能更愉快地在镰仓游玩了！

1 这里和东京、横滨很近哦

从东京站坐东海道线，或者从新宿站乘坐湘南新宿线大概就一个小时。从横滨乘坐湘南新宿线大概只有30分钟。

2 一天能转完两个地方

有的地方是能坐电车或乘坐公交到达，所以如果一天锁定两个地点的话，每个地方都能好好欣赏得来！

3 坡道很多

除去鹤冈八幡宫、小町路和一些沿海的地方，坡道多是镰仓的一个特征。所以我们推荐您穿便于行走、不易产生疲劳感的鞋子。

4 店关门时间早

寺院一般17点左右关门，还有很多杂货店和一些商铺在18点左右就关门了。所以最好提前做好出发的计划。

5 逢八仙花时节，最好在开门之前访问

在八仙花的时节，开门的同时会有很多的游客来访。所以，为了避免排队，最好是在开门之前提前到。有时候也会发放整理券（排队券）。

6 超人气的景点——鹤冈八幡宫和长谷地区

在寺院和神社较多的镰仓，拥有不可动摇的人气的还是鹤冈八幡宫和长谷寺。另外，我们还推荐圆觉寺、建长寺以及以大佛出名的高德院。

7 江之电的短途旅行很有意思哦

位于沿海地区的江之电，有一个超可爱的本土电车非常有人气。它不仅仅只是一种交通手段，更重要的是乘上去就会开心！

期待江岛神社的结缘作用→附录③P.5

最近地铁站 江之岛站

新江之岛水族馆·江之岛

しんえのしますいぞくかん・えのしま →附录③

新江之岛水族馆必看→附录③P.2

这个区域的亮点
- 在江之岛走走看看
- 在新江之岛水族馆玩玩
- 享受下海鲜盖浇饭

与被海环绕的镰仓味道不一样的观光岛

这里是从江户时代开始就为大家所喜爱的观光地。在岛上，有很多值得看的地方，游客和当地的人络绎不绝。也请务必尝一尝带有当地特色小银鱼的盖浇饭。

"Tobiccho"满是海鲜的盖浇饭→附录③ P.8

老店"富士见亭"的小银鱼盖浇饭→附录③ P.8

最近地铁站 稻村崎站、七里滨站

稻村崎·七里滨

いなむらがさき・しちりがはま →P.114

这个区域的亮点
- 在海景餐厅吃午饭
- 在江之电进行短途旅行

推荐从江之电看到的海景

从"Ristorante AMALFI"眺望的景色→P.114

海景观光地，能看到熠熠生辉的海洋

位于镰仓沿海地区的稻村崎、七里滨，即使在整个镰仓也是首屈一指的旅游胜地，人气非常高。沿海而行的江之电，其风景也是绝佳的！

最近地铁站 长谷站·由比滨站

长谷·由比滨 长谷寺·镰仓大佛

はせ・ゆいがはま はせでら・かまくらだいぶつ →P.70

从有极佳视角的长谷寺眺望之景→P. 72

除了有名的寺院之外，还聚集了有人气的杂货店和咖啡馆

长谷有诸如长谷寺和高德院这样有名的景点。不仅如此，还有一些可爱的杂货店和咖啡馆，所以十分受女性欢迎。

拥有许多可爱物件的商店"Kokeshka镰仓"→P.82

有着非常治愈的氛围的"café 坂之下"→附录① P.2

去看看高德院的大佛像吧→P.74

这个区域的亮点
- 观赏镰仓大佛
- 在长谷寺闲庭信步与赏红叶
- 在由比滨大街找找漂亮的小物件

有很多可爱杂货的"pieni kröne"→P.66

最近地铁站 镰仓站

镰仓站西口 御成路、钱洗弁财天

かまくらえきにしぐち おなりどおり・ぜにあらいべんざいてん →P.58

古民家咖啡馆"kamakura 24sekki"→附录① P.5

这个区域的亮点
- 在钱洗弁财天提升财运
- 在御成路品尝美食&购物

这里和东口不同，有着相对沉稳的气氛

和繁华的东口比起来，西口有着更为平静的氛围，但是最近这里也有各式各样的店开张，逐渐吸引着大家的目光。

在钱洗弁财天祈祷财运上升→P.60

KAMAKURA

镰仓时令Scoop!!

去哪里？哪里有人气？

为您送上新店铺开张和寺院神社等相关热点话题，以及日新月异的镰仓最新消息。
提前准备一下，会对镰仓观光起到帮助哦。一定来看一下话题和人气消息！

长谷地区 2015年10月开业

“观音博物馆”在长谷寺开放

陈列着以“十一面观音菩萨立像”为首的各种佛像

宝物馆在博物馆里得以重建！

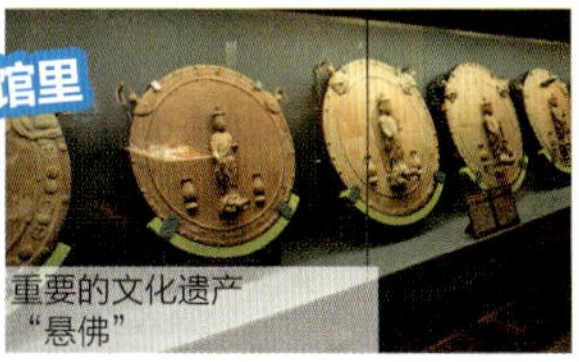

重要的文化遗产“悬佛”

2015年迎来开馆35周年的宝物馆，这次是作为“观音博物馆”重建开放。除了影像展示室之外，还有两个展示室，也有博物馆商店。以长谷寺本尊“观音菩萨”为主题的博物馆，让长谷寺又增加了一个新的亮点。

长谷寺 はせでら
0467-22-6300
MAP附录②P.15 B-2
→P.72

长谷地区 2016年1月13日～3月10日进行保护修理工

高德院的大佛将会重生!?

每五十年接受一次「体检」的大佛

大概花费两个月时间对大佛进行细致检查

从2016年的1月开始就对大佛像进行保护修理工作，因为修复期间要用阔幅针布将其覆盖起来，所以就不能参拜了。主要是对其表面和体内进行清洗，并进行一些保护方面的调查。这次修复距离上一次的1959年已经有57年。

高德院 こうとくいん
0467-22-0703
MAP附录②P.15 C-1
→P.74

收集镰仓的御朱印很有人气

去逛逛寺院神社，收集御朱印吧

激发你的收集欲望的御朱印收集，现在是镰仓的一个新潮流

去参拜的时候会得到一个“御朱印”，除了这个印之外，有的寺院还写上寺院的名字以及参拜的日期，还有的会让你写上名字哦。还有以“镰仓五山”和“镰仓七福神”为主题的御朱印收集哦！

鹤冈八幡宫地区

被樱花装饰的段葛迎来新的重建

新的段葛在等你（照片是改造前）

段葛的改造工作预计于2016年3月末结束

作为鹤冈八幡宫参道的段葛，为增加其功能和保全原有构造，还有樱花树的培育与恢复，人们从2014年实施改造工作。改造结束之后就可以通行了。这里还有新栽培的樱花树。MAP附录②P.11 C-2

长谷地区

因八仙花而出名的成就院的参道施工会在2017年内结束

施工期间也可以在限定区域内参

八仙花的移植和参道的修复工作预计在2017年完成，到时候可以在新的参道上参拜。八仙花利用插条的方式培育，在参道上种植小的植株。

再从参道眺望一下美丽的由比滨

这里变成全是八仙花的参道之前，想一直守护着这

成就院
じょうじゅいん
0467-22-3401
MAP附录②P.15 B-3 →P.81

MEMO

在寺院神社还可以享受这些

除了参拜，还有其他玩转寺院神社的方法。

1 坐禅

在打坐的状态下达到精神统一，这就是坐禅。其实原本有很多的作法，但是这里会为初学者指导最简单的一种。坐禅后就会神情舒畅哦！
→P.36

2 抄经

临摹样本上的文字来抄写经书。并不一定要写得多么好看，认真细致才是最重要的。写一写就会发现心情得以平静。
→P.36

3 插花

可以体验在花瓶里的“插花”，选择自己喜欢的颜色和样式进行组合来挑选花朵。

东庆寺●とうけいじ
插花体验
0467-33-5100 偶月份的第四个星期六/10:30～12:00
¥3240日元
→P.91

4 瑜伽

寺院里并不是平时开放，只有在寺院有活动的时候在会场才有。光明寺（p108）一般多作为会场，届时有很多人来体验寺院瑜伽。

5 讲经

所谓讲经，就是僧侣为我们讲述一些佛教的基础知识。并不是一些刻板的语言，而是非常通俗易懂的。

建长寺●けんちょうじ
0467-22-0981
星期六/11:00、13:00
¥免费（拜谒费不计在内需另算）
→P.88

新店和重新开张的店不断登场

2015年4月开业

小町路

ca ca o カカオ

使用哥伦比亚稀罕的可可做成的巧克力。芳香浓醇的可可，也用在泡芙、夹心蛋卷以及饮料里。

店在小町路开张，有着简洁的外观和内室，会令人感觉置身于外国一样

→P.28

2015年4月开业

镰仓站西口

古我邸 こがてい

至今为止都未曾公开过的，镰仓三大洋馆之一“古我邸”将以餐厅形式开放。以法国风情的基本做法为基础交织使用和式食材，可以品尝到独具匠心的料理。

→P.27

午餐3800日元起，晚餐7000日元起。可以在这里度过一段特别的时光！

小町路

2015年7月开业

roomlax cafe ルームラックスカフェ

有着漂亮的内景以及开放式的露天座位，所以可以慢慢享受时光。招牌是“熟成镰仓法式吐司”。

→P.46

像布丁一样口感的“熟成镰仓法式吐司”售价1026日元

长谷

2015年7月开业

Bread Code by recette ブレッドコードバイルセット

最高级面包的网上专营店“Recette”，开设了其姊妹店面包房。主食面包只有三个品种，一般到下午就售罄了。

“主食面包小山型普通版”864日元。最简单的质地

☎0467-53-7307 休无休 ⌚14:00～17:00(售罄就停止当天营业) 所镰仓市坂之下22-23 🚃江之电长谷站步行5分钟 P无

MAP附录②P.15 B-3

七里滨

2015年3月开业

Pacific DRIVE-IN パシフィックドライブイン

在七里滨海岸，可以享受夏威夷式食物的咖啡馆登场了。尽情享受传统的薄煎饼、蒜蓉虾盘吧。

→附录①P.6

“酪乳薄煎饼”972日元早饭推荐菜单

晚上喝酒，很多人住在Guest House里!!

从东京和横滨等不远的地方来一日游的旅客非常多。但是，如果留宿一晚的话，就能享受更多乐趣，所以有人晚上喝喝酒之后选择了不太贵的Guest House。虽然夜晚的镰仓没有什么景色，但是体验一下与白天不同的镰仓，就会变得更喜欢镰仓哦！

→P.34

晚上喝酒&留宿的好处！

好处！1 在当地人常去的店里喝酒

虽然白天游客很多，但是晚上的店里还是当地人多。

好处！2 有很多便宜又实惠的Guest House

因为不含餐食，所以还是相对比较便宜的。

好处！3 留宿的话，就能在早上第一时间欣赏镰仓

清晨的海岸和超人气的早饭，只有在早上才能享受

CHECK! 有人气的夜晚喝酒地&Guest House

Bistro Orange

在拥有轻松氛围的Bistro里，你可以享受到健康的镰仓蔬菜和古典的小盘料理等30多种菜品。

→P.34

龟时间 かめじかん

只有3个房间的小Guest House，这里的温暖闲适让你都想要定居哦。

→P.34

镰仓站西口地区 →P.64

御成路也慢慢火了!?

所谓御成路 | 镰仓站的西口前面延伸的一条路。相比于东口，来这个地方的一般本地人比较多

和热闹的东口相比，西口给我们安静的印象。但是，现在的西口实际上有各种各样的名店！在这里慢慢转一转吧！

面包

KIBIYA面包店 キビヤベーカリー

从御成路的商店街到进入小巷子的地方有个面包房。都是采用了自家制作的天然酵母面包，广受好评，并且对身体也有好处。虽然外表很朴素，但是细细咀嚼就会发现里面深层的味道，可以作为特产带回去。

→P.67

咖啡

咖啡馆镰仓美学 カフェかまくらびがく

不管是午饭还是晚饭，趁休息的时候来这里一下就可以。这里有10种以上的杯装葡萄酒，只要500日元起。

→P.34

杂货

pieni kröne ピエニクローネ

这里排列着以北欧为中心的既可爱又有魅力的小物件。有生活杂货和文具，还有北欧的手艺人制作的手工艺品。都不知道要买哪个啦！

→P.66

\新江之岛水族/

现在“江之水”已成热门话题，参观人数激增！

说到江之岛观光的话，绝对不能少的一个地方就是“江之水”，这里有各种各样好看的表演以及很多有创意的展览，特别是有些限定时间的活动非常有吸引力。除了喜欢水族馆的人，还有很多其他人来这里玩

→附录③P.2

CHECK! 有人气的地方是这里！

相模湾大水槽 さがみわんだいすいそう

这个将相模湾再现的巨大水槽，也是江之水的核心展览之一。江之水的饲养员在水中介绍鱼类的两个表演，每天都在进行着。

水母梦幻厅

这个大厅是根据了约60年的养育研究和展览方式的经验而建造出来的，是以水母体内构造为基础的一个幻想空间。

夏

北镰仓

明月院的八仙花

6月上旬至下旬

●めいげつぃんのアジサイ

在梅雨的风物诗里也会出现镰仓的八仙花，特别是明月院的八仙花最有名。

0467-24-3437 会场：明月院内

MAP附录2 P.16 E-3

春

鹤冈八幡宫·小町路

镰仓祭

●かまくらまつり 4月第2个星期日至第3个星期日

镰仓春天的一大盛事。除了在舞殿进行的静舞之外，还有流镝马等看点。

0467-23-3050（镰仓市观光协会）

会场：鹤冈八幡宫外

MAP附录2 P.10 G-1

日程表

一年里，镰仓有很多各式各样的盛事。从传统的节日到独具个性的事物，有许多种类且丰富多彩。再加上这里赏花的地方也多，所以不管什么时候来造访都能玩得尽兴。

7月 6月 5月 4月 3月 2月

- 莲花 7月中旬至8月上旬
- 7月上旬至8月中旬
- 桔梗 6月下旬至8月上旬
- 八仙花 6月上旬至7月中旬
- 玫瑰 5月中旬至6月下旬
- 日本鸢尾 6月上旬至下
- 杜鹃花 4月下旬至5月上旬
- 紫藤 4月下旬至5月上旬
- 海棠 4月上旬至下旬
- 樱花 3月下旬至4月上旬
- 梅花 2月上旬至3月中旬

鹤冈八幡宫·小町路

镰仓骨董祭

7月上旬 8月下旬

●かまくらこっとうまつり

夏天的惯例盛事。在露天形式的古董摊贩那里，有来自于日本全国的古董店。还可能会有挖掘出来的东西呢。

0467-22-0644（红家美术店）

会场：鹤冈八幡宫

MAP附录②P.10 G-1

由比滨·材木座

镰仓花火大会

●かまくらはなびたいかい 7月预定

从在海中航行的船上放出的烟花是最有名的。能在很近的地方看到这一盛况，所以带来的感染力满分！倒映在海里的烟花也是如梦如幻，每年都有很多人来看。

0467-23-3050

会场：由比滨海岸·材木座海岸

MAP附录②P.14 E-4

江之岛

江之岛灯笼

●えのしまとうろう 8月上旬至下旬

大大小小、各式各样的灯笼被摆放在江岛神社等江之岛岛内的各个地方。这是用来装饰夏夜纳凉的一项活动。

0466-22-4141（藤泽市观光中心）

会场：江之岛SAMUEL COKING苑之外的江之岛岛内各个地方

MAP附录③P.12 C-2

长谷·由比滨

Border festival

5月中旬

这个活动是如果穿着镶边花纹的衣服，在由比滨大道上走一走的话，就能接受到各种各样的服务。一般多是带着家人和朋友一起参加。

0467-23-1355（Masuda治疗院）

会场：由比滨大路

MAP附录②P.15 D-2

长谷·由比滨

镰仓文学馆玫瑰节

5月中旬至6月上旬

●かまくらぶんがくかんバラまつり

在玫瑰种植非常有名的镰仓文学馆举行，包括玫瑰讲座以及玫瑰花园音乐会等玫瑰相关的活动。

※每年举办的时间都不一样，所以需要提前咨询

0467-23-3911

会场：镰仓文学馆

MAP附录②P.15 C-2

鹤冈八幡宫·小町路

七夕节

●たなばたまつり 7月1～7日

七夕节期间，在分发护身符的地方可以得到楮叶样式的彩纸，还有长方块的绘马。在舞殿前面，由巫女进行悬铃木的仪式。

0467-22-0315

会场：鹤冈八幡宫

MAP附录②P.10 G-1

北镰仓

半僧坊节分会

●はんそうぼうせつぶんえ 2月3日

解读《大般若经》并奉纳“活惚舞”，从正午开始举行撒豆仪式，会有很多人前往。

0467-22-0981 会场：建长寺

MAP附录②P.16 F-4

江之岛

enoshima colors

4月中旬至6月上旬

●エノシマカラーズ

主要是感受春色的大型活动。届时可以尽情享受花朵的色彩和草坪的鲜绿，湘南艺术的颜色，以及夕阳颜色的世界等。

0466-23-2444（江之岛游园事业所）

会场：之岛SAMUEL COKING苑之外

MAP附录③P.12 C-1

逗子

逗子海岸电影节

4月下旬

●ずしかいがんえいがさい

是在逗子海岸欣赏国内外优秀电影的户外电影节。从傍晚开始上映，中午是音乐和餐食，还可以去手工店转一转。

HP http://zushi film.com/

会场：逗子海岸

MAP附录②P.8 F-6

冬

江之岛

湘南的宝石 11月下旬至2月上旬

~装饰江之岛的五光十色的庆典~

●しょうなんのほうせき えのしまをいろどるひかりといろのさいてん

这是公认的关东三大彩灯饰的光和色盛典。江之岛海之蜡烛将周边点亮的时候会令人非常感动！

0466-23-2444（江之岛游园事业所）

会场：江之岛SAMUEL COKING苑

MAP 附录③P.12 C-2

秋

长谷・由比滨

长谷寺的红叶点亮 11月下旬至12月上旬

●はせでらのこうようライトアップ

这时候院内全部被点亮。在这段期间也可以进行夜间参拜（收费）。

0467-22-6300 会场：长谷寺寺内

MAP 附录3 P.15 B-2

春夏秋冬缤纷活动满满！

镰仓季节

KAMAKURA

8月 9月 10月 11月 12月 1月

- 凌霄花
- 紫薇 7月下旬至9月上旬
- 胡枝子 9月上旬至下旬
- 彼岸花 9月中旬至下旬
- 大吴风草 10月下旬至11月下旬
- 玫瑰 10月中旬至11月下旬
- 红叶 11月中旬至12月中旬
- 水仙 12月中旬至1月下旬
- 老梅 12月上旬至1月下旬

雪洞祭 ●ぼんぼりまつり 立秋的前一天至8月9日

鹤冈八幡宫・小町路

届时会有住在镰仓的名人的书画约400件接二连三地在参道上准备出来。是镰仓夏天的风物诗之一。

0467-22-0315

会场：鹤冈八幡宫

MAP 附录②P.10 G-1

例大祭 ●れいたいさい 9月14至16日

鹤冈八幡宫・小町路

历时三天的盛大庆典——例大祭。从1187年就开始传承，拥有800年的历史，是一年中最重要的活动

0467-22-0315

会场：鹤冈八幡宫

MAP 附录②P.10 G-1

面掛行列 ●めんかけぎょうれつ 9月18日

长谷・由比滨

这一天是镰仓的权五郎景政的忌辰，爷、乌天狗等总计10人戴着面具结队缓行。这个节日是县的无形民俗文化遗产。

0467-22-3251

会场：御灵神社

MAP 附录②P.15 B-3

江no・Fes ●えのフェス 9月中旬至11月上旬

江之岛

草裙舞和音乐、照片、艺术等多彩的活动都会上演。

0466-24-2715（江之岛电铁）

会场：江之岛SAMUEL COKING苑之外

MAP 附录③P.12

镰仓艺术节 ●かまくらげいじゅつさい 9月中旬至11月下旬

北镰仓之外

届时，可以接触到能乐舞台剧、歌剧、单口相声会，以及镰仓雕刻展等各个领域的文化和艺术。

0467-23-3755（镰仓艺术祭事务局）

会场：建长寺之外 MAP 附录②P.16 F-4

藤泽江之岛花火大会 10月中旬

江之岛

●ふじさわえのしまはなびたいかい

可以在片濑海岸上看到将江之岛包围的烟花。一定要看一下直径约480米的二尺烟花。

0466-22-4141（藤泽市观光中心） 会场：片濑海岸

MAP 附录③P.12 D-4

岁市 ●としのいち 12月18日

长谷・由比滨

总结一年的观音有缘日。届时有很多露天的店卖各种各样的吉祥物。

0467-22-6300 会场：长谷寺

MAP 附录②P.15 B-2

镰仓财神祭 ●かまくらえびす 1月1~3、10日

鹤冈八幡宫・小町路

在寺院内祈福商业繁荣和景气。届时福娘会有神酒和干酒来款待，也会带来护身符。

0467-22-0490

会场：本觉寺

MAP 附录②P.10 F-4

卸船 ●ふなおろし 1月2日

长谷・材木座

主要是渔民的工作，立起大渔旗出港的传统节日。想大海里投入像金币一样的柑橘，以祈祷渔业和大海的安全。

0467-22-3403（镰仓渔业协同组合）

会场：坂之下海岸・材木座海岸

MAP 附录②P.14 F-4、P.15 C-3

朝市&跳蚤市场

ASAICHI & FLEAMARKET

轻轻松松就能去的每星期一次活动，就是这个！

要是想找轻轻松松能去的活动，就是朝市和跳蚤市场。一起看一看吧？

镰仓的早市 MAP 附录②P.15 B-4

かまくらのあさいち

4~12月的第1个星期日（1~3月休息）

这里出售在镰仓海中捕捞到的鱼类以及镰仓的蔬菜。

0467-22-3403

会场：镰仓Park Hotel停车场

腰越渔协早市 MAP 附录③P.12 A-4

こしごえぎょきょうのあさいち

4至7、9~11月的第1和第3个星期四，12月第1个星期四，3月第3个星期四（1~2月、8月休息）

能买到鱼和蔬菜的市场。也能看到腰越特产小银鱼干。

0467-32-4743

会场：腰越渔协事务所前（腰越渔港内）

七里滨跳蚤市场 MAP 附录②P.20 F-3

しちりがはまフリーマーケット

4~12月的第2和第4个星期六以及星期日，1~3月的第2和第4个星期日（8月休息）

车厢直接当做店铺，陈列着饰品以及一些旧衣服等。

090-6504-0067 会场：七里滨停车场

※上面登载的内容，都是截止到2015年12月为止的信息。有的节日可能会有变更、中止或延期的情况，请事先在网站等确认之后再前往。

KAMAKURA

镰仓时尚路线

通过不同主题来介绍推荐路线！

玩转镰仓的方式可谓丰富多彩，其中以四个主题分别特别介绍四种领略镰仓的时尚路线，选择哪条路线由你来定！

从1天到2天1夜的计划

首先是人气地点一日计划！

1天计划

王道路线

"果然还是不想放弃王道的美景" 推荐这个路线的人如是说到。毫无保留地转完镰仓的王道吧！

➲用鲜艳亮丽的红色装饰给人以深刻印象的本宫门

START JR镰仓站

步行10分钟

10:00 鹤冈八幡宫·小町路

鹤冈八幡宫的参观 P.42

➲去"大银杏绘马"处进行健康祈福吧！

首先去往鹤冈八幡宫，说这里是镰仓最有名的地方也不为过，所以有很多人来拜访。在宫内有很多值得一看的地方。

➲静御前缘的舞殿也去看一看！

国家的重要文化遗产 若宫

➲源平池里面的莲花和樱花等非常有名

步行即到

坐江之电3分钟＋从由比滨站步行即到

11:30 鹤冈八幡宫·小町路

在小町路&若宫大路找一找特产和吃午饭 P.44

参拜完鹤冈八幡宫之后，就在小町路和若宫大路找一找特产和吃午饭的地方。这里有许多店铺熙熙攘攘所以要好好把握时间哦！

➲也有很多适合边走边吃的甜点

➲➲在小町路可爱的日式杂货店鳞次栉比

➲午饭尝一尝用镰仓蔬菜的店怎么样？

13:30 长谷·由比滨

在由比滨大道找一找可爱的小物件 P.76

由比滨大道有一些独具个性的商店，非常引人注目。能淘到意想不到的东西哦。

光看着这些色彩鲜艳的小东西就很享受

➲还有超多买不完的商品

➲➲找一找独具个性的商品

坐江之电2分钟＋从长谷站步行10分钟

步行15分钟

14:30 长谷·由比滨

在高德院看大佛 P.74 在长谷寺与观音相遇 P.72

要说这个区域最大的景色，肯定就是高德院的大佛像与长谷寺的观音像了。这可是十分值得一看，一定要去哦！

➲➲如果两个都看了，一定会有好运的！

16:00 长谷·由比滨

在"cafe 坂之下"享受治愈的茶时光 附录① P.2

这个地方在许多电视剧里也会出现的，所以非常有人气适合小憩一会。因为是改造的古民宅，所以有些平静的氛围，在这里还可以享受一下薄煎饼哦。

➲抹茶薄煎饼，可以治愈走路的疲劳感

➲店内摆放着各式各样复古的家具

步行即到

GOAL 江之电长谷站

想在Guest House里住一住！
细细品味镰仓的留宿路线计划
2天1夜计划

如果住一宿就更能享受镰仓的美了！尽情享受Guest House体验吧！

第1天 START JR北镰仓站
步行8分钟

11:00 北镰仓
在圆觉寺参观国宝 ▶P.86

圆觉寺是北镰仓的大寺之一。广阔的寺内有两个国宝，是一个非常值得一看的寺院。

步行5分钟

12:00 北镰倉
在北镰仓"元"品尝怀石午宴 ▶P.92

午餐中有可以称作北镰仓特产的怀石料理。

步行30分钟

13:30 鹤冈八幡宫·小町路
在鹤冈八幡宫参拜&在小町路走一走 ▶P.42

镰仓站周边最大的景点不要忘了！

步行30分钟

15:30 大町·材木座
Guest House"龟时间"入住 ▶P.34

体验一下低价的如家一般的Guest House！

步行即到

18:00 大町·材木座
在"ALOHA CUBE"品尝夏威夷式晚餐 ▶P.113

在Guest House稍微休息一下之后，在附近解决下晚餐。

第2天 START

8:00 Guest House退宿

步行15分钟到江之电由比滨站

乘坐江之电10分钟＋从七里滨站步行3分钟

8:30 稻村崎·七里滨
在世界第一的早餐"bills七里滨"吃早饭 ▶附录① P.6

乘坐江之电去品尝"世界第一的早餐"，如果您选择留宿路线是完全可能的。

乘坐江之电8分钟

10:00 乘坐江之电，享受在江之岛的漫步时光

© Petrina Tinslay

只有镰仓才能玩！
边收集御朱印边逛寺院神社计划
1天计划

试一试最近很火的"御朱印收集"吧！同时还能玩转各个寺院神社！

START 江之电长谷站
步行5分钟

10:30 长谷·由比滨
在长谷寺体验抄写经书 ▶P.36

得到御朱印

体验一下抄写经书，就会"心情平静"，特别有人气。请一定来挑战一下！

步行5分钟

13:00 長谷·由比ヶ浜
在"NATUDECO"品尝健康午餐 ▶附录① P.3

在全部使用有机食材的有机食品咖啡馆吃个午饭。可以轻松地享受下汉堡包和拼盘等。

坐江之电5分钟＋从镰仓站步行10分钟

14:30 鹤冈八幡宫·小町路
在鹤冈八幡宫走一走 ▶P.42
在作为镰仓标志之一而出名的鹤冈八幡宫里慢慢品味。

得到御朱印

坐JR横须贺线3分钟＋从北镰仓站步行15分钟

15:30 北镰仓
在建长寺体验坐禅 ▶P.36
在一天的最末尾体验一下坐禅，大家一般会感觉这个比较难，但其实无论是谁都可以轻轻松松做到哦。

得到御朱印

步行15分钟

GOAL JR北镰仓站

也可以买到寺院神社特色的御朱印帐哦！

自己准备好御朱印帐并带过去也可以，但是好不容易来一趟就在镰仓的寺庙神社里买一个吧！

坐当地电车打个盹
江之电沿线纵享计划
1天计划

江之电沿线有很多值得一看的地方。而且一边看还能一边享受电车之旅的乐趣。

START 江之电长谷站
步行10分钟

10:30 长谷·由比滨
漫步高德院 ▶P.74 & 长谷寺 ▶P.72

首先在高德院参拜大佛像，然后去长谷寺。在长谷寺可以欣赏四季的花朵。

步行5分钟

12:30 乘坐江之电长谷站至极乐寺站

乘车2分钟

在不断前进、一步步接近民宅的电车里，心跳加快！！

穿过民宅的缝隙不断前进的是江之电！

12:35 长谷·由比滨
在极乐寺站下车，逛一逛极乐寺站内建筑、极乐寺隧道，当然还有极乐寺 ▶P.75

在极乐寺有复古风情的站内建筑和江之电唯一的隧道，有很多类似的小看点。

步行即到

13:30 乘坐江之电极乐寺站—七里滨站

乘车7分钟

享受一下能看到海的车窗

奔向稻村崎和七里滨的电车里，窗外风景格外引人注目。

13:40 稻村崎·七里滨
在七里滨站下车，去"Amalfi Della Sera"的露天座位里吃个午饭 ▶P.25

一边欣赏波光粼粼的海面，一边享受意大利式式午餐，十分推荐。午饭之后，可以走到镰仓高校前站，欣赏从"日坂"（P33）看到的景色吧！

步行10分钟

15:30 乘坐江之电镰仓高校前站—江之岛站

乘车5分钟

路途中可以看到非常有趣的电车与其他车辆并排行驶的画面

从腰越站和江之岛站的中间开始就变成了路面电车了！

GOAL 江之电江之岛站

CHECK
如果在镰仓—江之岛这区间超过4次上下车，使用江之电全线任意乘车券"のりおりくん"非常方便！ ▶P.32

方法8种

现在介绍一下包括花和美食、江之电等玩转"当今"古都镰仓的8种方法。初次造访镰仓的人就不用说了，来了很多次的人也会玩得高兴！现将古都的魅力浓缩一下介绍给您！

玩法1 去看一下只有现在才能看到的风景

转一转各个季节的寺院和神社

在自然风景优美的镰仓，可以享受到一年四季花的景色。在寺院神社里面有季节限定色彩的绝佳景色，是镰仓观光最值得一看的

→P.16

照片提供：Aflo

玩法2 采用绝佳食材的特产美食大集合

品尝镰仓独特的味道

→P.22

镰仓作为食材的宝库，有许多可口的食物。将使用小银鱼和镰仓蔬菜的绝佳美食一口气介绍完。还有一些本地店也引人瞩目。

玩法3 一边购物一边漫步，好有趣

玩转镰仓3大步行街！

→P.28

小町路、御成路、由比滨大道是如今的镰仓最受瞩目的三大街道。从各个角度来探寻下这三条街道的魅力吧！

对大佛像也感兴趣？

镰仓的"王道"&"最佳时期"丰富多彩♪

KURA

镰仓最上镜的还是这个！

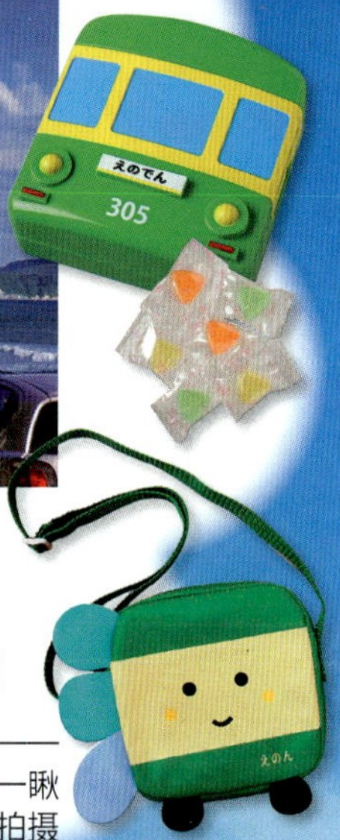

玩法 5

尽情享受江之电这个地方吧

P.32

乘坐这个复古感爆棚的当地人气电车——江之电，享受在中途下车的旅行。瞅一瞅沿线有名的景点，转一转那些美丽的拍摄地吧！

选一选可爱、好吃的好东西

玩法 4

买一买传统点心和佛像&寺院神社周边的商品

P.30

在镰仓大家很久以来都喜欢的传统点心，以及看一眼就被它的可爱迷住的大佛&寺院神社周边商品登场！

静下心来，进入非日常空间里

P.36

玩法 7

坐禅、抄写经文，来体验下修行

在像古都一样的寺院神社里面体验一下禅修行。好好直面自己的坐禅，可以将在日常生活中疲惫的心灵治愈。可以轻轻松松就体验抄写经文，也值得推荐。

玩法 6

能看到和平时的镰仓不一样的模样！？

P.34

留宿在镰仓好好享受早上&晚上的时光

留宿一晚，体验一下镰仓的新乐趣。晚上喝喝酒加上住在Guest House里，试试这些在传统路线里享受不了的路线吧！

玩法 8

在创作室把自己的DIY带回去

P.37

在十分雅致的画室里，体验一把一日DIY。有草木染和制作日式点心等各种各样门类的介绍。创造一份“回忆”吧！

正因为是自己做的，才倍加开心！

初次造访者，多次造访者

都能120%尽情享受

镰仓的玩转

KAMA

玩法 1

转一转各个季节的寺院和神社

看一看这些装点了四季的可爱花朵

被自然环境所环绕的镰仓，作为花之名地也很出名。春夏秋冬的景色自不用说，即使在同一地点，同一种花朵也会每年展现出不一样的风景，所以不管什么时候来看都会感觉到一种新鲜感。

3~5月 春

有着慈祥脸庞的大佛和被美丽樱花所装饰的春之景

以樱花为首的装饰寺院神社的春之花。同时这个时节也迎来了杜鹃花和玫瑰的花期，整个人都被包围在甜甜的香气里。而花朵与寺院神社形成的对比显得格外美丽。

被称作美男子的镰仓大佛 照片提供：镰仓市观光协会

樱

另外还有！樱花景

- 东庆寺 P.91
- 源氏山公园 P.68
- 报国寺 P.100
- 长谷寺 P.72

长谷·由比滨

高德院

●こうとくいん P.74

在高德院里，种植约有60株樱花树，治愈着来访者的心灵。威严地伫立在蓝天之下的大佛高度约为11米，加上与争相斗艳的淡粉色樱花之间的相互协作，让人感动于其威严与美妙。

寺院里的推荐！

推荐看一看樱越的大佛像。另外，观音堂前面的樱花也会开放哦。

在这里能看到 樱花的种类和时节

染井吉野樱：3月下旬至4月上旬
垂樱：4月上旬

巡游要点！

推荐从北镰仓开始乘坐江之电，然后坐到高德院。

春之樱巡游计划

- START JR 北镰仓站
- 步行15分钟
- 建长寺
- 步行15分钟
- 鹤冈八幡宫
- 步行10分钟 +江之电（镰仓站－长谷站）6分钟 +步行7分钟
- 高德院
- 成就院
- 步行5分钟
- GOAL 江之电 长谷站

心都被飘落到源平池的桃色花瓣吸引过去

◎源氏池周边都被染成了粉红。是一幅无论何时都看不腻的风景

鹤冈八幡宫·小町路

鹤冈八幡宫

●つるがおかはちまんぐう P.42

作为古都镰仓代表性的赏花地点而广为人知的鹤冈八幡宫，特别是在源平池周围的樱花竞相开放、争奇斗艳，孕育出了十分美妙的气氛。漂浮在水面上的樱花瓣带来了一种虚幻的风情，心灵也为之触动。

在这里能看到 樱花的种类和时节

染井吉野樱：3月下旬至4月上旬

神社里的推荐！

里面的樱花必然是要看的，鸟居附近的樱花也是很美的哦！所以请慢慢欣赏！

杜鹃花

另外还有！圣地
- 鹤冈八幡宫 ➔P.42
- 海藏寺 ➔P.62
- 安国论寺 ➔P.109
- 建长寺 ➔P.88
- 英胜寺 ➔P.63

门前盛开景点杜鹃花可以称作是安养院的象征物

大町·材木座

安养院

●あんよういん ➔P.112

在这里能看到杜鹃花的种类和时节

〔锦绣杜鹃花：4月下旬至5月上旬〕

作为“杜鹃花寺”而广为人知的北条政子缘之寺，在5月下旬迎来最美景色的时候，整个寺都被鲜艳的杜鹃花覆盖，即使在远处也能看得出来。作为镰仓的杜鹃花名胜地之一，这里被大约200株锦绣杜鹃花粉饰着。

寺院里的推荐！
从门前虽然也能享受到杜鹃花的美艳，但是面对公交线路的大杜鹃花也值得一看。

照片提供：寺⊠浩治

桃花

这里还有！圣地
- 光则寺 ➔P.81
- 御灵神社 ➔P.75

院内被红和白装点着。看一看这些可爱至极的花朵就会得到治愈

大町·材木座

安国论寺

●あんこくろんじ ➔P.109

在这里能看到桃花的种类和时节

〔垂树桃：4月中旬至下旬〕

这个寺院里虽然垂树桃、八仙花和红叶都挺有名，但是早春的桃花却是看点之一。桃花开放比樱花稍早一点，虽然不是那么艳丽，但是每一朵都有值得欣赏的价值。

寺院里的推荐！
就是叫作“源平枝垂”的桃树！圆圆的可爱花朵很有人气哦！

玫瑰

庭院里盛开的玫瑰和洋馆构成了一幅极美的风景

长谷·由比滨

镰仓文学馆

●かまくらぶんがくかん ➔P.83

文学馆里的推荐！
虽然有大概200种玫瑰盛开，但是请务必欣赏一下以镰仓缘分命名的樱花！

在这里能看到玫瑰的种类和时节

〔静之舞・流镝马：5月中旬至6月下旬、10月中旬至11月中旬〕

在庭院的南侧大概有约600平方米的玫瑰花园。从以和镰仓缘分命名的“镰仓”、“静之舞”以及“流镝马”到国外产的玫瑰，大概有200种共250株可供欣赏。

这里还有！春之花

紫藤

〔时节：4月下旬～5月上旬〕

↑鹤冈八幡宫的紫

- 鹤冈八幡宫 ➔P.42
- 长谷寺 ➔P.72
- 英胜寺 ➔P.63
- 瑞泉寺 ➔P.102

海棠

〔时节：4月上旬～下旬〕

↑光则寺的海棠

- 净智寺 ➔P.91
- 海藏寺 ➔P.62
- 妙本寺 ➔P.109
- 安国论寺 ➔P.109
- 光则寺 ➔P.81

➔一次体验完古刹、大海与樱花的结合，只能在成就院 照片提供：石渡厂子

长谷·由比滨

成就院

●じょうじゅいん ➔P.81

寺院里的推荐！
在天气好的日子里，海的蓝色与樱花的粉色十分美丽。请一定体验一下从高处欣赏的景色。

虽然成就院最出名的是八仙花，但是作为樱花的圣地也非常有名。在这里可以一览樱花与由比滨的海洋，所以在特定季节里，会有许多人聚集在这里目睹这一盛景。登完长长的台阶之后就会遇到这绝美的景色。

在这里能看到樱花的种类和时节

〔染井吉野樱：3月下旬至4月上旬〕

➔盛开的樱花好像在向三门求缘

北镰仓

建长寺

●けんちょうじ ➔P.88

寺院里的推荐！
看完了三门的樱花之后，佛殿附近有个曙观音像，那附近的樱花也要看一看哦！

综门和三门之间排列着大概十棵染井吉野樱，三门就潜藏在这拱形一样的樱花树下。将带有厚重感的三门轻轻地包围起来，这种绝佳的景色只有在春天才可以看到。寺院内的垂樱也有值得一看的价值，这里可以说是作为樱花圣地而出名的。

在这里能看到樱花的种类和时节

〔染井吉野樱・垂樱：3月下旬至4月上旬〕

重要Check 段葛 ●だんかずら 作为镰仓樱花圣地而出名的通往鹤冈八幡宫的道路。目前处于施工阶段，到2016年3月为止都不能通行。

八仙花

另外还有！八仙花盛景所

- 净智寺 ➔P.91
- 东庆寺 ➔P.91
- 源氏山公园 ➔P.68
- 净光明寺 ➔P.68

欣赏被称作“明月院之蓝”的八仙花

北镰仓

明月院

●めいげついん ➔P.90

一说到镰仓的八仙花，首先推举的就是明月院。以日本原有品种泽八仙为主，这里有2500株盛开着。泽八仙的蓝色又被称为“明月院之蓝”。甚至在6月花盛开的时候，游客都需要排队进入观看。

提示！

休息日有些拥挤，所以我们推荐您在平时上午的早些时候以及下午3点以后前来观赏。

寺院里的推荐！

只要您好好地注意一下电车，就能将鸟居前的八仙花拍得超级美！

在这里能看到 八仙花的种类和时节

泽八仙：6月上旬至下旬

寺院内的推荐！

里面就不用说了，从门前开始就有很多的八仙花在盛开了。在梅雨时节被雨打湿的八仙花也是格外美丽。

➔几近磨光的石阶伴随着八仙花，酝酿出了一幅别样的风景

6~9月 夏

拥有一身鲜绿并且接受了太阳照射洗礼的是夏季之花——八仙花和日本鸢尾等。它们充分享受了大自然的恩惠并盛开着。

长谷·由比滨

长谷寺

●はせでら ➔P.72

寺院内的眺望散步路是八仙花的观赏点。届时有40种以上约2500株八仙花开满整个倾斜的地面。散步路以外也放着盆栽的八仙花以供展览。所以在很多地方能观赏也是其魅力之一。

提示！

星期六和星期日必定拥挤。为了维护入场秩序，将会发放整理券(排队券)。所以我们推荐您在平时的上午去观赏。

➔位于开山堂前面的「花想地藏」。地藏的手里也捧着八仙花

沿着斜面，可以看到五颜六色的花朵在盛开

八仙花开满路边。到了6月，更是盛放如海

游览要点！

首先在排队之前就要从明月院出发，之后向长谷进发。

在这里能看到 八仙花的种类和时节

黑姬·额绣球花：5月下旬至6月中旬
银边绣球：6月上旬至下旬

寺院里的推荐！

以本山命名的八仙花一共有4种。其中“长谷之祈”、“长谷四片”和“长谷潮骚”这3种只能在这里才可以看到。

夏之八仙花巡游 计划

- START JR 北镰仓站
- ↓ 步行10分钟
- 明月院
- ↓ 步行10分钟
- 圆觉寺
- ↓ 步行1分钟+JR(北镰仓站~镰仓站)3分钟+江之电(镰仓站~长谷站)6分钟+步行5分钟
- 长谷寺
- ↓ 步行6分钟
- 御灵神社
- ↓ 步行3分钟
- GOAL 江之电 长谷站

镰仓的玩转方法8种

玩法 1

转一转各个季节的寺院和神社

莲花

这里还有！名胜地
- 鹤冈八幡宫 ➔P.40
- 本觉寺 ➔付録②P.11
- 净智寺 ➔P.91
- 光则寺 ➔P.81

风雅的大圣阁和莲花交织而成的夏之美景

虽然只是一片莲花，并没有那么艳丽，却是一幅有情趣的风景

大町·材木座

光明寺

●こうみょうじ ➔P.108

跟樱花一样，光明寺也作为莲花圣地而广为人知。在记主庭园里盛开的莲花入选到“神奈川花之名胜地100”。不管是围绕大圣阁开放的景色，还是从本堂看到的景色，都能让人沉醉。

在这里能看到莲花的种类和时节

水芸：7月中旬至8月中旬

寺院里的推荐！

莲花一般是早晨开花，下午就开始变蔫，所以要早点去哦。

行驶在盛开的八仙花中的江之电

➔轨道旁装饰的是八仙花。人气摄影地点 照片提供：镰仓市观光协会

长谷·由比滨

御灵神社

●ごりょうじんじゃ ➔P.75

鸟居旁边就有江之电行驶的御灵神社，这里平时就是很有人气的摄影地点，在道口和轨道沿线八仙花盛开的时候也会有很多人来造访，并将这美丽的景象拍摄下来。江之电在八仙花丛中穿过的情景更是别有风趣。

提示！

虽然没有入场限制，但是休息日非常拥挤。相对而言，上午和傍晚的时候人比较少。

在这里能看到八仙花的种类和时节

八仙花：6月上旬至下旬

日本鸢尾

这里还有！名胜地
- 明月院 ➔P.90
- 净智寺 ➔P.91
- 海藏寺 ➔P.62
- 长谷寺 ➔P.72

进入6月，就迎来了它的花期。将院内装饰得更加鲜艳

紫色和白色的花朵们竞相比美

北镰仓

东庆寺

●とうけいじ ➔P.91

寺院里的推荐！

日本鸢尾和八仙花开放的时候离得很近，是一幅非常美丽的风景哦。

盛开于释迦牟尼背后的日本鸢尾十分美丽。平时都是一片绿色的风景，加上日本鸢尾的紫色，交相辉映。在梅雨时节盛开的日本鸢尾，被雨打湿的时候色彩更加鲜艳。

在这里能看到日本鸢尾的种类和时节

日本鸢尾：6月上旬至下旬

北镰仓

圆觉寺

●えんがくじ ➔P.86

三门作为规格很高的二重门，其附近盛开的八仙花更是一幅盛景。除了三门附近，还有到方丈的路边上，以及国宝“洪钟”附近也有八仙花盛开。有紫色、蓝色，还有粉色等各种颜色，种类也是多种多样，看着就很高兴。

提示！

虽然没有入场限制，但是白天基本都挺拥挤。推荐上午或者是关门前的这段时间去看。

在这里能看到八仙花的种类和时节

额绣球花：6月上旬至7月上旬

从下面仰视三门的角度，八仙花很应景

装饰三门的八仙花勃勃盛开

寺院里的推荐！

除了三门之外，我们也推荐“洪钟”附近的八仙花。从高台看的景色更是奇妙无比。

橘黄和红色装点的花朵

包围着日莲圣人铜像的鲜艳花朵在盛开

大町·材木座

妙本寺

●みょうほんじ ➔P.109

宣告八仙花花期结束的就是凌霄花的开放。像是低垂一样的橘黄色凌霄花是妙本寺的一个看点。院内深处的祖师堂前面的大树上花开得最繁茂。

凌霄花

这里还有！名胜地
- 海藏寺 ➔P.62

在这里能看到凌霄花的种类和时节

凌霄花：7月上旬至8月上旬

寺院里的推荐！

凌霄花在祖师堂前面开放，所以请走到院内的深处哦。

这里还有 夏之花

紫薇

时节：7月下旬至9月上旬

↑本觉寺的紫薇

- 宝戒寺 ➔P.54
- 本觉寺 ➔付録②P.11
- 长谷寺 ➔P.72
- 极乐寺 ➔P.75
- 净妙寺 ➔P.101

桔梗

时节：6月下旬至8月下旬

↑海藏寺的桔梗

- 海藏寺 ➔P.62
- 长谷寺 ➔P.72
- 东庆寺 ➔P.91

不用排队 在路上就能看到的美丽八仙花

在以陡坡出名的龟谷坂切通，覆盖了道路两旁的八仙花非常漂亮。从北镰仓去鹤冈八幡宫的时候，不妨也到这里看看。

龟谷坂通路 ●かめがやつさかきりどおし

➔P.118 MAP附录②P.16 E-4

重要Check **成就院的八仙花** ●じょうじゅいんのアジサイ

成就院的八仙花参道十分有名。现在，参道因为在进行改造工程，预计在2017年年内完工。正在培育新的八仙花植株，也在进行植树活动。

红叶

这里还有！红叶名胜地

- 鹤冈八幡宫 P.42
- 源氏山公园 P.68
- 瑞泉寺 P.102
- 净光明寺 P.68

↑红叶就像淋浴倾落一样给人以错觉的风景 照片提供：Aflo

10～12月 秋

秋天里的镰仓被红色与黄色浸染。红叶一点一点着上颜色，到12月迎来其最繁盛时期，吸引了许多人的驻足。

北镰仓

圆觉寺

●えんがくじ P.86

寺院里的推荐！

很多人都从寺院向三门一侧的方向拍摄红叶的景色。可以拍到最美的景色哦。

三门附近有很多大树，这里可以欣赏到感染力满分的红叶。红叶在这一片空间之内像是要覆盖了整个天空一样，展示出一片金黄色与红色交融的盛景。除此之外，也不要忘了去看看综门前、舍利殿、居士林与妙香池附近的红叶哦！

在这里能看到红叶的种类和时节

银杏：11月中旬至12月中旬　枫树：11月下旬至12月下旬

↑木头柱子的深处有一片红色渲染的世界不断延伸。照片提供：镰仓市观光协会

寺院里的推荐！

推荐从祖师堂的走廊处观赏红叶，其与建筑物的对比十分耐看哦。

大町·材木座

妙本寺

●みょうほんじ P.109

在这里能看到红叶的种类和时节

枫树·银杏：12月上旬至下旬

这里是市指定的自然保护区。二天门旁边矗立的银杏树就是看点。而且这里有很多大树，可以足足欣赏。离镰仓站也不是很远，是个可以静静观赏的地点。

北镰仓

建长寺

●けんちょうじ P.88

寺院里的推荐！

半僧坊的参道上的红叶也极其漂亮。请务必去观赏一下。

在镰仓有着屈指可数的地位的红叶胜地。法堂的周围和方丈的庭院旁边以及半僧坊等地，都有一些值得一看的赏红叶地点。宛如遮蔽天空一般的红叶有着巨大的感染力。

在这里能看到红叶的种类和时节

枫树：11月中旬至12月中旬

↑将方丈后面的方丈庭院包围的红叶 照片提供：建长寺

彼岸花

色彩艳丽的花儿们将寺院内染成一片红色

这里还有！名胜地
长谷寺 P.72
东庆寺 P.91

←寺院里绯红色花朵争芳斗艳，给人以秋天来临的感觉

镰仓站西口
英胜寺
えいしょうじ P.63

寺院里的推荐！
彼岸花又名"曼珠沙华"，种满了整个庭院，是一道十分妖艳的风景。

这里能看到的彼岸花的种类和时节
彼岸花：9月中旬至下旬

作为镰仓的彼岸花名胜之地而广为人喜爱的英胜寺，在通往佛殿的散步路两侧种植着许多彼岸花，都是鲜艳的红色。

这里还有！秋之花

胡枝子
时节：9月上旬至下旬

宝戒寺 P.54
海藏寺 P.62
建长寺 P.88

←宝戒寺的胡枝子

大吴风草
时节：10月中旬至11月上旬

安养院 P.112
建长寺 P.88
长谷 P.72

↑长谷寺的大吴风草 照片提供：镰仓市观光协会

寺院内各个地方都有红叶美景

←红色、黄色与绿色三色之间形成了绝妙的对比

寺院里的推荐！
在进入山里第一处台阶的地方，红叶就像隧道一样。

长谷·由比滨
长谷寺
はせでら P.72

在地藏堂附近，红叶与扇形椽子的大堂相辅相成，形成一幅美丽的风景。另外，在日落之前看夕阳渐行渐远、树木不断消逝于光照之下的景色也会令人极其感动。

在这里能看到红叶的种类和时节
红叶·银杏：11月下旬至12月中旬

点灯也十分推荐！

←赏红叶不仅在白天，晚上也可以进行，只有长谷寺才有！

花之寺的红叶当然也不能错过

←从入口到寺院内的任何一个角落都能看到红叶

寺院里的推荐！
钟楼附近的红叶是非常漂亮的深红色，所以很多人都在这个绝佳的摄影地点取景。

镰仓站西口
海藏寺
かいぞうじ P.62

海藏寺作为杜鹃花、凌霄花以及胡枝子等四季应时的花朵而出名，其红叶之美也广为好评，山门前面的路上以及钟楼附近都是清一色的红，呈现出一幅极美的景色。

在这里能看到红叶的种类和时节
枫叶：11月中旬至12月中旬

秋之红叶巡游计划

START JR北镰仓站 → 步行1分钟 → 圆觉寺 → 步行15分钟 → 建长寺 → 步行25分钟 → 妙本寺 → 步行7分钟+江之电（镰仓站～长谷站）6分钟 → 步行7分钟 → 长谷寺 → 步行5分钟 → GOAL 江之电长谷站

游览的要点！
这个路线从北镰仓的第二大寺开始，在傍晚之前能到达长谷寺。

梅花

这里还有！名胜地
长谷寺 P.72
圆觉寺 P.86
安国论寺 P.109
妙本寺 P.109

冬

12月至次年3月

这是一个花儿凋零、没有绿色的季节。然而，也只有在这个季节才能看到翘首等待春天降临而努力开放的可爱花儿。

映照在红色本殿上的洁白可爱的花朵

↑红色的本殿前盛开的红白色梅花展示其可爱动人的姿态

金泽街道·二阶堂
荏柄天神社
えがらてんじんじゃ P.105

神社里的推荐！
1月下旬开始就迎来花期，在冬天寒冷的天空下开放的白色和红色的花朵非常漂亮！

这是一个冬天的风物诗，有很多祈祷考试合格的人来参拜的神社。与这种风景相配的就是梅花，被誉为镰仓最早开放的"寒红梅"在1月下旬迎来它的观赏期。2月所有的梅花都迎来观赏期。

在这里能看到梅花的种类和时节
白梅：2月中旬至3月中旬

这里还有！冬之花

牡丹
时节：1月至2月下旬

鹤冈八幡宫 P.42

←在鹤冈八幡宫神苑牡丹园盛开

腊梅
时节：12月下旬至2月下旬

安养院 P.112
建长寺 P.88
长谷 P.72

←净智寺的老梅
照片提供：镰仓市观光协会

玩法 2

品尝镰仓独特的味道

美食人气店大集合！

既然来到了镰仓，就一定想尝尝这里的美味。被山和水宠幸的镰仓拥有很多的美食美味。也要去看看只能在镰仓才能体会到的独特餐厅哦。

质和量都是一等品！镰仓首屈一指的小银鱼盖浇饭

鹤冈八幡宫·小町路

镰仓·怀石 秋本

●かまくらかいせきあきもと

✆0467-25-3705

MAP附录②P.11 B-4

最有名的就是堆得像小山一般的“生小银鱼盖浇饭”。以怀石出道的店主从食材的选择到调理方法都添加了自己的一些工夫，所以不管是看起来的样子还是里面的东西都渗透着细腻的味道。我们也推荐这里的一款食物——用色彩鲜艳的镰仓蔬菜制作的天妇罗。

休星期四 L11:00～15:00（15:30关店）、17:00～20:00（21:00关店） 所镰仓市小町1-6-15 i-ZA镰仓3階 JR镰仓站东口出来步行3分钟 P无

人气美食就是这个

生小银鱼盖浇饭

1404日元

使用的是当天在腰越港捕捞到的生小银鱼。尝一尝和刚从锅里出来的小银鱼味道有哪里不同吧！

生小银鱼也有它的时节哦！

1～3月是禁渔时期，所以吃不到生小银鱼。当然即使不在这段时间，如果碰到暴风雨天也同样吃不到哦。

↑店在大楼的三层。格子门前有着白色的门帘，给人一种平静的氛围

←除了铺有4张榻榻米的加座之外，还为您准备了有椅子的餐桌

请尝一尝刚刚进货来的新鲜小银鱼！

店主 高桥元木

也有与镰仓蔬菜的天妇罗搭配的套餐！

↑与镰仓蔬菜的天妇罗搭配成套餐的“全镰仓”价格是2160日元。只有生小银鱼的盖浇饭是迷你尺寸版

在这时间去吧！

白天要等待1～1.5小时左右。推荐您14点之后过来。

即使排队也想要吃到的美食集锦

排长队的人气美食

这些是镰仓才有的

使用当地或者腰越港的小银鱼做成的菜品，即镰仓的特产之一。即使在排很长队伍的人气店里，也会用小银鱼。另外，咖喱的有名店也有很多，这里也是连续多日都在排队。

既圆润又有分量的镰仓咖喱畅销商品

人气美食就是这个

DRY CURRY

1188日元

关键就是咖喱肉饭和肉末酱的双重混搭。温和圆润的味道在嘴边，让你多少次都吃不厌。

稻村崎·七里滨

珊瑚礁 总店

●さんごしょうほんてん

☎0467-31-5500

MAP附录②P.20 F-2

全国很多粉丝都赶来尝一尝这里的咖喱，这是一家开业超过40年的超高人气店。在咖喱中充分使用了鲜奶油、牛奶以及奶酪等乳制品，制作出圆润可口的十多种咖喱，别有一番风味。

休星期一 L11:30~21:00 所镰仓市七里滨东3-1-2 🚃江之电七里滨站步行10分钟 P23个停车位

在这时间去吧！

周末平均等待时间超过一小时。推荐您16点之后前来就餐。

↑在七里滨的住宅街的一角，有一家餐厅

靠韧劲和风味取胜的名店手擀荞麦面

人气美食就是这个

小寿寿荞麦面

1080日元

有绿紫苏和萝卜泥覆盖在上面，再加上味道上等的汤汁，尝一尝这种混搭的味道吧

长谷·由比滨

定食屋 木汤勺

●ていしょくやしゃもじ

☎0467-24-5888

MAP附录②P.15 C-2

主要使用当地的鱼类等国产好品质食材，提供三菜一汤的套餐。至于小银鱼和海鲜盖浇饭，您也可以尝试搭配桌上不同的调味料来体验不同的味道。提前一天，可以预约到午餐。

休星期二 L11:30~14:30(15:00开始餐厅休业)、18:00~20:00(21:00餐厅下班) 所镰仓市长谷1-15-2 🚃江之电长谷站步行3分钟 P无

在这时间去吧！

正午左右一般会排队，如果排得快的话，大概需要30分钟。推荐您13点以后去。

←柜台座位和一般的桌椅座位都有，在里面也有

当地鱼装得满满的，奢侈的海鲜盖浇饭

人气美食就是这个

海鲜小银鱼盖浇饭套餐(上)

2100日元

刚出锅的小银鱼，配上"中肥"的金枪鱼和当地捕获的鱼共3种。还有3个小碟子的味噌可供使用。再加200日元就可以加一份生小银鱼。

鹤冈八幡宫·小町路

段葛 小寿寿

●だんかずらこすず

☎0467-25-6210

MAP附录②P.11 C-2

将从长野县等地严格选出的黑荞麦在自家磨粉，每天为您提供手打的面。细的手打面所带有的韧劲和松软的风味会让您无法自拔。用餐完毕后，还有很多人会来点滑溜好吃的"蕨菜饼"(540日元)。

休星期一(如果放假则第二天休息) L11:30~18:30(19:00关店) 所镰仓市小町2-13-4 🚃JR镰仓站东口步行7分钟 P无

在这时间去吧！

周末的正午时分肯定会碰到排队的情况。15点之后比较容易进入。

↑由昭和初期完工的木制建筑改建的十分有情趣的店面

卖完就对不住您了，自家做的牛肉炖菜

北镰仓

去耒庵

●きょらいあん

☎0467-24-9835

MAP②P.16 E-3

招牌菜就是牛肉炖菜。再用上略带酸味的蔬菜肉酱沙司，口中滑滑的肉让你难以忘记。

休星期四·星期五节假日照常营业) L11:00~14:00(15:00关店) 所镰仓市山之内157号 🚃JR北镰仓站步行8分钟 P无

人气美食就是这个

↑牛肉炖菜套菜 3218日元 含米饭(或者是吐司)

在有日式风情的店里品味荞麦面

长谷·由比滨

镰仓 松原庵

●かまくらまつばらあん

☎0467-61-3838

MAP附录②P.15 D-3

这里是改建了大约有80年房龄的日式房屋而成的荞麦店。在这里您可以品味到风味绝佳的荞麦面和东西结合的独特料理、美酒等。

休无休 L11:00~21:00(22:00关店) 所镰仓市由比滨4-10-3 🚃江之电由比滨站步行3分钟 P4个停车位

人气美食就是这个

←午餐套餐由比2916日元 荞麦面之前还配上了天妇罗和一些凉菜

以轻奢食感为骄傲的那不勒斯比萨

大町·材木座

PIZZERIA GG 镰仓

●ピッツェリアジージーかまくら

☎0467-33-5286

MAP附录②P.14 F-2

在意大利的那不勒斯经过多年历练的师傅们大显身手。用柴火的炉子做成的比萨有26种可供您选择。

休不定期休息 L11:30~15:30(关店)、17:30~22:00(22:30关店)，周末、节假日是17:00~※冬季有所不同 所镰仓市由比滨2-9-62FORUM BUILDING一楼 🚃JR镰仓站东口步行8分钟 P2个停车位

人气美食就是这个

←Santa Anastasia 1450日元 平时的午餐都附带甜点和饮料

分量超足的咖喱

鹤冈八幡宫·小町路

CARAWAY

☎0467-25-0927

MAP附录②P.11 B-2

混合了14种以上的调味料调制而成的550克的大分量咖喱。咖喱一共有6种。

休星期一(如果是节假日的话则第二天休息) L11:30~19:30(关店) 所镰仓市小町2-12-20 🚃JR镰仓站东口步行7分钟 P无

人气美食就是这个

←牛肉咖喱760日元 减30日元可以更换为小份的米饭

长谷·由比滨

Beau Temps

●ボータン

0467-40-6172

MAP附录②P.15 C-2

位于胡同深处，散发着隐居氛围的酒馆兼红酒酒吧。在这里可以品尝到以法国菜式为基础的各类料理和种类丰富的红酒。提供的西餐是法式套餐，主菜可选择鱼类或肉类，再加上开胃菜和面包等。

休不定时休息 L12:00～14:00（15:00关店）、18:00~22:00（24:00关店） 所镰仓市长谷1-14-26 交江之电长谷站步行4分钟 P无

法式套餐 1950日元

每月更换主菜。图为法国产的烤鸭胸肉和本地鸡肉制成的炸肉丸子

此处美不胜收！

由仓库改造而来，景色十分雅致。阳光透过棚顶照入店内

↑通过入口后，就能穿过栽培着香草的庭院进入餐厅内

绿意盎然
隐居世外般的餐厅

北镰仓

Takeru Quindici

●タケルクインディチ

0467-23-7355

MAP附录②P.16 D-2

在由风格厚重的日式房屋改造而成的店里，可以吃到当季食材制成的南意大利亚料理。推荐每日更替菜式的意面和比萨，再配上开胃菜拼盘的组合套餐（1500日元起）。

休每月的星期二不定期休息 L12:00~14:00，周末和节假日分为两个时段12:00~13:50、14:10~14:30（16:00关店）、18:00~22:00（关店） 所镰仓市山之内1384 交JR北镰仓站步行4分钟 P无 附近有收费停车场）

玛格丽特比萨 1300日元

比萨由在那不勒斯有进修经验的主厨所制。在烤炉中烤制后的面饼富有嚼劲

拉开拉门进入的是
现代日本风格的餐厅

此处美不胜收！

身处店内能让人感受到日式住房独特的和睦心境，但风格也十分现代化。厨房内的柴炉也富有情趣

店内怀旧的氛围使人心灵放松

一轩家 餐厅

此处为镰仓独有

在镰仓，将民居改造成餐厅的店铺有很多。充满暖意的室内设计、色彩斑斓的菜肴，简直让人有一种在朋友家做客的感觉。

午间套餐B 2592日元

可品尝使用足量镰仓蔬菜的开胃菜，再加上当日的肉类或鱼类料理，还有面包、甜点和饮料

在现代日式房屋里
品尝镰仓蔬菜的午餐

长谷·由比滨

渡边餐厅

0467-22-8680

MAP附录②P.15 C-3

日式房屋的室内设计搭配现代欧式家具，让人印象深刻的法国餐厅。请大家品尝由本地主厨操刀，使用当季镰仓蔬菜，并在酱汁上花费精力制作出的正统法国料理。

休星期二、星期一的晚餐时分休息 L11:30~14:00（15:00关店）、17:30~20:00（22:00关店） 所镰仓市坂之下1-1 交江之电长谷站附近 P无

此处美不胜收！

70多年前建造的日本家宅。有着厚重感的大门惹人注目，室内设计也十分精致

大町·材木座

谷物咖啡厅 飞船

●こくさいカフェソラフネ

0467-38-4085

MAP附录②P.14 G-2

可以在走廊上一边眺望日式庭院和石路，一边进餐的古民居咖啡厅。提供的是经过了无农药或低农药处理，并由有机栽培的植物原料烹制而成的健康类长寿料理。餐后还请品尝每日更换的甜点。

休星期三休息，其他时间不定期休息 L11:00~16:00（17:00关店，不可预约，食材使用完毕后不再提供） 所镰仓市大町2-2-2 交JR镰仓站东出口步行7分钟 P无

在大正时期的古民
居里享受养生膳食

此处美不胜收！

由房龄100年的古民居改建而来。庭院里有着可远眺的走廊，让人有股来到了乡间奶奶家般的亲近感

大豆蛋白油炸套餐 1300日元

包括由大豆制成的无胆固醇油炸蛋白，再配上沙拉、香料、粗米饭和味噌汤

绝景座席

可一览长谷边海景的木露台和面海的窗边座位。让人不禁沉浸于解放身心的开阔之感中

生命恩泽午餐 2800日元

随着季节变换改变菜式。图为蔬菜和蘑菇面包加上蔬菜肉酱汁

长谷·由比滨

SAIRAM

●サイラム

0467-61-1831

MAP 附录②P.15 B-3

面朝长谷边的大海，由古民居改造而来的全素食(只提供蔬菜)餐厅。在这里可以吃到不使用肉类，甚至不使用乳制品和鸡蛋的，追求自然恩惠的素食料理。若是想欣赏海景，也可以在木露台用餐。

休 不定时休息 L 11:00～14:30(咖啡厅L.O.17:00,18:00关店) 所 镰仓市坂之下20-11 交 江之电长谷站步行4分钟 P 无

利用房龄70年的民居改造而成，风格自然而又现代

眺望湘南大海绝美景色的位置

海景餐厅

此处镰仓独有

海边到处都有餐厅和咖啡厅，能观赏海景的店也很多。一起寻找能观赏绝美景色的席位，享受美味料理和绝美景色吧。

稻村崎·七里滨

bills七里滨

●ビルズしちりがはま

0467-39-2244

MAP 附录②P.2 E-2

有机培育的西式炒鸡蛋双份/吐司 1404日元

使用有机培育的成熟鸡蛋烹制的黏稠菜肴。只接受单点

©Petrina Tinslay

总店位于悉尼拥有超人气的全天营业轻食餐厅，这里是在海外开设的第一家店。烹制的菜肴活用食材，简单而又独特，全世界有无数粉丝为此着迷。请一边近距离欣赏临海客房，一边充分享用被誉为“世界第一”的早餐吧。

休 不定时休息 L 7:00～20:00(21:00关店)，星期一～16:00(17:00关店) 所 镰仓市七里滨1-1-1 WEEKEND HOUSE ALLEY 2层 交 江之电七里滨站附近 P 31个停车位

绝景座席

采用了无论从哪个位置都能欣赏到大海的设计。七里滨海隔了一条街道，看上去无边无际

稻村崎·七里滨

Amalfi Della Sera

●アマルフィイデラセーラ

0467-32-2001

豪华比萨 1890日元

除意大利直接进口的莫扎里拉奶酪外，还使用了番茄和松子等食材的著名比萨

MAP 附录②P.20 E-2

绝景座席

在露台的座位上，可以远眺海洋乃至远方地平线。不止江之岛，还能一览富士山、大岛等地

穿过江之电轨道，登上一段长石阶后可以看见一家位于山腰的餐厅。从视野开阔的露台座位眺望远景，让人有种特别的感受。在这里还能轻松品尝石炉烤制的比萨等意大利料理。

休 不定时休息(天气恶劣时休息) L 11:00～21:00(22:00关店)，周末及节假日为10:30～，冬季为～19:00(20:00关店)会有变更 所 镰仓市七里滨1-5-10 交 江之电七里滨站步行5分钟 P 18个停车位(共用)

稻村崎·七里滨

龙蒂的小酒馆

0467-25-4355

MAP 附录②P.20 G-3

绝景座席

露台席位位置极佳，可看到国道那边的海洋。在遮阳伞之下沉浸于度假时光吧

1980年开店以来不断推出正统的意大利料理的名店。店内人员与位于意大利的连锁店也有交流，而在当地进行修行后的实力主厨则会在本国采购食材后推出菜品。如果天气晴好，就在能吹海风的露台享用料理吧。

休 不定时休息 L 11:30～22:00(关店) 所 镰仓市稻村崎2-6-11 交 江之电稻村崎站步行3分钟 P 3个停车位(还有与本店合作的停车场)

番茄酱腊肉洋葱实心意面 1080日元

意面使用了味道朴实的番茄酱。也可以选择1728日元的意面套餐，配有开胃菜

享受一流主厨也关注的名牌食材

能吃到镰仓蔬菜店铺

此处镰仓独有

在镰仓近郊的农家里栽培的镰仓蔬菜，滋味深风味浓，大受好评。甚至有东京的有名主厨来到镰仓进行采购。就让我们去探访一下使用了这种镰仓蔬菜的名店吧。

镰仓蔬菜可在此购买→P.57

充满艺术感的拼盘令人感动！蔬菜有着意大利风味

江之岛沿线

ESSELUNGA

●エッセルンガ

0467-24-3007

MAP附录②P.15 C-2

由国外经验丰富的主厨利用丰富的食材搭配，做出外表造型十分讲究的意大利菜。店铺在建筑约90年的古民家中，内部独具和风。

执着于此！

店里使用的90%的蔬菜都是自家露天菜地栽种的，十分难得。只使用当季食材，新鲜十足

休星期一，每月第二和第四个星期二休息 L11:30～15:30〈LO14:00〉、17:30～22:00〈LO21:00〉 所镰仓市长谷1-14-26 交江之电长谷站步行5分钟 P无

镰仓蔬菜蘸酱
1940日元

当季新鲜的镰仓蔬菜五光十色，配上自家制的蔬菜蘸酱，味道很不错哦。

←古民家的古香古色建筑，搭配素雅小挂件的内部装潢

鹤冈八幡宫·小町路

Brasserie 雪之下

●ブラッスリーゆきのした

0467-61-2271

MAP附录②P.11 B-2

将当季当地的蔬菜浓缩为一盘菜肴的超人气料理

温蔬菜汤料
1500日元

罗勒和奶酪的奶油沙司汤料。配有迷你沙拉、腌菜和菜汤

提供采用了露天栽培的镰仓蔬菜和三浦蔬菜、从相模湾捕获的新鲜鱼贝制成的西式自创料理。活用食材的同时，致力于研究奶酪和胶原蛋白汤汁的独创调味法。

↑从小町路稍微往胡同里走一段的建筑物内。一楼是姊妹店的点心店

执着于此！

使用10种以上四季应时的镰仓蔬菜和三浦蔬菜。而且注重配色，十分养眼

休无休 L11:00～20:00（21:00关店） 所镰仓市小町2-7-27 Maison de 雪之下2階 交JR镰仓站东口步行7分钟 P无

鹤冈八幡宫·小町路

Rans kamakura

●ランズカマクラ

0467-23-1196

MAP附录②P.11 B-2

执着于此！

店内人员每天早上往返于廉价卖场采购镰仓蔬菜，还执着于突出料理特色的颜色味道和装盘方式

执着于本地自产自销的温和的意大利料理

以滋养身体的料理为烹饪概念的意大利料理店，可以品尝到使用了镰仓蔬菜和相模湾产的新鲜鱼类等自产食材的各色菜式。还能在套餐中品尝到超人气的“镰仓蔬菜足量的蔬菜蘸酱”。

↑位于众多店铺云集的建筑物内“木漏日光禄岸”

Pranzo B
2268日元

可供选择的比萨有3种，开胃菜有2种。此外，还配有自制的甜点和咖啡

休无休 L11:00～15:00（16:00关店）17:00～20:30（23:00关店） 所镰仓市雪之下1-5-38木漏日光禄岸二号馆1层 交JR镰仓站东口步行6分钟 P无

鹤冈八幡宫·小町路

镰仓盖饭咖啡bowls

●かまくらどんぶりカフェボウルズ

0467-61-3501

MAP附录②P.11 C-3

配有当季镰仓蔬菜的个性盖饭

↑带有烤面筋和当地时蔬的肉味噌盖浇饭，(S) 880日元～。一口咬下去，烤面筋美味至极

这间时尚的餐厅里，可以吃到使用了从镰仓和三浦半岛获得的蔬菜和起锅沙丁鱼制成的盖饭。

休不定休 L11:00～20:00（21:00关店），星期六星期日及节假日～21:00（22:00关店） 所镰仓市小町2-14-7 交JR镰仓站东口步行5分钟 P无

镰仓駅西口

OSHINO

●オシノ

0467-55-5327

MAP附录②P.11 A-3

突出蔬菜美味之处的料理

↑当地蔬菜配烤肉 1350日元
只使用了橄榄油和盐，味道

使用从相熟的农家等地送来的当地食材，每天提供不一样的午餐和晚餐。

休星期二 L11:30～14:00（15:00关店）、18:00～22:00（23:00关店） 所镰仓市扇谷1-8-6 小黑大楼B1层 交JR

北镰仓

北镰仓nufu·ichi

●きたかまくらぬふいち

0467-61-2701

MAP附录②P.16 E-3

色彩丰富的咖喱汤

↑咖喱汤套餐 1800日元
配有自制的甜点和饮料

位于高台之上的独栋餐厅。镰仓蔬菜足量的咖喱汤中，蔬菜的风味十分明显。

休不定期休息 L11:00～15:30（16:00关店） 所镰仓市山之内159 交JR北镰仓站步行10分钟 P无

本地顾客和观光游客都关注的热点话题

最新&应时的店铺

我们选出了2015年开业并在当下的镰仓成为话题的餐厅信息。无论哪家店都有成为新地标的潜力。趁现在先认识一下吧！

因此成为话题

一直没有对外公开的西式洋楼被改造成了餐厅并营业，因绿意盎然的美丽庭院而广受好评

还有咖啡馆哦

『今天的甜品是三种甜品的组合』（左）1000日元以上

在洋楼后的露台咖啡厅里，可以一边欣赏庭院一边进餐。咖啡售价300日元

保留了约100年前的当时的建筑氛围。楼内气氛庄严

镰仓站西口

古我邸 ●こがてい

0467-22-2011

MAP 附录②P.12 F-4

可以称为镰仓三大洋楼之一的"古我邸"复苏，成为了餐厅。其人气高到不提前一个月就预约不到午餐的程度。在不用预约的露台咖啡厅也能品尝到相同餐点，价格也比店内更实惠。

午间套餐 3800日元

用当地食材制作的法式料理。套餐里有主食、餐前菜和汤

休星期二 L11:00~14:00（15:00关店），17:00~20:00（21:00关店） 所镰仓市扇谷1-7-23 JR镰仓站西口步行5分钟 P无

江之岛

J.S. FOODIES 江之岛店 ●ジェイエスフーディーズ えのしまてん

0466-55-2455

MAP 附录③P.12 C-5

于2015年8月开业的美食精品店，供应汉堡和薄饼等讲究料理。除主菜——产自纽约的龙虾卷外，还能品尝到刚出锅的炸鸡等菜式。视野开阔的露台席位也大力推荐。

休不定期休息 L9:00~21:30（22:00关店）星期六为8:00~22:30（23:00关店）星期日和节假日为8:00~20:30（21:00关店） 所藤泽市片瀬海岸2-18-21 江之岛露台1、2两层 小田急江之岛线片瀬江之岛站附近 P无

龙虾卷（US）1580日元

使用了缅因州产的龙虾。请一定要品尝这一俘获纽约人心的美味

名牌服装店般的时尚空间呈现于眼前

因此成为话题

在表参道需要排队才能买到的"LUKE'S"的龙虾卷，在江之岛也能品尝到

长谷·由比滨

FARM TO YOU ●ファームトゥーユー

0467-40-4481

MAP 附录②P.14 F-2

江之电沿线的餐厅。提供使用当季和本地自产的食材，并烹制现在全世界流行的加利福尼亚料理。店内还有可外带的自家烘焙咖啡和葡萄酒的商店，这种便利之处也是其魅力之一。

砖造的店内。天花板高耸，充满了让人身心解放的开阔感

EAT IN！

午餐是"用柴薪石炉烹饪的天香百合猪肉和季节蔬菜，配以朝鲜辣酱奶油沙司"1500日元

TAKE OUT！

用店内烘焙的咖啡豆冲泡的热咖啡500日元

休星期二、星期三晚餐休息 L午餐时间是11:30~14:30，咖啡时间是14:30~17:00，晚餐时间是17:30~21:30，商店营业时间是11:00~日落 所镰仓市由比滨2-4-43 JR镰仓站西口步行5分钟 P无

因此成为话题

可以坐在庭院和餐厅的露台席位上，近距离观察江之电行驶的样子

玩法3

镰仓3大步行街 认识一下吧！

去逛一逛正成为热点话题的街道吧！

散步能让人心情愉快。让我们来介绍一下本编辑部关注的3条街道。无论是耳熟能详的著名街道，还是当地人办事常去的街道都个性十足，很有走上一遭的价值。

从甜点到零食 边走边吃好欢乐

↑周末自不用说，工作日也有摩肩接踵的人群

↑JR镰仓站前立有标志小路入口的鸟居

镰仓站东口观光点 小町路 认识一下

MAP 附录②P.2

氛围怎么样？ 十分热闹，以游客为主，白天有很多人在街上行走。路边的小吃店和特产店鳞次栉比，彼此相连。

街道的魅力是什么？ 种类丰富且可以边走边吃的美食。除冰淇淋和奶味薄饼等甜食外，还有油炸豆腐寿司、油炸饼等零嘴小吃，应有尽有。

多久可以走完？ 从镰仓站东口开始走的话，到尽头不到10分钟。路上比较拥挤，赶时间的话就从若宫大道出去吧。

街上有名的店是什么？ CARAWAY（→P.23）coin de rue（→P.48）镰仓火腿富冈商会小町总店（→P.56）等。

在街道上能边走边吃的经典美食都在这里！

"意大利鲱鱼冰淇淋"的特别套餐 1000日元

↑意大利主厨制作的人气意大利冰激凌。→P.44

"镰仓一番屋小町店"的煎饼（一块）50日元

→柜台烤制，所以能品尝到刚做好时的味道。酱油的味道很美味→P.56

"元祖镰仓炸肉饼鸟小屋"的巧克力炸肉饼 200日元

↗品尝时就像在吃零食一样,让人享受。肉饼和巧克力出乎意料地相配，让人上瘾。→P.44

"虞美人草奶油薄饼"的柠檬糖 300日元

↑里面加入了细砂糖，味道经典。有时一天能卖出200个。→附录②P.2

↘卷上山萝卜酱菜的独特油炸豆腐寿司。→P.44

"醉人的油炸豆腐"的醉人棒 250日元

街道上的"这是什么"快照

MAP 附录②P.11 B-4

↓站在Mrs.Freeze（→P.45）前的瘦牛造型

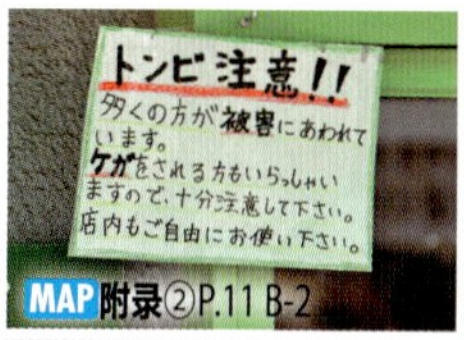

MAP 附录②P.11 B-2

↑"虞美人草炸肉饼"（→附录P.2）的提醒告示。小心老鹰从背后袭击你!

MAP 附录②P.11 B-2

↑复古而又流行的"天皇咖啡"（→P.54）的招牌

街道上的 NEW FACE

2015年4月开业

cacao ●カカオ

0467-61-3307

MAP 附录②P.11 B-3

对自家的生巧克力引以为豪的专卖店

出售使用哥伦比亚生产的优质可可豆做成的生巧克力甜点。还有生巧克力制成的冰激凌和饮料等的可外带商品。

休 无休 L 10:00～18:00
所 镰仓市小町2-9-7
交 JR镰仓站东口步行5分钟 P 无

↑店内展示精美，营造出优质而上乘的氛围

→"生巧克力蛋挞"1个250日元

2015年8月开业

镰仓 鲷鱼饭家 ●かまくらたいめしや

0467-40-5563

MAP 附录②P.11 B-4

轻松品尝优质鲷鱼饭

可以轻松享受鲷鱼饭的店铺。用产地直送的真鲷烹制的"鲷鱼饭"(900日元)，可以外带(800日元)。用来装鲷鱼味噌汤的配菜小碗也大受好评。

休 不定期休息 L 11:00～19:00（鲷鱼烧售罄即关店） 所 镰仓市小町1-7-8 交 JR镰仓站东口步行3分钟 P 无

→店外是白色的砖墙，格局简洁

↑鲷鱼饭使用了从头到尾的整条鲷鱼

镰仓站西口的本地商业街

御成路 认识一下吧！

可以感受到当地人的日常生活的便服街道

↑街道两端有标志街道名称的大门

氛围怎么样？

与车站另一边的小町路不同，氛围更平和。当地人十分熟悉这条街道，称它为“站内”，把它当作车站内部。

街道的魅力是什么？ MAP附录②P.4

当地人在平时就无需拘束而驻足利用的咖啡店和商店。最近有时尚的杂货店相继开张，街道整体都充满了活力。

多久可以走完？

从镰仓站西口走到由比滨大道尽头，差不多7分钟。还有很多小路，需要先认识一下岔道。

街上有名的店是什么？

KIBIYA面包房（→P.67）
咖啡镰仓美学（→P.34）
雏鸟处鸟一（→P.67）
等。

↑街道上散发着悠闲的气息，让人可以悠哉步行

街道上的“这是什么”快照

MAP附录②P.12 G-6

↑特征是3面山形屋顶的“原安保小儿科医院”。非公开

MAP附录②P.12 G-6

↑“KIBIYA面包房”（→P.67）的可爱招牌

街道上的NEW FACE

2015年6月开业

Laine Sucre sale

0467-40-3008（餐厅）

MAP附录②P.12 G-5

→摆放着可当作晚饭时的供品和礼物用的商品

超人气法国料理店的超美味熟食

法国主厨所开设餐厅的附属熟食店。以熟食方式出售餐厅的菜品，让顾客可以轻松享受正统法国料理。

←走过熟食店边的小路后前方就是餐厅

休星期二和每个月第二星期的星期一休息 L11:00～18:00 所镰仓市御成町10-4-1 交JR镰仓站西口步行3分钟 P无

街道上有名特产 试着探寻一下吧！

→↓用天然酵母做成，对身体有益的面包。→P.67

“KIBIYA面包房”的巧克力面包200日元，流行坚果350日元

→百分之百羊毛的娃娃。呆呆的表情非常可爱。→P.67

“ComoriB*ComoreB+大家的慢咖啡”的懒货君 1404日元

→急匆匆路过，在咖啡摊吃点东西。→P.66

“THE GOOD GOODIES”的原创混合咖啡390日元起，柠檬奶酪面包500日元

↘有很多客人倾慕于店长的人品和细心的待客方式远道而来。→P.67

“高崎屋总店”的大木夫妇

越走越开心 复古建筑散步

↑旧银行的洋楼对面，供奉着六地藏佛像

↑过去曾是银行办事处的洋楼现在依然屹立在大道上

从镰仓站西口步行7分钟

复古建筑物成排的时尚街道

由比滨大路 认识一下吧！

氛围怎么样？

虽然来往车辆众多，但街边的商店让人感觉闲适。前面就是长谷，所以很多人选择从镰仓站西口一直走到长谷的旅游名胜去。

街道的魅力是什么？ MAP附录②P.6

明治大正时期，这里比小町路还要繁华，有很多诉说彼时故事的复古建筑物。离开主街，还能发现曾经用作别墅的高大建筑物。

多久可以走完？

从御成街大门走到终点的长谷寺前大约需要20分钟。用散步的心情走的话，距离正好合适。

街上有名的店是什

井上鱼糕店（→P.82）、ete（→P.78）、麦帆（→P.82）、由比滨小寿寿（→P.81）等

街道上的引人注意的建筑物！

MAP附录②P.14 E-2

↑如城池一般的“寸松堂”是一间镰仓雕塑店。物质文化遗产

MAP附录②P.15 C-2

↑“柴崎牛奶店”的复古而又现代的外观惹人注目

MAP附录②P.14 F-1

↑“由比滨小寿寿”（→P.81）如老字号一般富有情趣的格局

街道上的NEW FACE

2015年6月开业

熟食INOUE

●そうイノウエ

0467-38-5760

MAP附录②P.14 E-2

←“熟食INOUE风咖喱”950日元

鱼糕老字号开设的熟食店

出售使用“井上鱼糕店”（→P.82）的自制肉糜制作而成的熟食。可在店内用餐，还提供当地蔬菜烹制的咖喱等菜式。

↑以白色为基调的木纹外观。就在“井上鱼糕店”附近

休星期二 L11:00～18:00 所镰仓市由比滨1-12-12 交江之电和田塚站附近 P无

这条街道也需要认识

市政府大道 ●しやくしょどおり

镰仓站西口的大道。外观讲究的“星巴克咖啡镰仓御成店”（→P.68）等，氛围舒适的优质咖啡店和餐厅散布各处。

大佛 寺院神社周边

在镰仓，到处都是外形可爱的商品。下面列出了被称为镰仓名产、广受好评的经典点心，以及以大佛与寺庙神社等为主题的各种可爱小商品！

印有形态各异的大佛图案的手帕

C 大佛与鸽子（左） …1张1080日元
湘南大佛（右） …1张1188日元
“大佛与小波渡”是镰仓限定商品。还有根据季节改变设计的花纹◎

用大佛的钱包就能把钱存下来吗！？

B 3.3寸蛙嘴小包 …1个980日元
缝满表情可爱的大佛的钱包。还可以用作杂物小包。

排列着大佛画像的滑稽胶带

A 大佛工艺胶带 …4个一套400日元
印着大佛的画像。胶带上还写有谚语。

A 大佛玳瑁糖 …1个70日元
以整个大佛为模型做成的糖。价钱便宜，推荐一次性多买一些。

大佛玳瑁糖 吃了都觉得可惜

可作为自用礼品的个性商品

大佛&寺院神社周边

许多商品都是以大佛为原型设计而成的，我们从中选出了一些精品并予以介绍。从寺庙神社买到的护身符和朱印帐看上去也很可爱。

画有可爱的小兔子的御朱印手帐

去拿一本朱印帐吧！

G 明月院的 **朱印** …1本1800日元
与院内各处的兔子形象相呼应，封面上也有很多兔子

另外，其他寺庙和神社也有原创的朱印账！也去其他寺庙神社的宣传页看看吧!!

H 长谷寺的 **朱印** …1本1000日元
以摄影名胜闻名的超人气和善地藏菩萨被印在了封面上

被笑容满面的地藏菩萨治愈心灵吧～

F 鸽子守护铃铛 …1只1000日元
配上银杏叶，以小鸟为主的守护铃铛。有3种类型。

印有鹤岗八幡宫的神像守护心灵

被似有神光的画像所吸引，毫不犹豫为商标而买下!?

D 大佛啤酒 …1瓶540日元
当地酒厂酿造的“湘南啤酒”的舒帕路斯啤酒（德国啤酒）

捏紧它们抓住福气！

E 捏捏福 …1个500日元
据说，一天捏一次就能抓住福气。有“爱”等5种类型。

F 与源赖朝相关、代表镰仓的神社
鹤冈八幡宫·小町路
鹤冈八幡宫
●つるがおかはちまんぐう
☎0467-22-0315
➔P.42
MAP 附录②P.10 G-1

E 八角形的夷堂是让人印象深刻的古寺
鹤冈八幡宫·小町路
本觉寺
●ほんがくじ
☎0467-22-0490
➔附录②P.11
MAP 附录②P.10 F-4

H 因四季花卉而魅力无限的名寺
长谷·由比滨
长谷寺
●はせでら
☎0467-22-6300
➔P.72
MAP 附录②P.15 B-2

G 以镰仓首屈一指的人气为豪的绣球花
北镰仓
明月院
●めいげつぃん
☎0467-24-3437
➔P.90
MAP 附录②P.16 E-3

D 出售镰仓和湘南当地的啤酒和自制的本地酒
鹤冈八幡宫·小町路
相模屋酒店
●さがみやさけてん
☎0467-22-1613
MAP 附录②P.11 B-3
休 星期二 L 10:00～18:15 所 镰仓市小町2-2-19 交 JR镰仓站东口步行3分钟 P 无

↑店铺位于大道旁的小路里

C 讲究的手帕和布艺小商品琳琅满目
鹤冈八幡宫·小町路
nugoo 擦拭 二之鸟居店
●ぬぐうにのとりいてん
☎0467-22-4448
MAP 附录②P.11 C-3
休 无休 L 10:30～19:00（周末和节假日10:00～） 所 镰仓市小町2-10-12 交 JR镰仓站东口步行3分钟 P 无

↑设置了柜台的店铺

B 出售以蛙嘴小包为主的商品的杂货店
鹤冈八幡宫·小町路
镰仓手工坊 镰仓总店
●かまくらてづくりやかまくらほんてん
☎0467-84-8799
MAP 附录②P.11 C-2
休 不定期休息 L 10:30～17:30 所 镰仓市小町2-12-27鹤冈会馆1层 交 JR镰仓站东口步行5分钟 P 无

↑店铺位于若宫大道边

A 出售大佛周边、粗点心和小玩具
长谷·由比滨
粗点心家 长谷店
●だがしやはせてん
☎0467-22-6499
MAP 附录②P.15 C-2
休 不定期休息 L 15:00～18:00（周末及节假日10:00～） 所 镰仓市长谷2-14-20 交 江之电长谷站附近 P 无

↑位于长谷大道边

将“美味”和“可爱”和经典点心一起带回家

玩法4 买一买传统点心和

奶油风味浓郁的鸟型奶油饼干

I 鸽子莎布蕾饼干

…1袋5个 648日元～ 保质期:30天

明治时期开始出售的长期畅销礼品。味道温和，不易腻

I 小鸽子（陶罐）

…1罐(内有4包) 648日元～

保质期:约1个月

可爱的鸟形落雁点心充满了豆粉的风味。1包5个

以小鸟为模型的落雁点心

松软的外皮和嫩滑的奶油美味十足

J 镰仓蛋奶冻

…巧克力味1个 141日元
蛋奶味1个 119日元

保质期:3天

口感松软的松糕外皮包裹了满满的嫩滑奶油

源自于当地神社的祭典面具形状的馒头

L 福面具馒头

…1个 170日元

保质期:3天

甜蛋糕为胚的馒头。有11种形状，里面是豆沙馅

使用松鼠图案的包装纸让人熟悉的烤制点心

K 核桃子

…内装5个 702日元 保质期:60天

以加入核桃的自制牛奶糖为夹心，用黄油包裹而成的点心

无论是谁都会喜爱的礼品

经典点心

从众多镰仓礼品中，选出了长期受人喜爱的经典点心礼品。无论哪一种礼品，都十分优质，不但味道有保证，外观也个性十足。

因味道朴素而有魅力能一口一个的年糕点心

L 牛皮糖力饼*

…1个 95日元

保质期:3天

用牛皮糖包裹豆沙馅做成的著名点心。也有当天制作的力饼

*吃了之后就有力气的年糕饼

色彩斑斓的五色豆 外观也非常养眼

N 小町豆

…1袋 216日元

保质期:60天

用砂糖、柚子、紫苏等调味作外衣制成的花生米。味道也多种多样。

沉迷于蛋黄酱的风味吃到停不下来

N 蛋黄酱花生米

…1袋 216日元

保质期:60天

用蛋黄酱包裹花生米的商品。两种配料出乎意料地相配

冲浪图案的包装盒包装造型独特的馒头

M 乘浪馒头

…1个 185日元 保质期:4天

一磅蛋糕为胚，以杏仁为馅的西洋点心，也有咖啡馅夹心的

夹心看这里

N 出售60种以上豆类点心

长谷·由比滨

镰仓MAMEYA 长谷总店

●かまくらまめやはせほんてん

0120-39-5402

MAP 附录②P.15 C-3

休 无休 L 10:00～18:00 所 镰仓市长谷2-14-16 交 江之电长谷站附近 P 无

面向长谷街

M 出售四季分明的优质和式点心

大町·材木座

大国

●おおくに

0467-22-1899

MAP 附录②P.14 G-2

休 星期一 L 8:30～18:00 所 镰仓市大町2-2-10 交 JR镰仓站东口步行8分钟 P 1个停车位

店铺位于大町的十字路口

L 300年以上历史的和式点心老字号

长谷·由比滨

力饼家

●ちからもちや

0467-22-0513

MAP 附录②P.15 B-3

休 星期三和每个月第三个星期的星期二（节假日照常营业） L 9:00～18:00 所 镰仓市坂之下18-18 交 江之电长谷站步行7分钟 P 无

让人感受到有历史的店铺

K 出售众多以镰仓为主题的商品

鹤冈八幡宫·小町路

镰仓红谷 八幡宫前总店

●かまくらべにやはちまんぐうまえほんてん

0467-22-3492

MAP 附录②P.11 C-1

休 无休 L 8:30～17:30(周末及节假日～18:00) 所 镰仓市雪之下1-12-4 交 JR镰仓站东口步行7分钟 P 无

店铺位于若宫大道路边

J 镰仓站前也开设了店铺的超人气西洋点心店

金泽街道·二阶堂

镰仓新泽西州人 雪之下总店

●かまくらニュージャーマンゆきのしたほんてん

0467-22-0839

MAP 附录②P.19 C-4

休 无休 L 9:00～19:00 所 镰仓市雪之下636-10 交 JR镰仓站东口出发，坐上去往大塔宫的京急巴士等巴士6分钟后，在岐路下车即到 P 5个停车位

洋楼风格的黄色建筑物

I 出售奶油饼干和鲜点心等，周边也很有人气

鹤冈八幡宫·小町路

丰岛屋 总店

●としまやほんてん

0467-25-0810

MAP 附录②P.11 C-3

休 星期三（节假日照常营业） L 9:00～19:00 所 镰仓市小町2-11-19 交 JR镰仓站东口步行4分钟 P 无

白色墙壁惹人注目的总店

玩法 5

尽情享受江之电

坐上当地电车出门游玩

既能看见大佛 又能望见海景

1902年开始运营，围绕镰仓街道行驶的小电车——江之电。在仅仅10公里的路程间，可以看见大海和神社等沿线风景，十分值得一试。乘上当地人和游客都十分喜爱的江之电，开启一段小电车之旅吧。

➡从神社内往外看的景象。也推荐观赏神社前看到的景色

➡江之电沿线的始发站——镰仓站。到终点站藤泽站需34分钟

从长谷站步行5分钟

御灵神社 ●ごりょうじんじゃ

☎0467-22-3251 MAP附录②P.15 B-3

能一起拍下江之电和神社鸟居的摄影名胜地。绣球花盛开时，神社内和铁路沿线花团锦簇，景色更是美不胜收。

➡P.75

从和田塚站步行30秒 从庭院可以看见江之电

无心庵 ●むしんあん

☎0467-23-0850

MAP附录②P.14 E-2

修建在江之电沿线的甜品店。能从店内的日本庭院看见江之电。以"奶油豆沙水果凉粉"(800日元)为主的甜品，小豆、豆沙馅和红糖等味道之间的平衡简直绝妙。

⬅听到电车和道口的声音，往庭院看去就能看到江之电经过时的样子

➡附录①P.3

极乐寺 ごくらくじ — 长谷 はせ（附近信息➡P.70）— 由比滨 ゆいがはま（附近信息➡P.70）— 和田塚 わだづか — 镰仓 かまくら（附近信息➡P.40 58）

认识一下长谷寺吧

从极乐寺站步行即到

极乐洞 ●ごくらくどう

MAP附录②P.15 A-3

位于长谷站到极乐寺站之间，全长约200m的隧道。1907年修建完成，而当时建造的古老砖造坑道大门依然保持着修建时的模样。

⬆位于极乐寺站附近，从有红色栏杆的樱桥往下俯视可以看见

⬅可以进入被称为"美男"的大佛内部

从长谷站步行7分钟

高德院 ●こうとくいん

☎0467-22-0703 MAP附录②P.15 C-1

供奉与江之电一样适合上镜的镰仓大佛本尊的寺院。2016年3月为止，进行着大佛雕像的保护修理工程。

➡P.74

⬆像在民居间穿梭般行驶。推荐从驾驶座附近观赏景色

从和田塚站步行5分钟

FARM TO YOU ●ファームトゥーユー

☎0467-40-4481

MAP附录②P.14 F-2

2015年3月，餐厅于江之电的道口边开业。并设的商店则出售咖啡。在视野开阔的露台上观赏江之电吧。

➡P.27

⬆还设置了面朝铁轨的柜台

注意车内的这些地方！

电风扇

目前所有车厢都配备了空调，但是在"跳跳绘音号"等部分电车上还留有电风扇。

车窗

用橡胶边框固定来采光的车窗和下方的可移动式车窗，都统称为"巴士车窗"。只有在300型电车上才能看到。

木质地板

让人怀念的木质地板。让人错以为是从前的巴士和地上电车的复古设计，只有在300型电车上才能看到。

如果半路上要多次下车……

推荐购买1天免费乘车券"乘降君"(成人600日元，儿童300日元)。在观光景点和小吃店等地方还有折扣优惠。

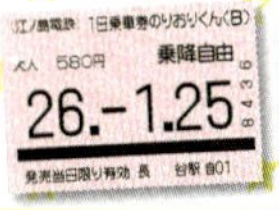

⬅在江之电所有车站都能买到。还可以在自动售票处购买

步行前往的地方

車窗外可以看见的景色

江之电电车展览

300型
20世纪50年代开始运营的电车。让人不禁沉浸于外观和木质地板等地方的复古氛围中，因而大受欢迎。

2000型
1990年登场，特点为大窗的电车。目的地显示会因季节改变而发生变化。

10型
1997年登场，目前迎来运营95周年纪念。照明与装饰等外观都属于欧式复古风格。

500型
继承旧500型的造型，于2006年开始运营。配备了最新设备和液晶电视。

1000型
1979年登场的电车。设计独特，在铁道友之会上获得"蓝丝带"奖。

20型
继承10型的复古设计风格，于2002年登场，目前迎来运营100周年纪念。

购买江之电周边！

绘音君小挎包 1439日元
➲以江之电的官方卡通形象"绘音君"为模型的小挎包

江之电糖果包300型 540日元
➲以江之电300型电车为模型的糖果包。糖果是水果味的

在这里购买！
- 江之电周边商店（江之电镰仓站站内，"KOTONOICHI镰仓"内）
- 江之电藤泽站小卖部（江之电藤泽站检票口）
- 江之电江之电站小卖部（江之电江之电站前）
- 湘南FUJISAWA旅游服务中心（藤泽站南口集散大厅2楼）

※线上购物网址
http://store.shopping.yahoo.co.jp/enoden-goods/
咨询电话☎0466-23-2351（江之电商事公司）

外国游客也蜂拥而至的人气摄影名胜地

从镰仓高校前站步行即到
镰仓高中前道口
●かまくらこうこうまえふみきり
MAP 附录②P.21 D-2
在电影和动漫中时有出现的摄影名胜地，连续几天有外国游客蜂拥而至。推荐走上一段坡道后往下拍摄。

➲以摄影名胜地闻名的超人气的日坂

从江之岛站步行3分钟 欣赏转弯的电车
The Market SE1
●ザマーケットエスイーワン
☎0466-24-8499
位于龙口寺前的S型弯道附近的意大利冰激凌店。大量使用讲究的牛奶和当季水果蔬菜，可享受到味道温和的意大利冰激凌。

➲在店门口一边用餐一边等待电车，也十分有趣

从稻村崎站步行7分钟 同样复古
R OLD FURNITURE
●アールオールドファニチャー
➲P.117
☎0467-23-6172
MAP 附录②P.20 G-3
修建时间约有100年的古民居内出售着古旧家具、陶瓷器和杂货等商品。店内展示着长期使用又不会令人生厌的各色产品。位置也极佳。

➲利用古老的日本房屋改造，外观富有情趣的店铺

江之岛 えのしま
腰越 こしごえ 附近信息➲附录③P.10
镰仓高中前 かまくらこうこうまえ
认识一下海边咖啡厅
七里滨 しちりがはま 附近信息➲P.114
稻村崎 いなむらがさき 附近信息➲P.114

在附录③有江之岛特辑！

从稻村崎站步行3分钟 观赏窗外的江之电
YORIDOKORO
☎0467-40-5737
MAP 附录②P.20 G-3
➲附录①P.4
2015年6月开业的食堂兼咖啡厅。从店内的靠窗座位和露台可以看见江之电。一边品尝店内引以为豪的"干货套餐"，一边观赏吧。

➲大窗外，江之电横穿而过

在街道上行驶的唯一地上路段

➲电车和汽车一样按照道路信号灯行驶

从江之岛站步行5分钟
从腰越站到江之岛站的地上路段
●こしごええきからえのしまえきのろめんくかん
MAP 附录③P.12 A-5
从龙口寺到神户桥附近的路段是电车行驶于道路中央的并用轨道路段。江之电在商业街中间缓慢行驶，窗外风景恬静。

江之电&江之岛

➲从车站的月台上可以看见海。再往前还能看见江之岛的样子

➲驶出镰仓站经过稻村崎站后，就能在左手边看见大海

整面车窗都是广阔的湘南大海！

玩法6 住在镰仓 享受晚间时光晨间时光

体验平时看不到的镰仓

上午到达镰仓，傍晚回程。如果已经看腻了经典的镰仓观光景点，那在镰仓住一晚怎么样？夜里小酌一杯，翌日早起。充分休息后，尽情享受镰仓之行吧。

沉醉于菜肴美味又氛围美好的咖啡酒吧

晚间时光 start 18:00 首先 镰仓站西口

1 咖啡镰仓美学 品味镰仓！

晚餐就去时尚的小型法式餐厅和酒吧汇集的镰仓站西口附近吃吧。在电视剧里出现过的“咖啡厅的镰仓美学”的晚餐，包括了10种以上的单杯葡萄酒，只需500日元起就可品尝。主厨烹制的以西班牙和南美为中心的讲究料理，以500日元左右的优惠价格就可以享用到。在闲适的店内惬意享受吧。

↓大分量的下酒菜拼盘1500日元～

大窗户令人印象深刻。室内装修风格参照了西班牙风情的酒吧

咖啡厅镰仓美学

●カフェかまくらびがく

0467-22-2233

MAP 附录②P.12 G-6

休 无休 L 11:30～15:00(关店)、18:00～22:00(23:00关店) 所 镰仓市御成町8-41 JR镰仓

步行20分钟

住宿 20:45 大町·材木座

2 Guest House在龟时间悠闲度日

吃过晚饭后，入住事先预约的guest house“龟时间”。可以在房间里悠哉悠哉，但是既然来了，也推荐大家去大厅和其他旅客聊聊天，或许能获得明天出游用得上的信息。

↓4.5张榻榻米大小的和室为两人间。也可以一个人住宿

还能进行旅客间的交流！在温暖的古民居内住宿

←旅客聚集的大厅。周末的中餐时间作为咖啡厅营业

龟时间

●かめじかん

0467-25-1166

MAP 附录②P.14 G-4

休 无休 L IN15:00～21:00／OUT10:00 ¥ 单间两个(房费:4人住16000日元,2人住9000日元)等 所 镰仓市材木座3-17-21 JR镰仓站东口步行20分钟。从镰仓站东口坐上京急巴士经由小坪,去往逗子站环行九品寺后7分钟,在九品寺下车即到 P 2个停车位(1天1500日元)

也要到这里来喝一次！

镰仓站西口

享用法国的田间料理

Bistrot Orange

0467-23-9337

MAP 附录②P.12 G-5

这里是可以轻松享受以法国料理为基础的独创料理的独栋餐馆。葡萄酒包括了杯装和瓶装，种类齐全。

↑色彩斑斓的“本日镰仓蔬菜烤肉”1058日元

休 不定期休息 L 11:00～14:30(15:30关店)、17:00～22:00(23:00关店) 所 镰仓市御成町2-13 JR镰仓站西口步行3分钟 P 无

长谷·由比滨

对能让人感受到四季变化的日式料理赞叹不已

TUMUGI

●ツムギ

0467-55-9321

MAP 附录②P.14 F-2

从过去的照相馆改造而来，这里是装修复古的创造型日式料理店。享用大量使用当地食材的菜肴同时，来品味日本酒和烧酒吧。

↑每日更换菜品的“特制3种套餐”1980日元。日本酒850日元起

休 星期三 L 11:30～15:00(关店)、17:00～第二天1:00(第二天2:00关门) 所 镰仓市由比滨2-2-36

认识一下这家

小町街若宫大道的晚间美食店 ➔P.50

镰仓站西口周边晚酌场所 ➔P.65

向龟时间的老板提问！

老板 樱井雅之

Q1 Guest House是什么？

A 虽然没有固定意义，但一般指的是住宿便宜，但又和青年旅舍不同的可饮酒的旅馆。卫生间和澡堂是共用的。

Q2 要如何入住呢？

A 基本上都需要事先电话预约或者网络预约。如果有空房就可以当天入住，但还是推荐预约。

Q3 魅力之处在哪里？

A 可以和平时没什么机会说上话的长期旅行者和外国人们进行交流。还有人在Guest House住上瘾了。

另外还有

介绍Guest House的信息 ➔P.121

晨间时光 start

7:00 大町·材木座
3 早起材木座海岸散步♪

第二天早起出门，去“龟时间”附近的材木座海岸看看吧。海边有一大早来冲浪的人，也有散步的当地人，在这里可以窥见镰仓的日常生活。如果天气晴好，还能看见稻村崎对面的富士山。一边悠闲散步，一边享受海景吧。

⬅如果去海岸散步，就会发现贝壳。海岸上也有散落的樱花贝壳

⬆在镰仓的所有海边中，当地人比较多的材木座海岸

推荐大家早晨去寺庙体验 ➲P.36
如果按平时的计划，很难早起参加寺庙坐禅，但如果住在寺内就容易了。

材木座海岸
ざいもくざかいがん
☎0467-61-3884
（镰仓市观光工商部门）
MAP 附录②P.14 F-4
🕒散步自由（海水浴场的营业时间为7月上旬至8月下旬）
所 镰仓市材木座　🚌JR镰仓站东口坐上京急巴士经由小坪，去往逗子站环行九品寺后8分钟，在材木座下车

步行5分钟

步行1分钟

⬅甜甜圈一个190日元起。加咖啡的早餐套餐为500日元（10点截止）

➲店铺面对134号国道。特点是外观白色

8:00 大町·材木座
4 在HOA CAFE边赏海景边吃早餐

在海边散完步后如果肚子饿了，就在材木座海岸前的“HOA CAFE”吃早饭吧。大豆糊做成的健康甜甜圈和超人气的巴西莓碗很美味。加入大量被称为超级水果的巴西莓，作为早餐正合适。请一定要在视野开阔进而让人心情开朗的露台上享受这一美食。

水果足量的“巴西莓碗+饮料”1000日元

HOA CAFE ●ホアカフェ
☎0467-84-7079
MAP 附录②P.14 F-4
休 无休（暴雨的日子停业）　🕒7:00～落日时分　所 镰仓市材木座6-4-24
🚌JR镰仓站东口坐上京急巴士经由小坪，去往逗子站环行九品寺后8分钟，在材木座下车即到　P 无

在这里也可以吃到早饭

一大早享受让人幸福满满的黄油煎蛋

鹤冈八幡宫·小町街

ZELKOVA COFFEE WINE & GALLERY
●ゼルコバコーヒーワインアンドギャラリー
☎0467-73-8887
MAP 附录②P.11 B-3

从小町街进入一条小路，这是一家有露台的咖啡店。3种早餐菜单都是以烤面包为主体的套餐。推荐配有黄油煎蛋的“B套餐”。

休 不定期休息
🕒7:30～13:30（14:00关店）　所 镰仓市小町2-6-41　🚌JR镰仓站东口步行5分钟　P 无

⬆“B套餐”700日元。粘稠的黄油煎蛋让人一大早食欲大动

步行20分钟

这些地方在9点前开门了！

6:00～（11～3月7:00开放）

光明寺 ➲P.108

境内自由参观

本觉寺 ➲附录②P.11

8:00开放

宝戒寺 ➲P.54

安养院 ➲P.112

9:00 鹤冈八幡宫·小町路
5 在早晨寂静的鹤冈八幡宫内悠然散步

吃饱后，前往鹤冈八幡宫参拜。平日里虽然人潮拥挤，但是早上还算人少，可以安安静静慢慢环游。参观完后还剩余很多时间。向着下一个旅游景点进发吧！

➲P.42

➘人少时，这里会有一种凛然的气息

玩法 7

坐禅·抄经体验修行

沉静心灵就能发现新的自我!?

虽然在热闹的旅游名胜观光也很开心，但是既然来了，就试试在寺庙众多的镰仓体验一次特色活动吧。体验了禅修行，就可以再一次精神饱满。

在寂静的佛堂 面对自我

被戒杖击打前合掌并往前倾

↑击打人走到眼前时，互相合掌并往前倾

往前倾后被击打

↑左右两肩各击打2次，总计4次。结束后再次合掌

挺直背脊进入无心的境界

坐禅（ざぜん）

坐禅是调整姿势和呼吸以直面自身的一种禅修行。身处于安静的环境中，只是坐着什么也不想，就能使累了一整天的心灵得到恢复。

体验前必须知道的事！

姿势 盘腿，以两膝和臀部为支点保持平衡，臀部在后，腹部往前挺。

呼吸 调整呼吸，在心里从1数到10后，以腹部呼吸法用鼻子呼气。吸气时要慢。

戒杖 长约1米的扁状木棒。在体验者想激励自己时，住持会用它代替文殊菩萨的手予以击打。

北镰仓

建长寺 ●けんちょうじ

开始时间 17:00～
所需时间 1小时　预约 不要

✆0467-22-0981

MAP附录②P.16 F-4

从容不迫、耐心等待的思想准备

全程以诵经、第一次坐禅、休息、第二次坐禅、诵经的顺序进行。无需预约，可以没有负担得参加，但还是提早15分钟落座吧。

↑坐禅会场的房间。原本是寺庙长老等的住处

星期五和星期六17:00～18:00
¥参拜费用300日元

➔P.88

在这里也可以体验

北镰仓

圆觉寺 ●えんがくじ

✆0467-22-0478

MAP附录②P.16 D-1

听过礼仪后前往讲堂。坐禅两次后，进行诵经。之后还能参加简单的“作务”(杂事)。

开始时间 13:20～、14:40～
所需时间 1小时　预约 不要
星期六13:20～14:20、14:40～15:40
¥参拜费用300日元

➔P.86

北镰仓

东庆寺 ●とうけいじ

✆0467-33-5100

MAP附录②P.16 D-2

可以在正殿体验坐禅，之后寺庙会端上茶水。初次体验的客人请在6点20分之前到达，然后听听坐禅的说明吧。

开始时间 7:00～
所需时间 1小时　预约 不要
每月第4个星期日7:00～8:00
¥1000日元

➔P.91

金泽街道·二阶堂

报国寺 ●ほうこくじ

✆0467-22-0762

MAP附录②P.18 E-5

换上和服裤裙，进行多次的坐禅和诵经。结束后，寺庙会用米粥和茶水款待各位。这些体验内容面向习惯了坐禅的中级参与者。

开始时间 8:00～
所需时间 2小时30分钟　预约 不要
星期日8:00～10:00(集合时间为7:30)
¥随个人意愿

➔P.100

抄写佛教教诲

抄经（しゃきょう）

去除杂念以无心的状态一字一字得抄写佛祖讲述的教诲。在印刷术还没发明的年代，这是传播佛教的一种经典手段，而现在则更侧重于增强人们注意力。

体验抄经沉静心灵

长谷·由比滨

长谷寺 ●はせでら

开始时间 9:00～
所需时间 1小时30分钟　预约 不要

✆0467-22-6300

MAP附录②P.15 B-2

在严禁窃窃私语的氛围中埋头于抄经

可以从《般若心经》(持续时间1～2小时)和《延命十句观音经》(持续时间30分钟左右)。将抄经用纸放在垫板上临摹经文。

9:00～15:00(16:00会场关闭)
¥参拜费300日元,另外再加纸张费1000日元

➔P.72

↑抄经场地准备了笔和墨汁等工具，所以空手前来也OK

↑可以每天在会场的书院内体验抄经。院前还有美丽的枯山水庭院

还推荐描画佛像！

在长谷寺还能体验佛像描画，临摹主佛像观世音菩萨。需要2小时，所以要空出足够的时间。

9:00～15:00(16:00会场关闭)
¥参拜费300日元，另外再加纸张费1000日元

↑描画佛像用纸上印刷着佛像底画，就算是不擅长画画的人也可以享受绘画过程

在这里也可以体验

北镰仓

建长寺 ●けんちょうじ

✆0467-22-0981

MAP附录②P.16 F-4

和坐禅一样，抄经也可以在房间里进行。可以从《般若心经》和《延命十句观音经》选择，工具一应俱全。

开始时间 10:00～
所需时间 1小时　预约 不要
10:00～15:00
¥1000日元

➔P.88

北镰仓

东庆寺 ●とうけいじ

✆0467-33-5100

MAP附录②P.16 D-2

在正殿诵完《般若心经》后，前往白莲舍抄经。使用的抄经用纸是自古以来常使用的雁皮纸。

开始时间 8:00～
所需时间 2小时　预约 必要
每月第2个星期日8:00～10:00
¥2000日元

➔P.91

大町·材木座

妙本寺 ●みょうほんじ

✆0467-22-0777

MAP附录②P.14 H-1

在焚香味弥漫的书院的一个房间内，抄写佛祖最让人醒醐灌顶的教诲法华经。开始前可以听到僧侣对礼仪和心理准备的说明。

开始时间 10:00～
所需时间 1小时30分钟　预约 必要
10:00～15:00
¥2000日元

➔P.109

玩法 8

花费精力制作“世间仅此一件”

去手工作坊把手工艺品带回家

亲手制作一件专属于自己的手工礼品来纪念镰仓旅游，怎么样？这次我们搜集了体验一整天的手工作坊。如果着迷了，就多来几次吧。

草木染色

镰仓站西口

草木染色作坊 Kuramubon

●くさきぞめこうぼうくらむぼん

MAP附录②P.13 B-4

可以在远离城市喧嚣、山清水秀的低谷体验草木染色。将植物的色素煮出后，给手工织出来的丝绸围巾染色。每次使用的植物都不同，所以可以体验到各种颜色的染色。除了一日体验外，还有多次体验套餐。

L星期六13:00～16:00 所镰仓市常盘923-8 JR镰仓站西口步行19分钟 P无

体验START

举办时间 星期六13:00～(每月一次不定期休息) 所需时间 2小时以上 费用 1次5800日元起 预约 必要/发送邮件(kurrambon@gmail.com)预约

体验START

1 煮烂植物抽出色素

将茜草放入锅里的水中煮20分钟左右。锅里的水越变越红，色素就抽取出来了。

➲当天使用的是茜草。不同种类煮出的颜色也不同

➲丝绸围巾可以从5种不同的材质中选择

2 使用媒染法（药剂为媒介染色）进行固色

将布料浸入加了明矾的热水中。为防止染色后的布料掉色而进行固色。

3 将布料浸入抽取出色素后的汁液中染色

过滤出煮出色素的汁液后，将固色后的布料放入浸泡20分钟。最后用水洗净。

➲颜色鲜艳的橙色围巾。当天就可以拿回家

编织物

↑编织帽只需一天就可以完成

↑一边和身边的人交谈一边进行愉快的体验

北镰仓

gigi gallery+ workshop

●ジジギャラリープラスワークショップ

✆080-4462-1536

MAP附录②P.17 B-1

在并设画廊的织物咖啡厅里，可以制作小编织物。此外，也开设了陶绘和首饰作坊。

休L根据不同活动而异 所镰仓市山之内768 JR北镰仓站附近 P无

体验信息

举办时间 10:00～14:00 所需时间 4小时 费用 1次2000日元(零食、咖啡、材料等费用另付) 预约 必要/拨打电话或发送邮件(gigi.kitakamakura@gmail.com)进行预约。活动行程需要在Facebook(www.facebook.com/gigi.kitakamakura)上确认

手工戒指

鎌倉駅西口

镰仓镂金作坊

●かまくらちょうきんこうぼう

✆0467-55-9388

MAP附录②P.12 F-6

这里是可以制作婚戒等自创戒指，因而受到恋人追捧的超人气作坊。还有价钱适宜的银戒套餐。

休星期一节假日则营业） L9:00～17:00 所镰仓市御成町6-1 JR镰仓站西口步行6分钟 P无

体验信息

举办时间 10:00～、14:00～(周末和节假日10:00～、13:00～、16:00～) 费用 1枚3650日元(结婚戒指手工套餐价格为8万～10万日元) 预约 必要/拨打电话或登陆网站(http://kamakura-chokin.com/)进行预约

↑戒指可以当天带回家。可以免费在内侧刻字

↑银制戒指大约需要2小时完成。盒子另外出售

铁杆杂货店

↑来试试平时体验不到的焊接吧

↑可以做如钢架之类的日常生活中能使用的东西

镰仓站西口

Fe★NEEDS

●フェニーズ

✆0467-24-5977

MAP附录②P.12 E-4

对铁进行切割、焊接（接合）等加工后做成自创的铁制杂货。预约时决定要做的作品，完成当天就可以拿回家。

休不定期休息 L10:00～17:00 所镰仓市佐助1-15-12 JR镰仓站西口步行8分钟 P1个停车位

体验信息

举办时间 水·土·日曜10:00～、14:00～ 所需时间 2～3小时 费用 5400日元～ 预约 必要/拨打电话或登陆网址(http://www.feneeds.jp)进行预约

制作和式点心

北鎌倉

北镰仓宝藏的庭院

●きたかまくらたからのにわ

✆0467-25-5742

MAP附录②P.16 D-4

位于净智寺参道的岔道上，为镰仓文化发祥之地。在“镰仓自创和式点心手球”的讲座上，能体验制作有季节特色的和式点心。

休不定期休息 L根据不同活动内容变更时间 所镰仓市山之内1418 JR北镰仓站步行10分钟 P无

体验信息

举办时间 第3火·土曜11:00～、14:00～ 所需时间 1小时30分钟 费用 1回3500日元 预约 必要/发送邮件(niwanoyoyaku@gmail.com)告知希望参加的日期和人数

↑每次都盛况空前的“镰仓自创和式点心手球”讲座

↑养眼又美味、大受好评的和式点心

镰仓

地区特别指南

50
藤沢 鎌倉
FUJISAWA KAMAKURA
355
北镰仓
北镰仓
镰仓站西口
镰仓站
长谷·由比滨
长谷站
由比滨站
和田塚站
极乐寺站
鹤冈八幡宫·小町路
大町·材木座
金泽街道·二阶堂

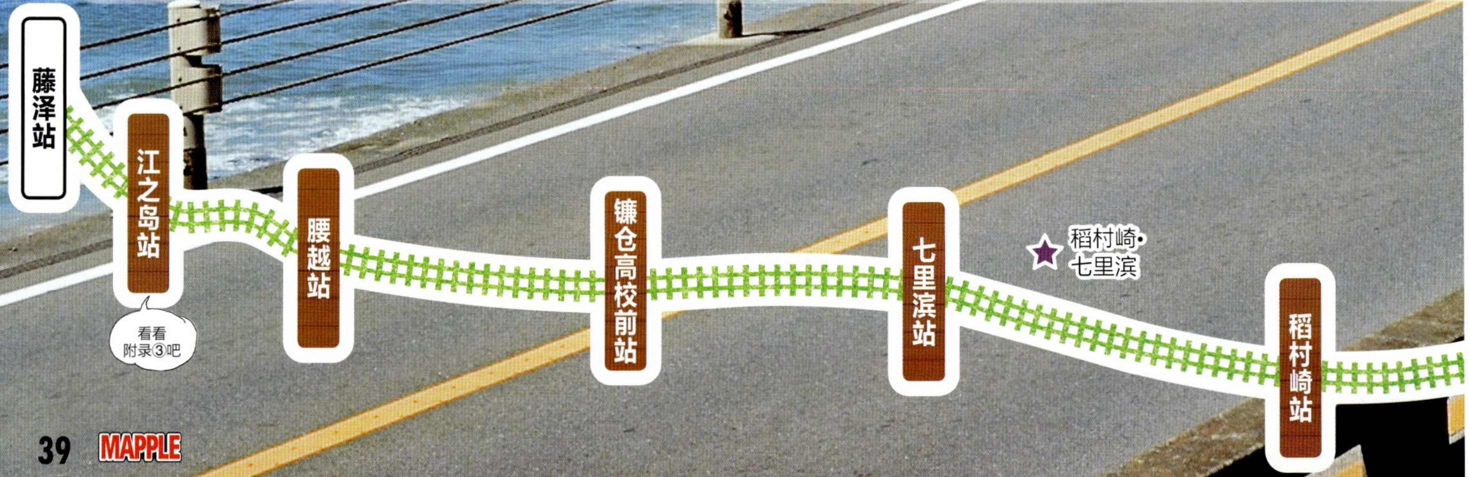

藤泽站
江之岛站
看看附录③吧
腰越站
镰仓高校前站
七里滨站
★稻村崎·七里滨
稻村崎站

镰仓站东口

鹤冈八幡宫（つるがおかはちまんぐう） 小町路（こまちどおり）

许多第一次来到镰仓的人首先会去鹤冈八幡宫・小町路地区。在参拜完八幡宫后，就在小町路和若宫大路享受午餐和购物吧。

在这个区域 想做的事

去参观鹤冈八幡宫

❶鹤冈八幡宫传说由源赖朝公创建。宫内十分开阔，还有国家文化遗产的神社正殿等建筑物

在若宫大路和小町路享受购物和美食

❶在镰仓第一的观光街道，小町路和若宫大路上，汇聚了各种各样的美食店和商店

区域指南

这些地方

镰仓的标志之一——鹤冈八幡宫是其中一处看点

镰仓观光的主要地点。以拥有约800年历史的鹤冈八幡宫为中心，镰仓最繁华的道路，小町路和若宫大道。看、吃、买等游玩事项一应俱全，因此不仅有第一次来镰仓的人，还有常客等几天连续前来。大部分值得看的景点都可以步行到达。

从镰仓站出发的到达方式

镰仓站
- 步行10分钟 → 鹤冈八幡宫 →P.42
- 步行1分钟 → 小町路 若宫大路 →P.44

镰仓站西口在P.58

鹤冈八幡宫·小町路

START 镰仓站 东口

步行1分钟

11:00 ① Mrs. Freeze
品尝冰淇凌

→ P.45

步行8分钟

11:30 ② 鹤冈八幡宫
境内游览

→ P.42

步行5分钟

13:00 ③
人气餐厅
镰仓·怀石秋本
买土特产

→ P.22

步行2分钟

15:00 ④ 镰仓karin koron
买土特产

→ P.53

步行5分钟

16:00 ⑤ Iwata咖啡店
稍作休息，品尝烤松饼

→ P.54

步行1分钟

GOAL 镰仓站 东口

推荐观光季

3月下旬至4月上旬，11月中旬至12月中旬

推荐的分别是樱花季和红叶季。在鹤冈八幡宫，不仅可以欣赏到这些美丽的风景，还有各种盛大祭典，例如春天的镰仓祭、秋天的例行大祭。这些盛况皆值得一看。

步行指南

观光点从车站向步行圈内集中

从镰仓站步行到鹤冈八幡宫约10分钟，途中经过小町路和若宫大路。由于观光点都集中在一起，因此在观光区域内步行移动就可以了。有关观光地的情报收集，位于东出入口附近的“Ekisuto镰仓”的观光综合咨询处将为你提供强有力帮助。

观光区MAP

将为你介绍这片观光区！

去鹤冈八幡宫参拜

つるがおかはちまんぐう

参观指南

参观所需时间 1小时30分钟

参观费 免费

参观时间 6:00~20:30（21:00关门）

祈愿 除厄、健康、实现心愿、结缘等

可观赏花卉 牡丹、樱花、菖蒲、红叶

☎0467-22-0315 休无休

所 镰仓市雪之下2-1-31

交 JR镰仓站东口出发步行10分钟

P 40个停车位

MAP附录②P.10 G-1

探索开辟武士时代的源氏的荣华

鹤冈八幡宫，源赖义在与奥州藤原氏前九年的战争中，为祈愿战争胜利，向京都的石清水八幡宫提出劝请，在镰仓由比浜创立了鹤冈八幡宫。之后，源赖朝举兵打倒平家，进入镰仓之后，于1180年转移到当前所在地，并在1191年将其修建为如现在的上下两宫的样式。源赖朝在开辟镰仓幕府之后，整备作为幕府中枢的设施，使鹤冈八幡宫成为关东守卫以及护国神社，受武士敬仰崇拜。如今的建筑物，多是在德川幕府的庇护下建造的，是以上宫、下宫这样的流权现式建筑为典型的江户建筑。从大石阶最上方的上宫俯看，可以很清楚看到，位于高台道正中央的若宫大路笔直向海边延伸的样子。

\也不要忘了这个！/

御守·降福商品

大银杏绘马
各1000日元

↑大银杏yukari的绘马。像树龄1000年的大银杏一样长寿

工作御守
各1000日元

↗祈求工作顺利！可以贴身携带

边收集边游览！

御朱印

御朱印
300日元

御朱印账
1700日元

←御朱印全体包括文字在内皆使用金箔装饰，其华丽外表受女性欢迎

\一起结伴同行！/

祭事

- 1月5日 除魔神事
- 2月3日 节分祭
- 3月之日 祖灵社春例祭
- 4月3日 若宫例祭
- 5月28日 白旗神社例祭
- 6月7日 今宫例祭
- 7月7日 七夕祭
- 9月15日 例大祭
- 9月16日 流鏑马神事
- 11月23日 新尝祭
- 12月31日 大祓

→流鏑马神事每年都会有很多人参加，十分热闹

源赖朝

打倒平家，并作为武家的栋梁打开了镰仓幕府的大门。同时与朝廷建立安定关系，将大本营定在镰仓，几乎不出镰仓，且只上京2回。

\原来如此！/

历史

鹤冈八幡宫境内，有本宫、若宫、白棋神社、旗上弁财天社等。在各个摄末社中，每年都会隆重举行遵从古礼的例祭。战后，源氏池畔的旗上弁财天社按古画修复成原样，每年4月都会在这里举行例祭。旗上弁财天社是供奉弁财天的神社，据说曾在源赖朝公的扬旗祭典中显灵。在例祭期间，在源氏池畔的樱花和紫藤花的背景下，白旗随风飘扬。

必看景点

本宫(上宫)
绚丽的色彩与装饰令人印象深刻

●ほんぐう(じょうぐう)

登上大石阶，就可以看到楼门，以及里面与拜殿相连的本宫。可称作上宫，现在所看到的建筑物是1828年奉德川家齐之命建造的流权现式建筑。它与若宫一样被认定为国家的重要文化财产。

八幡宫的“八”字是鸽子图案
八幡宫中，鸽子被奉为神圣的神使

满满是消除火灾的护身符
许多表示水的纹样排列在屋顶

持刀的阿形像
正对面左侧的人像，嘴巴紧闭

拿箭的吽形像
正对面右侧的人像，嘴巴张开

宝物殿
前往古代的时空之旅

●ほうもつでん

展示跟鹤冈八幡宫有关的神轿、武器、工艺品等。每年正月都会开展企划展(200日元)。

白旗神社
有祈愿必胜的降福

●しらはたじんじゃ

供奉赖朝公与实朝公的神社。特色是涂成黑色的社殿。有降福，可以祈愿必胜或学业有成。

若宫
历史建筑佛像

●わかみや

社殿是由德川秀忠再建，是国家重要文化遗产。有古木圆柏。

舞殿
跟静御前有关的场所

●まいでん

这是一座红色艳丽的建筑物，并全年作为举行仪式庆典的舞台。4月会献上“静之舞”。

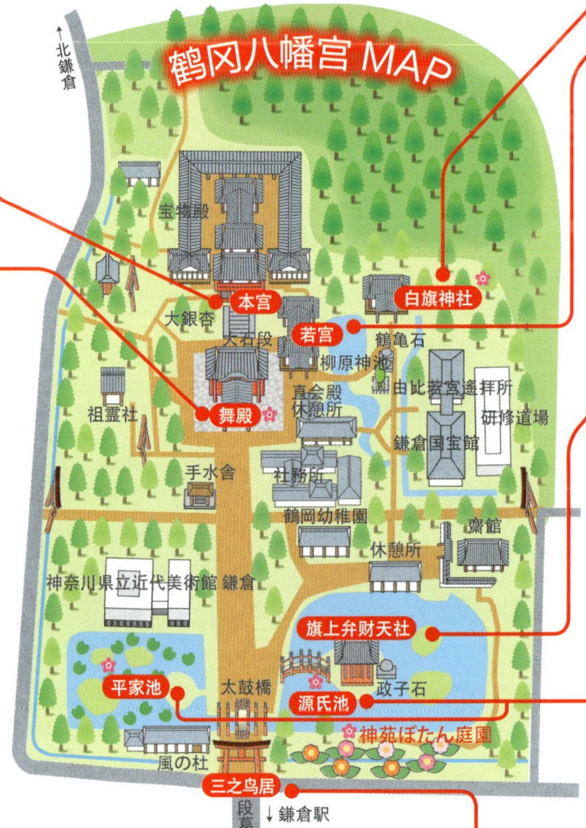

旗上弁财天社
白旗飘扬的神社

●はたあげべんざいてんしゃ

在源氏池上，并排插着象征源氏的白旗。赖朝在举兵之际，祭祀可以祈愿必胜的弁财天。

小贴士
这里有历史悠久的巨大银杏树

这棵大银杏树树龄1000年，高约30米，树干周长约7米，在2010年3月10日被强风刮倒。但是这棵树在树干与根部处发出树芽，并顺利生长起来。其坚强的生命力给予人感动与勇气。

⬆这张照片也收藏在纪念影册中

源平池
也是赏花胜地的境内之池

●げんぺいいけ

中间隔着太鼓桥，右边是源氏池，左边是平家池，两个合称为“源平池”。

赏花好去处
✿=赏花场所

牡丹 1~2月、4~5月
神苑牡丹庭园

在1~2月这段最为寒冷的时期，正月牡丹值得一赏，也极为贵重。在春天绽放，花形大朵，被称为镰仓牡丹。

樱花 3月下旬至4月上旬
源平池

源平池周围，樱花倒映在池水上，花瓣凋谢散落在水面上，十分梦幻。由于高台道直到2016年3月底才修建完工，所以预计到第二年之后才能开始观赏樱

莲花 7月下旬至8月上旬
源平池

黄菖蒲 6月至8月上旬
平家池

红叶 11月下旬至12月中旬
白旗神社、平家池

三之鸟居
八幡宫的入口朱门

●さんのとりい

从二之鸟居出发的参道的高台道(2016年3月底竣工)的终点之处，三之鸟居屹立在境内的入口处。在关东大地震之后曾被重建。

镰仓站西口 御成路·钱洗弁财天 P.58
长谷·由比滨 长谷寺·镰仓大佛 P.70
北镰仓 圆觉寺·建长寺 P.84
金泽街道·二阶堂 报国寺 P.98
大町·材木座 P.106
稻村崎·七里滨 P.114

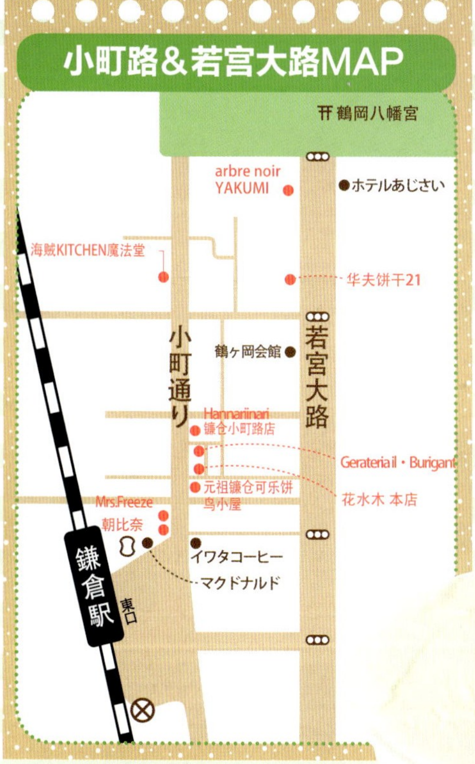

边走边吃的时候请注意扒手!

边走边吃的时候，还请注意扒手。特别是只注意脚下且手里拿着食物的游客。请注意周围环境，并尽快吃完手中食物。

\到处是可以带走吃的美食店，请尽情享用吧！/

小町路&若宫大路 边走边吃×美食通

走在镰仓大街上，乐趣之一就是在返回鹤冈八幡宫途中边走边吃。在小町路和若宫大路，有许多美食店，可以将美食带回家。如果饿了的话，请尽情买一份带回去吃。

需要排队的正宗意大利冰淇淋

特定套餐
各1200日元～
口味相配的两种风味的什锦拼盘

小町路 Gerateria il·Burigante

0467-55-5085 MAP附录②P.11 B-3

这家店专门用以前的方法制作意大利冰淇淋。推荐商品有越橘的酸味和苦杏仁的清爽风味，其中包含了魅力十足的越橘和西西里岛产的杏仁。

休不定期休息 12:00～16:30 所镰仓市小町

店面外观装潢成意大利街角常见的时尚风格

新感觉可乐饼，现炸！

巧克力可乐饼 200日元
在可乐饼中添加甜度适量的巧克力奶油

小町路 元祖镰仓可乐饼 鸟小屋
●がんそかまくらコロッケとりごや

0467-23-6800
MAP附录②P.11 B-3

有两个店面在贩卖，店内也设有用餐处

在这家店，可以将现炸的可乐饼带回去。除了传统的牛肉可乐饼，还有黑芝麻、巧克力、红薯、梅子紫苏等，口味繁多。

休星期四 11:00～18:00 所镰仓市小町2-10-4 JR镰仓站东口出发步行3分钟 P无

小町路 花水木 本店
●はなみずきほんてん

0467-25-3431
MAP附录②P.11 B-3

这家店除了甜点，还放置杂货。有名的是“kuremia”，浓厚的奶油和猫舌饼干蛋卷筒的组合真是绝配。这家店在小町路还有专门卖伞的分店。

休无休 10:00～18:00 所镰仓市小町2-9-4 JR镰仓站东口出发步行3分钟 P无

味道醇厚的软冰淇凌

Kuremia（软冰淇淋）
500日元
奶油含有25%的生乳·生奶油

手工制作的费南雪，可以边走边吃，也推荐作为礼物送人

小町路 Hannariinari 镰仓小町路店
●はんなりいなりかまくらこまちどおりばいてん

0467-23-7399 MAP附录②P.11 B-3

这家店是油豆腐寿司卷的专门店。用100%国产大豆制作的油豆腐，味道充分渗透，并且刷有黑芝麻，提升了全体风味。

休无休（暴风雨天气，休息） 10:00～18:00（卖完之后就关店） 所镰仓市小町2-9-7 teinkuru小町中杉大楼1楼 JR镰仓站东口出发步行5分钟 P无

除了小町路分店外，镰仓站前也有售卖店

外观可口美味的油豆腐寿司卷的专门店

含有新鲜小沙丁鱼的千层糕 810日元
新鲜的小沙丁鱼盖在混有玉子烧与黑芝麻的醋饭上

Hannari棒
250日元
油豆腐卷的酱腌山萝卜

简单易做的芝麻馅包子

镰仓烧 1个60日元
食材选用宇治抹茶和国产鸡蛋，以及小麦粉

这家颇有情趣的店位于鹤冈八幡宫附近

若宫大路 arbre noir YAKUMI
●アルブルノワールヤクミ

0467-53-8210 MAP附录②P.11 C-1

这是一家专门制作凝聚日本饮食文化魅力的调味料店。店头还贩卖口感劲道十足的芝麻馅“镰仓烧”。

休无休 10:00～18:00 所镰仓市雪之下1-8-39 JR镰仓站东口出发步行7分钟 P无

镰仓站西口 御成路·钱洗弁财天 P.58
长谷·由比滨 长谷寺·镰仓大佛 P.70
北镰仓 圆觉寺·建长寺 P.84
金泽街道·二阶堂 报国寺 P.98
大町·材木座 P.106
稻村崎·七里滨 P.114

无任何添加物，对人体有益的华夫饼

蛋奶冻和抹茶华夫饼 各280日元
口味浓厚的抹茶和蛋奶冻十分受女性欢迎

若宫大路 华夫饼干21
●わっふるにじゅういち

0467-25-6180

MAP附录②P.11 C-2

这家店是华夫饼的专门店，包裹着浓厚爽滑的奶油，口感柔软。奶油除了蛋奶冻，还有其他8种左右。

➲店面位于杂居大楼香格里拉鹤冈的2楼。休息日需要排队

休星期一 L11:00～17:00（周末10:00～18:00） 所镰仓市雪之下1-9-29 香格里拉鹤冈2楼 交JR镰仓站东口出发步行6分钟 P无

小町路 朝比奈

050-3161-4108

MAP附录②P.11 B-4

将鱼肉糜炸成松脆的炸串儿。一直在店内熏蒸着，所以口感弹力十足。仔细咀嚼口中充满鱼的风味。

休无休 L9:30～19:00 所镰仓市小町1-6-15 交JR镰仓站东口附近 P无

鱼肉本身的鲜美溢满舌尖

镰仓炸串儿
各170日元～
由于给你时就串好串儿了，十分适合边走边吃

➲章鱼口味220日元。肉糜中加入章鱼粒，口味绝妙

➲生姜口味170日元。肉糜中加入红姜，口味辛辣

➲玉米口味230日元。肉糜中加入足量的玉米粒

➲从镰仓站进入小町路之后不久，左手边就是这家店。红色的店铺很醒目

小町路 Mrs.Freeze
●ミセスフリーズ

0467-23-1577

MAP附录②P.11 B-4

自家制意大利冰淇凌的专门店。无糖、豆乳、不使用鸡蛋等，为客人提供吃法方便、对身体无害的意大利冰淇淋。也有提供给宠物的冰淇淋。

休星期二 L11:00～18:30 所镰仓市小町1-6-12寿大楼1楼E 交JR镰仓站东口附近 P无

4风味冰淇淋 690日元
可以享用4种口味的冰淇淋

➲立在店头的符号"sukiniikau"（スキニ一カウ）是标志

使用天然素材，对身体无害的冰淇凌

走累了就在这里小憩一下吧
小町路&若宫大路的特色咖啡馆

如果逛街逛累了，推荐您可以在咖啡馆稍作休息。在小町路或若宫大陆，有许多充满特色的咖啡馆。根据喜好和心情，尽情享用吧。

➊咖啡店在建筑物的2楼。也有露台席位，可以一边欣赏小町路街景，一边休息

装饰漂亮，空间开阔
来店内放松一下吧！

此处特色
内部装潢给人一种纽约住户共有公寓的既视感

独创法式吐司
1026日
虽然也涂上了冰淇凌等，但纯吃吐司就十分美味了

小町路
roomlax Cafe
●ルームラックスカフェ

0467-38-7335　MAP附录②P.11 B-1

有100个席位，十分宽阔，所以可以舒适地度过休息时间。人气食品"独创法式吐司"，有帕尔马干酪等5种配料可供选择。

休无休　L8:00～21:30(22:00关门)　所镰仓市雪之下1-4-26 2楼　JR镰仓站东口出发步行7分钟　P无

若宫大路
oimo咖啡馆金丝雀
●おいもカフェかなりあ

0467-22-4908　MAP附录②P.11 B-3

在这里可以享用到用薯类制作的冻糕、薄饼、豆沙水果凉粉等甜品。店名所示的独创混合甜品等以及咖啡十分受欢迎。

休星期三 节假日时星期五休息）
L10:00～17:30(18:00关门)　所镰仓市小町2-10-10　JR镰仓站东口出发步行5分钟　P无

➋ 黄色看板作为标记，展现出一个小巧舒适的店面

甜美可口的芋圆，尽在冻糕，豆沙水果凉粉中

此处特色
精选优质甘薯和紫薯，制作甜点

Oimo镰仓抹茶冻糕
830日
其中含有抹茶味果冻以及冰淇淋等

改装自陈旧的独户房屋，法式风格的咖啡馆

此处特色
店内菜单皆无添加剂，都是手工制作，无害又美味，受到好评

手工制作的大布丁
594日
与焦糖搭配口味绝妙

➊外观时尚，以白色为基调。即便一个人，也可以进去轻松享受

小町路
Café Biscuit
●カフェビスキュイ

0467-25-6312　MAP附录②P.11 B-3

这家咖啡馆改装自一家陈旧的独户房屋，充满沉着古朴的氛围。店内配有法式古典家具。饮料的外卖要扣除100日元。

休无休　L11:00～19:30(20:00关门)，双休日以及节假日是10:00～20:30(21:00关门)　所镰仓市小町2-7-30　JR镰仓站东口出发步行5分钟　P无

附录① 有所介绍！

小町路 ➜附录①P.2
Garage Blue Bell

若宫大路 ➜附录①P.5
tsuu

若宫大路 ➜附录①P.9
镰仓寺Cafe

P.40
镰仓站西口 御成路·钱洗弁财天 P.58
长谷·由比滨 长谷寺·镰仓大佛 P.70
北镰仓 圆觉寺·建长寺 P.84
金泽街道·二阶堂 报国寺 P.98
大町·材木座 P.106
稻村崎·七里滨 P.114

小町路

胡桃

☎0467-23-1818
MAP附录②P.11 B-2

此处特色
食材讲究，手工精细，甜味纯正

1968年所创立的甜点屋，含有自家制作的糯米丸子的菜单，受到好评。不管是哪一个，口味都十分纯正，令人百吃不厌，十分受欢迎。夏天一定要尝一下刨冰。

休 无休 🕒12:00～17:30（L.O.），双休日与节假日11:00～ 所 镰仓市雪之下1-5-38 🚃JR镰仓站东口出发步行6分钟 P 无

↓店铺是2011年翻新的，保留了过去的外观

口感Q弹，吃了还想吃的糯米丸子

小仓白玉冰淇淋
750日元
香草冰淇淋可以换成抹茶冰激凌

小町路

Milk Hall

☎0467-22-1179
MAP附录②P.11 B-3

从小町路进入一条小巷，映入眼帘的就是大正时代风格的建筑物，也就是这家具有魅力的咖啡馆。在这里不仅可以品尝附带咖啡（或是红茶）的（布丁套餐）（1000日元）等甜品，还可以用餐或是享用鸡尾酒等酒精类饮料。

休 不定期休息 🕒11:00～20:30（L.O.），双休日与节假日:～21:00（21:30关门） 所 镰仓市小町2-3-8 🚃JR镰仓站东口出发步行5分钟 P 无

此处特色
店内充满大正时代的浪漫气息。配置的家具和小物件等值得一看

可以享用鸡尾酒，咖啡馆洋溢着大正的浪漫气息

小町路

MERCER CAFE镰仓店

●マーサーカフェかまくらてん

☎0467-24-5512
MAP附录②P.11 B-2

在东京惠比寿等地开店的MERCER CAFE入驻小町路。该店的招牌菜是松糕。像蛋黄酥一样松软的口感，令人无法抵抗，十分受欢迎。

休 无休 🕒8:30～20:00（21:00关门） 所 镰仓市小町2-6-28 🚃JR镰仓站东口出发步行6分钟 P 无

蓬松而湿润的美味 戚风蛋糕

焦糖松糕饮料套餐
700日元
蛋糕单品500日元。支持外卖

流行布丁套餐 1200日元
布丁还是一如既往的具有韧性，口味醇厚

↑添加时令水果、香草冰淇淋等，并附带饮料

↑店内以白色为基调营造一种明亮的氛围。同时里面设有晚早饭的专门店

此处特色
生奶油的甜度适中。焦糖松糕与坚果绝配

小町路

CAFE ETHICA

☎0467-23-7292
MAP附录②P.11 B-2

即使在人来人往的小町路，也可以安静享受时光的咖啡馆。除了点滴式手冲咖啡"ETHICA混成咖啡"（550日元），还有各种餐点以及酒类。

休 星期二 🕒11:00～19:00（关门），双休日～21:00（22:00关门） 所 镰仓市雪之下1-4-32 🚃JR镰仓站东口出发步行6分钟 P 无

成人分量的焦糖起司蛋糕
550日元
"patisserieR"的田中玲子氏的手工品

↑上面放着朗姆酒葡萄干

成人度过的悠闲静谧的氛围

此处特色
店内流淌着以爵士乐为中心的背景音乐，重视成人之间的氛围

因鸽子莎布蕾饼干而闻名！敬请光临丰岛屋的咖啡馆

若宫大路

丰岛屋果舍 八十小路

●としまやかりょうはとこうじ

☎0467-24-0810
MAP附录②P.11 B-3

以"当地人可以休闲自在的空间"为概念，提供优质的和果子和茶水。传统菜单中品种齐全，有年糕豆沙汤、豆沙水果凉粉、蕨饼、葛根凉粉等。

休 星期三（节假日营业） 🕒11:00～17:00（L.O.）（根据时期不同会有所变动） 所 镰仓市小町2-9-20 🚃JR镰仓站东口出发步行4分钟 P 无

↑豆羹600日元

若宫大路

丰岛屋洋果子铺 置石

●としまやようがしほおきいし

☎0467-22-8102
MAP附录②P.11 C-3

一楼准备了时令的蛋糕以及数种巧克力泡芙、烧果子、软冰激凌等。可以在2楼的咖啡馆，和着饮品一起享用蛋糕、巧克力泡芙等。

休 星期三 🕒10:30～18:30（L.O.） 所 镰仓市小町2-15-5 🚃JR镰仓站东口出发步行4分钟 P 无

↑"栗子蛋糕"500日元。使用欧洲产的栗子制作，口感温润，十分美味

选择一些在料理或气氛上十分优秀的店吧

小町路周边的人气午餐

多数美食店集中在小町路周边。这里就介绍一下其中的人气店！确定好料理的种类或是价格，一起出门吧。

小町路　法式风格

L'EGLISE镰仓

●レグリーズかまくら

☎0467-81-5539　MAP附录②P.11 B-2

独立房屋风格的饭店，气氛开放。以“可以满足一家三代口味的料理”为主题，提供正规的法国料理，甚至其他西式料理。大量采用了镰仓本地的食材。

用时令食材做出的法式简餐

必食

午餐套餐 2160日元

主要从鱼、肉等5种食材中挑选。另外附赠沙拉等

这道菜也很推荐　海鲜奶油沙司的法式蛋包饭 1296日元

休不定期休息　L11:00～15:30(16:30关门)、17:30～21:00(22:00关门)　所镰仓市小町2-8-23 2楼　JR镰仓站东口出发步行4分钟　P

↑高达7米的天花饭，自然光洒在这片空间上，营造一种明亮的氛围

午餐DATA	
预算	2000日元
午餐时间	11:00～15:30
午餐预约	可

小町路　咖喱

OXYMORON

●オクシモロン

☎0467-73-8626　MAP附录②P.11 B-2

可以享用咖喱与甜品的店。这家店的咖喱被评判为颠覆以前概念的美味，平时可以品尝到“本日的咖喱”或“鸡肉咖喱”等5种口味。

十分讲究擅长制作的个性咖喱

休星期二（如果当天是节假日，第二天休息）　L11:00～17:30(L.O.)　所镰仓市雪之下1-5-38 2楼　JR镰仓站东口出发步行7分钟　P无

午餐DATA	
预算	1500日元
午餐时间	11:00～17:30
午餐预约	可

必食

和风肉糜咖喱 1200日元

附带小菜。带有蛋糕、饮料的套餐为1800日元

这道菜也很推荐　斯里兰卡风味的羊肉咖喱 1200日元

↑从小町路进入，这家店就在复式楼“木漏日禄岸”的二楼

鹤冈八幡宫　荞麦面

手擀面石川

●てうちいしかわ

☎0467-53-9445　MAP附录②P.10 G-1

使用国产荞麦制作荞麦面的店。手擀的二八荞麦，纤细的同时又弹性十足，滑溜好吃到爆。配上鲣鱼与昆布的鲜汤熬制的汤汁，十分美味。

↑令人心情放松的外观。这家店位于镰仓街道边沿、绿色植被很多的场所

休星期二，第一个星期一（夏冬季节各有一周时间临时休息）　L11:00～17:30(L.O.)、星期日～17:00(L.O.)　所镰仓市雪之下2-5-26　JR镰仓站东口出发步行10分钟　P无

午餐DATA	
预算	1500日元
午餐时间	无
午餐预约	可(双休日不可以)

弹力十足，爽滑可口的手擀细荞麦面

必食

石川荞麦面 1250日元

食材满满的清汤荞麦面

这道菜也很推荐　葱花鸭肉汤 1630日元

慢慢熬制而成滋味浓厚的炖牛肉

必食

特制炖牛肉套餐 3780日元

继承了开业以来的蔬菜肉酱沙司

这道菜也很推荐　特制牛肉洋葱盖饭 1944日元

小町路　法式料理

coin de rue

●コアンドル

☎0467-24-7236　MAP附录②P.11 B-2

这是1968年开业，拥有许多支持者的法式料理店。像使用浓厚的蔬菜肉酱沙司而制作的招牌菜“特制炖牛肉”等，这家店从开业以来就一直保持着传统的味道。

↑绿色的爬山虎缠绕在红砖墙上，映入眼帘的店面给人以深刻印象

休星期四　L11:00～14:30(L.O.)、16:30～19:30(L.O.)　所镰仓市小町2-8-14　JR镰仓站东口出发步行6分钟　P无

午餐DATA	
预算	4000日元
午餐时间	11:00～14:30
午餐预约	不可

在特集中有所介绍！

小町路 → P.22 镰仓·怀石 秋本 

若宫大路 → P.23 段葛 kosuzu 

若宫大路 → P.23 Caraway 

小町路 → P.26 Rans kamakura 

小町路 → P.26 Brasserie 雪之下 

若宫大路 → P.26 镰倉donburi咖啡馆bowls 

若宫大路 → P.28 镰仓 鲷鱼饭之家 

小町路 → P.35 ZELKOVA COFFEE WINE & GALLERY 

镰仓站西口 御成通路・钱洗弁财天 P.58
长谷・由比滨 长谷寺・镰仓大佛 P.70
北镰仓 圆觉寺・建长寺 P.84
金泽街道・二阶堂 报国寺 P.98
大町・材木座 P.106
稻村崎・七里滨 P.114

小町路 日式料理

和彩八仓 小町路店

●わさいやくらこまちどおりてん

0467-61-3070 MAP附录②P.11 B-2

招牌菜是"八仓名物小沙丁鱼盖饭"，盖满早晨从当地渔港捕到的小沙丁鱼。另外使用镰仓蔬菜而制作的天妇罗等也受到好评。

休无休 L11:00～20:00（21:00关门） 所镰仓市小町2-7-28 JR镰仓站东口出发步行5分钟 P无

早上新鲜获取的小沙丁鱼把盖浇饭盛得满满的

必食

八仓名物小沙丁鱼盖饭 1430日元

除了盖饭，还附带有小钵菜、茶碗蒸等

这道菜也很推荐 小沙丁鱼海鲜盖饭 1730日元

午餐

预　算：1500日元
午餐时间：无
午餐预约：不可

木纹基调的令人沉着冷静的店

小町路 乌冬面

手擀起锅汤面 镰仓miyosi

●てうちかまあげうどんかまくらみよし

0467-61-4634

MAP附录②P.11 B-2

提供专家手擀起锅汤面的店。将弹力十足的乌冬面蘸入浓厚汤汁，与洋葱、油炸鱼丸、生姜、七香辣椒粉等丰富的佐料一起吃。

休无休 L11:00～20:00（乌冬面卖完就关店） 所镰仓市雪之下1-5-38 木漏日禄岸1楼 JR镰仓站东口出发步行5分钟 P无

午餐DATA

预　算：1500日元
午餐时间：无
午餐预约：不可

进入小町路小巷中，映入眼帘的就是极具趣味的店面

弹力十足的手擀乌冬面，与各种佐料一起吃

必食

天釜小沙丁鱼盖饭高级 1458日元

豪华套餐，起锅汤面中加入天妇罗，并附带小沙丁鱼盖饭

这道菜也很推荐 小沙丁鱼盖饭高级 1458日元

瞩目度上升 小町路 小巷中的名店午餐

镰仓釜饭kamakama

●かまくらかまめしかまかまほんてん

这是一家运用传统技艺做小锅什锦饭的店，具有30种以上的小锅什锦饭。吃法有许多，例如添加一些佐料或茶泡饭等。人气菜单"烤鲑鱼小沙丁鱼"，1500日元。

0467-25-3590 休无休 L11:00～17:00（L.O.）、双休日、节假日～21:00（22:00关门） 所镰仓市小町2-11-8 JR镰仓站东口出发步行5分钟 P无

MAP附录②P.11 B-3

这家店位于窄小

茶汤鲑鱼饭，勾起食欲

镰仓kinema堂

●かまくらキネマどう

这是一家书店咖啡馆，据说是漫画"海街diary"中出现的店的模型。贩卖以日本电影为中心的古书和杂物。人气菜单"镰仓小沙丁鱼吐司"，附带姜汁奶茶，需750日元。

0467-22-6667 休不定期休息 L11:50～18:30（19:00关门） 所镰仓市小町2-11-11 JR镰仓站东口出发步行5分钟 P无

MAP附录②P.11 B-3

标志是给人留下印象的看板

使用当地产的小沙丁鱼

小町路 若宫大路的 夜之美食

想要尽情品尝镰仓美味米饭以及美酒的人们，请注意！

虽然镰仓给人的印象是白天充满活力，但是夜晚可以痛快吃喝的店也有不少。不论是美食美酒，还是气氛，都独具特色的夜晚美食场所，就在这里！

小町路　意大利料理　LO 23:00

CRAFT BEER& 薪窑PIZZA Bururumu

●クラフトビールアンドまきがまピッツァブルールーム

从镰仓站步行5分钟

050-3478-1877　MAP附录②P.11 B-2

这是一家比萨饼店，在这里可以品尝到精酿生啤以及用薪窑做的比萨。除了几种在全国各地酿造的精酿啤酒，还准备了海外产的罐装和瓶装啤酒。

休星期四　L17:00～23:00(L.O.)、双休日、节假日12:00～14:00(L.O.)、17:00～23:00(L.O.)　所镰仓市小町2-8-9 秋山啤酒 2楼-3　JR镰仓站东口出发步行5分钟　P无

晚餐DATA	
预算	2000日元
席数	11(柜台4)
预约	不可

必食 玛格丽塔 小杯 1200日元

在薪窑中制作出来的有嚼劲的比萨饼搭配土豆沙司，口味绝妙。即便是S size也可以吃的满足。

这道菜也很推荐：Quattro formaggi 四种芝士比萨 小杯 1400日元；斯卡莫扎奶酪和辛辣蒜肠 小杯 1400日元

➡在店内可以看到店员用薪窑制作比萨

美酒CHECK!

- 北岛啤酒 比尔森 半杯…600日元
- Baird Brewing 烟熏啤酒 半杯…600日元
- 日本海俱乐部 half…600日元

必食 凉拌蒸煮季节蔬菜（现做） 515日元

用简单的做法烹饪精心挑选的蔬菜，所以可以品尝到蔬菜本来的味道

这道菜也很推荐：胡萝卜沙拉，蛮夷风味 310日元；土豆奶酪烤菜 615日元

美酒CHECK!

- Takeda Winery（山形）Sansuhuru…820日元
- Rose Bossa（福冈）…925日元
- brezza 阿（意大利）…615日元

若宫大路　酒吧　LO 22:00

binot

●ビーノ

镰仓站出发步行3分钟

0467-50-0449

MAP附录②P.11 B-4

⬆满月之日以及这前几天，这家店将作为以站着喝满月红酒为主的酒吧，营业

由于对蔬菜的讲究，主厨白天转而跑去农家见习，这家店提供主厨亲手做的蔬菜料理，以及面包和红酒。为了传达受客人喜好的口味，推荐的红酒较为齐全，玻璃红酒杯从515日元开始不等。

休星期日，节假日　L17:00～22:00(L.O.)　所镰仓市小町1-5-14　JR镰仓站东口出发步行3分钟　P无

晚餐DATA	
预算	3000日元
席数	12(柜台8)
预约	可

阿部刚

小町路　日式料理　LO 20:30

yosizaki食堂

●ヨシザキしょくどう

镰仓站出发步行5分钟

0467-25-6000

MAP附录②P.11 B-2

以使用当地产的鱼和镰仓蔬菜而为人所知的名店"吉咲"再次开业。在这里，可以畅快地享用使用时令的镰仓蔬菜以及相模湾的鲜鱼，湘南猪肉而精心烹饪的料理。

休星期二　L11:00～20:30(21:00关门)　所镰仓市雪之下1-6-28 yanase大楼1楼　JR镰仓站东口出发步行5分钟　P无

晚餐DATA	
预算	2500日元
席数	27(柜台7)
预约	可(只限夜晚)

必食 油炸新鲜面筋与时令蔬菜（现做） 950日元

使用时令蔬菜或鱼类而烹饪的夜晚人气料理。除了这个，还有许多用湘南猪做的料理。

这道菜也很推荐：湘南猪的姜汁煎猪排 1350日元；湘南猪的炖猪肉 1620日元

美酒CHECK!

新政、户隐、獭祭等一盒 700～800日元

※购进的品牌每天会有所不同

⬆重新装修之后，给人一种可以轻松享用美食的感觉。附近主打饺子的"maru八"也开业了

➡酒类主要以日本酒为中心，品种丰富。新的品牌也随时购进

若宫大路 小料理

Yosirou

LO 23:30

镰仓站出发步行4分钟

0467-23-0667　MAP附录②P.11 B-3

白天，是作为甘味茶馆来营业的"甘味akane"（p54），晚上则是小料理屋"yosirou"。配上穿着炊事和服的店长精心制作的料理，正好下酒。

休星期四　L17:30～23:30（L.O.）所镰仓市小町2-10-10　JR镰仓站东口出发步行4分钟　P无

晚餐DATA	
预算	3600日元
席数	10（只有柜台）
预约	可（新顾客不可）

美酒CHECK!
- 菊正宗…648 日元 / 盒
- 立山…864 日元 / 盒
- 大山…864 日元 / 盒

在这里也可以和店主姬田尽情聊天

熟透的煎蛋卷，配上啤酒也和搭，请一定要试一下

随着夜幕降临，店门口也开始微微明亮起来

必食 **小沙丁鱼洋葱煎蛋卷 864日元**

加入充足的小沙丁鱼以及洋葱与鸡蛋的味道搭配绝妙，可谓是人气榜首

这道菜也很推荐
- 有许多蔬菜的通心粉沙拉　864日元
- 芝麻酱拌菜　540日元
- 莲藕金平牛蒡　648日元

小町路 意大利料理

Osteria Comacina

LO 21:30

镰仓站出发步行5分钟

0467-23-2312

MAP附录②P.11 B-2

作为红酒食堂，店内风情不装腔作势，但店内黑板上写的菜单都是正宗的。就连乍一看简单的料理，也是最大限度地使用食材精心烹制而成的。

休星期二，以及其他不定期休息　L12:00～14:00（15:00关门）、18:00～21:30（23:00关门）所镰仓小町市2-8-9秋山大楼2楼-4　JR镰仓站东口出发步行5分钟　P无

晚餐DATA	
预算	4000日元
席数	14（柜台4）
预约	可

美酒CHECK!
- Cantina Giardino Bianco … 756日元
- Le Temps Retrouvé Macabeu… 864日元
- Daniele Piccinin Montemagro … 972日元

使用四季应时采摘的新鲜蔬菜

店内洋溢清洁感，让人可以悠闲自在的用餐

必食 **夹竹鱼沙拉 1080日元**

使用足量的切成厚片的夹竹鱼而制作的沙拉。蘸上白香醋的酱汁，口味清爽。

这道菜也很推荐
- 薄片牛腩　1620日元
- 烤带鱼　864日元
- 杏仁芝麻菜的猫耳朵 1296日元

若宫大路 日式料理

御料理mori崎

●おりょうりもりさき

LO 21:30

镰仓站步行2分钟

0467-23-8393

MAP附录②P.11 C-3

这家日式料理店直接选用当地的食材，来提供料理。根据当天购入的时令食材，决定每天的菜单。在令人平静的氛围中，尽情吃喝，度过这古都静夜吧。

休星期一　L11:30～14:00（14:30关门）、17:00～21:30（22:00关门）所镰仓市小町2-10-18 二之鸟居大厦2楼　JR镰仓站东口附近　P无

设有柜台座位以及镶嵌被炉形式的桌位

正统料理，和酒也很配

晚餐DATA	
预算	6000日元
席数	16（柜台6）
预约	可

必食 **七菜一汤（夜）6480日元~**

不管是外观还是内容都十分豪华。根据季节，搭配有所变化，春天是针鱼，夏天是海鳗

这道菜也很推荐
- 五菜一汤（夜）　4320日元~
- 花游膳（昼）　2160日元

美酒CHECK!
- 一之藏…1728日元/盒
- 大七…1080 日元 / 盒
- 浦霞…864 日元 / 盒

重要check　镰仓手工制作的啤酒　●かまくらクラフトビール　镰仓本土产的啤酒"镰仓啤酒"，水果味很独特。可以在小町路的土特产商店中买到。

寻找特产

3 **包袱皮提袋**
1296日元～
可以买到包袱皮与提手的组合装
小町路

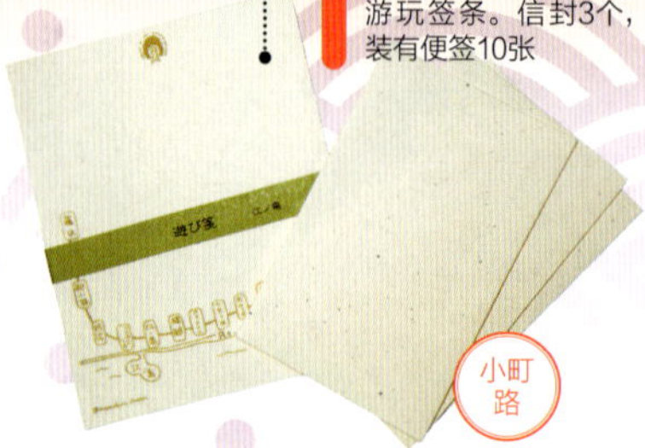

2 **江之电的游玩签条**
324日元
画有江之电路线图的游玩签条。信封3个，装有便签10张
小町路

1 **古都的手工制作的糖果好味** 各165日元
基本卖的糖果有20种以上，一袋装5粒
小町路

2 **江之电的小费袋**
各270日元
以江之岛为背景，江之电沿途的风景被浓墨重彩的描绘出来
小町路

在特集中有所介绍!

小町路 → P.28
ca ca o

若宫大路 → P.30
镰仓手工坊 镰仓本店

若宫大路 → P.30
nugoo nuguu 二之鸟居

小町路 → P.30
相模屋酒店

若宫大路 → P.31
镰仓红谷 八幡宫前本店

4 **簪子**
1296日元
色彩艳丽的玻璃制簪子。也有戒指，项链
若宫大路

6 **镰仓西式泡菜各种蔬菜**
370克 1620日元
保质期/从生产日期起2个月
小町路

用在镰仓采摘的数种蔬菜而腌制的泡菜。首次推荐

红心萝卜嘎吱嘎吱的口感和清脆的花椰菜的组合

6 **红心萝卜&花椰菜**
230g950日元
保质期/从生产日期起2个月
小町路

带有大大的杯柄的马克杯。桃色和青绿色的马克杯是店家的独创

5 **马克杯**
各1296日元
小町路

5 **镰仓抹布**
各432日元
用蚊帐的材料制作的结实的抹布。花样是店内独创
小町路

玻璃制的动物摆设的组合，也令人乐此不疲

4 **这朵花，给你白猫黑猫**
各648日元
若宫大路

---

6 口味温和的西式泡菜

小町路

镰仓蔬菜工房

●かまくらやさいこうぼう

0467-55-9628

MAP 附录②P.11 B-2

休无休 L11:00～19:00 所镰仓市小町2-12-27 鹤冈会馆1楼 25A 交JR镰仓站东口出发步行5分钟 P无

5 国产生活用品，品类齐全

小町路

SEITA PLUS

●セイタプラス

0467-84-7766

MAP 附录②P.11 B-4

休无休 L9:30～18:30 所镰仓市小町1-7-3 交JR镰仓站东口附近 P无

4 许多精致的玻璃制品

若宫大路

镰仓bi～··doro若宫大路

●かまくらび～‥どろわかみやおおじてん

0467-61-3332

MAP 附录②P.11 C-1

休无休 L9:30～18:30 所镰仓市雪之下1-8-38 交JR镰仓市东口出发步行7分钟 P无

3 许多可爱的和风物品

小町路

镰仓kururi

●かまくらくるり

0467-39-5554

MAP 附录②P.11 B-3

休无休 L10:00～19:00 4镰仓市小町2-9-3 交JR镰仓站东口出发步行3分钟 P无

2 使用精致和纸的小物件杂货

小町路

社头

●しゃとう

0467-22-2601

MAP 附录②P.11 B-2

休不定期休息 L10:00～18:00 所镰仓市小町2-7-26 交JR镰仓站东口出发步行5分钟 P无

1 获得全国果子大博览会金赏·大赏的手工糖果

小町路

镰仓饴源

●かまくらあめげん

0467-23-7310

MAP 附录②P.11 B-3

休不定期休息 L11:00～18:00 所镰仓市小町2-11-11 大谷大楼2楼 交JR镰仓站东口出发步行5分钟 P无

8 **名片夹**
1080日元
和风花纹的布制名片夹。朴素的色调，又不失时髦

小町路

若宫大路

7 **鸠三郎** 500日元
和鸽子形状的奶油甜饼干一模一样的吊件。背面刻有“鸠三郎”

7 **鸽牌**
1600日元
以鸽子形状的奶油甜饼干为形状的纸牌。每个卡牌都有不同的插图

背面与原物一模一样

若宫大路

小町路

8 **圆底手提包**
各4266日元
采用特定的帆布制作而成的多功能手提包。圆形包底的风格十分可爱

在 小町路&如宫大路

买只有镰仓才有的东西或和果子，留下回忆吧！

小町路和若宫大路可谓是伴手礼店的宝库。去买一些可爱的物件以及美味的和果子等，以镰仓味道为主题的东西吧

11 **T恤**
3240日元
印有“KAMAKURA CITY”的logo的人气商品

小町路

10 **黑芝麻黄豆粉**
270日元
碎芝麻与黄豆粉包裹着花生，这样的风味浓厚的豆果子
保质期/自生产日起2个月

小町路

小町路

10 **小町豆**
216日元
5色的豆果子。白色和绿色的是砂糖味，黑的是竹炭味，红的是紫苏味，黄的是柚子味
保质期/自生产日起2个月

9 **黑芝麻豆腐**
422日元
花生糖果包上黑芝麻，突出了芝麻的香味
保质期/自生产日起90天

若宫大路

11 **TRIP咖啡包**
各194日元
附有独创插图的滴灌式咖啡包

小町路

---

11 充满创意的特色镰仓特产
小町路
WELKAM
●ウェルカム
☎0467-23-0771
MAP 附录②P.11 B-1
休无休 L10:00～18:00 所镰仓市雪之下1-4-26 Well House1楼 交JR镰仓市东口出发步行7分钟 P无

10 出售约70种豆果子
小町路
镰仓豆屋
●かまくらまめや
0120-39-5402(本社)
MAP 附录②P.11 B-2
休无休 L10:00～18:00 所镰仓市雪之下1-5-38 交JR镰仓市东口出发步行5分钟 P无

9 个性丰富的花林糖和豆果子
若宫大路
镰仓Karinkoron
●かまくらかりんころん
☎0467-22-1821
MAP 附录②P.11 C-2
休无休 L9:30～18:30 所镰仓市小町2-12-26 交JR镰仓市东口出发步行5分钟 P无

8 帆布材料，现代风格！
小町路
镰仓帆布巾
●かまくらはんぷきん
☎0467-23-8982
MAP 附录②P.11 B-3
休不定期休息 L9:30～18:00 所镰仓市小町2-8-4 交JR镰仓市东口出发步行5分钟 P无

7 经常光顾的卖“鸽子奶油甜饼干”的老店
若宫大路
丰岛屋 总店
●としまやほんてん
☎0467-25-0810
MAP 附录②P.11 C-3
休星期三(节假日场合营业) L9:00～19:00 所镰仓市小町2-11-19 交JR镰仓市东口出发步行4分钟 P无

镰仓观光主要区域

鹤冈八幡宫 小町路

区域指南

●つるがおかはちまんぐう・こまちどおり

永远都有许多观光客而热闹非凡的鹤冈八幡宫以及各种商店林立的小町路，是镰仓观光的中心地。与小町路并列的若宫大路也受到游客瞩目。

附录②MAP P.10•11

附录—特集介绍！

MAP 附录②P.11 B-3

甘处akane

●あまどころあかね

0467-23-0667 咖啡

有名的煮小豆，吃一次还想吃！

这是位于小町路小巷里的甜品店。特色餐点是用黑糖将北海道十胜产的大纳言小豆煮的松软可口的“煮小豆”。冻糕、奶油糯米丸子、矶边烧也很有人气。

休星期四（节假日的场合营业） L13:00～16:30（L.O.）、周末和节假日12:00～ 所镰仓市小町2-10-10 交JR镰仓站东口出发步行4分钟 P无

煮小豆与煎茶套餐 900日元。烘培茶700日元，糙米茶800日元

MAP 附录②P.11 B-3

镰仓乃猫头鹰之森

●かまくらのフクロウのもり

0467-22-8977 游玩

可以与真正的猫头鹰相互接触

在再现接近自然景观的森林中，可以遇见大小不同的猫头鹰。也可以抚摸猫头鹰，以及让它们降落在自己的手边。

休无休 L10:00～17:30 ¥600日元、小学生以下300日元 所镰仓市小町2-10-1 松喜屋小町大楼3楼 交JR镰仓站东口出发步行2分钟 P无

如果在喧闹中感到疲惫，来这里被治愈吧

MAP 附录②P.11 B-2

Mikado咖啡镰仓店

●ミカドこーひーかまくらてん

0467-25-0722 咖啡

喝一杯特色的咖啡，稍稍休息

精选咖啡豆、自家烘培的咖啡，推荐搭配季节的松糕或是芝士蛋糕。“摩卡冰淇淋”（430日元），外带350日元。

休无休 L10:00～17:30（闭店is18:00）（因时期不同而异） 所镰仓市雪之下1-5-37 交JR镰仓站东口出发步行6分钟 P无

与咖啡搭配的套餐——蛋糕套餐1000日元

MAP 附录②P.11 B-4

Iwata咖啡店

●イワタコーヒーてん

0467-22-2689 咖啡

特色是厚度3cm的薄烤饼

1948年开业的老字号咖啡馆。厚度3厘米的“薄烤饼”很受顾客欢迎，和口味醇厚的“iwata混成咖啡”（600）搭配也十分出众。

休星期二，第二个星期三 L10:00～17:30（L.O.、薄烤饼L.O.17:00） 所镰仓市小町1-5-7 交JR镰仓站东口附近 P无

表面松脆，里面松软的薄煎饼800日元

MAP 附录②P.10 H-2

宝戒寺

●ほうかいじ

0467-22-5512 观光

北条一族的寺院，欣赏白萩

别名“萩寺”，因白萩盛开而著称的北条一族的寺院。安置着木造地藏菩萨像。

休无休 L8:00～16:30 ¥参拜费用100日元 所镰仓市小町3-5-22 交JR镰仓站东口出发徒步15分钟 P无

从9月中旬到下旬迎来观赏白萩的时期

MAP 附录②P.11 C-3

镰仓御饭 海月

●かまくらごはんうみづき

0467-24-9335 用餐

使用自家菜园采摘的无农药蔬菜

用自家菜园采摘的无农药蔬菜制作的料理，好评如潮。白天除了用特产镰仓蔬菜烹饪的“海月家常菜”，还有“鱼御膳”（1404日元）。

休星期二 L11:30～14:30（15:00关门）、17:30～22:30（23:00关门） 所镰仓市小町2-10-11 1楼 交JR镰仓站东口出发步行5分钟 P无

海月家常菜 1620日元，可以每天品尝不同口味

MAP 附录②P.11 C-3

山里 段葛店

●やまさとだんかずらてん

0467-24-9244 咖啡

精心制作的绝味甜点，美味绝伦

位于若宫大路沿街的手工制作的甜品名店。自开业40多年以来一直保持着的味道，人人称道，吸引多数熟客的光临。

休无休 L11:00～18:30（L.O.）、冬季～18:00（L.O.） 所镰仓市小町2-10-18 二之鸟居大楼1楼 交JR镰仓站东口出发步行3分钟 P无

抹茶奶油馅蜜 780日元

MAP 附录②P.11 A-1

镰仓市川喜多映画纪念馆

●かまくらしかわきたえいがきねんかん

0467-23-2500 观光

展示贵重的电影资料

这是在川喜多长政、kasiko夫妻的旧宅遗迹上建造的纪念馆。也会开展一些电影资料的展示或上映等活动。

休星期日（节假日的场合在第二天休息） L9:00～16:30（17:00关门） ¥200日元～、小·中学生100日元～（特别展、电影鉴赏另付） 所镰仓市雪之下2-2-12 交JR镰仓站东口出发步行8分钟 P无

建筑物是平房建筑的和风建筑，是茶室式雅致建筑

MAP 附录②P.11 B-2

TERRA DELI
●テラデリ
0467-23-9756 用餐

可以品尝到健康的家常菜

用时令食材烹饪的健康料理，既可以带出去吃，也可以在咖啡店享用。除了日式以及西式的家常菜，饮料也品类繁多，同时推荐饮用咖啡。

休星期二 L11:00～18:00、午餐11:00～14:30(L.O.)
所镰仓市小町2-8-23 1楼
JR镰仓站东口出发步行5分钟 P无

筷子拼盘 1447日元。有九种和风家常菜

MAP 附录②P.11 C-4

茶舍 井上
●さりょういのうえ
0467-23-3112 用餐

老字号鱼糕店经营的日式料理店

1931年开业的老字号井上蒲鉾店所经营的日式料理和甜食店。在这里，可以品尝到同店制作的关东煮以及许多小菜的便当等。

休星期一（节假日时第二天休息）
L11:00～17:30(18:00关门) 所镰仓市小町1-4-4 2楼
JR镰仓站东口附近 P无

关东煮和茶饭 830日语。其中加入小判扬等

MAP 附录②P.12 G-5

XROSK
●クロスケ
50-0043 用餐

自酿啤酒和Pinchos很受欢迎

大量使用当地食材的创作料理店。白天午饭可以吃到“湘南蔬菜午餐”(890日元)。夜晚作为啤酒酒吧，7种自酿啤酒和Pinchos是人气商品。

休不定期休息 L11:00～14:00(L.O.)、17:00～22:00(23:00关门) 所镰仓市小町1-4-24-102 起业广场1楼
JR镰仓站东口附近 P无

Pinchos1个250日元

MAP 附录②P.11 B-4

画廊雅
●ギャラリーみやび
0467-22-1615 购物

人气第一的土特产店

在超过100种的特色商品中，集聚了各种镰仓限定品。“镰仓筷子”(50日元)或“高级筷子2双”(380日元)等镰仓特产都是非常便宜就能买到手的。

休无休 L10:00～19:00 所镰仓市小町1-5-8
JR镰仓站东口附近 P无

品种齐全且丰富。人气商品镰仓筷子均一价50日元，价格合理

MAP 附录②P.10 F-4

Ile du chocolat
0467-60-4885 购物

做成鱼类和贝类形状的外观可爱的烤制点心

出售正宗法式巧克力与鲜点心、烤制点心。店头罗列着鱼类贝类形状的巧克力等甜点，外观招人喜爱。

休无休 L10:00～19:00 所镰仓市小町1-3-7
JR镰仓站东口出发步行3分钟 P无

油酥蛋糕各180日元。鱼形poisson是诺曼底风味的

MAP 附录②P.11 C-3

PIZZERIA BAR NAPOLI镰仓
●ピッツェリアバールナポリかまくら
0467-24-5491 用餐

可以通过体感感受PIZZERIA BAR

在这家店感受Napoli的PIZZERIA BAR，到处充满明快的笑声。可以轻松享用窑烧比萨，以及使用三浦、镰仓的蔬菜制作的正宗意大利料理。

休无休 L11:00～21:30(22:00关门) 所镰仓市小町2-12-30 BM大厦B1楼 JR镰仓站东口出发步行7分钟 P无

午餐时间比萨套餐 1200日元起

MAP 附录②P.11 B-3

镰仓源氏庵
●かまくらげんじあん
0467-53-8898 购物

种类丰富的豆果子，土特产
小町路具有人气的豆果子专卖店。以招牌商品“加入蜂蜜的煮花生”为首，到清脆口感、美味十足的“小矶豆”等，口味丰富品种繁多。

休无休 L10:00～18:00(双休日营业至19:00)
所镰仓市小町2-2-22 JR镰仓站东口附近
P无

可以试吃一下，所以可以选自己喜欢的口味

MAP 附录②P.11 C-2

镰仓Woodberry's+
●かまくらウッドベリーズプラス
0467-25-3993 购物

使用新鲜酸奶制作的甜点
使用自己发酵的酸奶，可以品尝到新鲜的冻酸奶。包括季节限定，有10种以上的风味，每种都有显著的水果味。

休无 休 L10:00～18:00(冬季平常是11:00～17:30)
所镰仓市雪之下1-9-27汤浅物产馆1楼 JR镰仓站东口出发步行6分钟 P无

新鲜冻酸奶S size 380日元380日元～

MAP 附录②P.11 D-1

美铃
●みすず
0467-25-0364 购物

用和果子完美地展现四季
这家老店将和果子批发给鹤冈八幡宫的茶会。上等和果子每月都有变化，令人感到季节感。基本上都是预约售卖的，所以购买时请事先预约。

休星期二 L9:00～18:00 所镰仓市小町3-3-13
JR镰仓站东口出发步行10分钟 P无

上等和果子什锦（6种熬切豆沙点心）1684日元

MAP 附录②P.11 B-3

镰仓火腿富冈商会小町总店
●かまくらハムとみおかしょうかいこまちほんてん
0467-25-1864 购物

镰仓发祥的老店制作的火腿
1900年开业至今，在镰仓一直制作火腿或香肠的老店。作为礼物，推荐根据技术熟练的手艺人的传统制法而制作出的火腿。

休无休 L10:00～19:00
所镰仓市小町2-2-19
JR镰仓站东口出发步行3分钟 P无

镰仓布卷生烤火腿 一根650克 可装入化妆箱的大小）5400日元

店内多数排列着手工制作的火腿或香肠

MAP 附录②P.11 C-2

神户旅靴屋 镰仓店
●こうべたびくつやかまくらてん
0467-33-4615 购物

经营走起来舒服穿起来方便的鞋子
这家商店主要经营工艺人手工制作的舒适鞋子。柔软的皮革制作的鞋子走起来舒服、穿起来方便，所以在镰仓散步建议穿着这种鞋。

休不定期休息 L10:30～18:00(周末、节假日经营到19:00) 所镰仓市小町2-12-21 JR镰仓站东口出发步行10分钟 P无

有许多风格可爱的鞋子

MAP 附录②P.11 B-1

Good Bee-hive
●グッドビーハイブ
080-8169-9333 购物

用讲究的食材做出的刚烤好的华夫饼
2014年2月开业的华夫饼专卖店。手烤的华夫饼有蜂蜜的甜香味，令人食欲大振。配品也多种多样，来尽情尝一下吧。

休星期一（节日时第二天休息） L10:00～17:30
所镰仓市雪之下1-7-7
JR镰仓站东口出发步行7分钟 P无

酸味与甜味绝妙交织的“木莓”550日元

MAP 附录②P11. B-3

镰仓一番屋小町店
●かまくらいちばんやこまちてん
0467-22-6156 购物

可以品尝到刚做好的薄饼干
这家薄饼干店从1片开始售卖手烤的薄饼干 。由于在店头正在一片又一片的烤着，酱油的香味满溢。

休无 休 L10:00～18:30(薄饼干的店头贩卖至17:00)
所镰仓市小町2-7-36 JR镰仓站东口出发步行5分钟
P无

店门口排列着各种各样的薄饼干

MAP 附录②P11. C-2

镰仓OVALE
●かまくらオヴァール
0467-23-1815 购物

招牌菜单，软冰淇淋
名产有口感爽滑的冰淇凌“烧焦的奶油”（1296日元）。同样，在店内也可以尝到用这烧焦的奶油做成的软冰激凌。1天可以卖出600个。

休无休 L11:00～18:00(18:30关门) 所镰仓市雪之下11-9-22 JR镰仓站东口出发步行8分钟 P无

烧焦软冰淇凌 395日元

MAP 附录②P.11 B-2

筷子专卖店和raku
●はしせんもんてんわらく
0467-24-0463 购物

在筷子专卖店自己挑选礼物
精挑细选的漆筷有800种以上，从平常使用的筷子到高级筷子，涵盖范围很广。有意愿的话，也有服务（免费）可以在筷子上雕刻名字。

休无休
L10:00～17:30(周末、节假日营业至18:00)
所镰仓市雪之下1-6-28
JR镰仓站东口出发步行7分钟
P无

有美丽的镰仓雕刻的“筷子”各1240日元，“筷子袋”各1080日元起

column

镰仓的厨房 在日本第一个市场买东西

本土气息 去看一下连卖吧!

将刚采摘的蔬菜拿来卖的镰仓市农协连即卖所，通称“连卖”，受广大镰仓市民喜爱。观光途中就顺便来轻松地看一次吧。

也有远道而来的专业厨师来买

\ 通称“连卖” /

镰仓市农协连即卖所

●かまくらしのうきょうれんそくばいじょ

0467-44-3851
（JA相模镰仓地区运营委员会事务局）

MAP 附录②P.10 F-4

休 无休 L 8:00至日落 所 镰仓市雪之下1-13-10 交 JR镰仓站东口出发步行4分钟 P 无

↑离镰仓站很近，可以轻松到达

可以和生产者直接交流是魅力所在

连卖，是镰仓市内以及近郊的生产者轮流按小组贩卖四季收获的蔬菜的场所。从1928年开始运营，被称作日本第一个市场。除了价格合理，生产者还会直接告诉你蔬菜的信息以及好吃的做法，也是一大魅力。由于谁都可以在这里买东西，所以建议可以买一些镰仓蔬菜回去做礼物。

种类繁多，令人自豪 何谓镰仓蔬菜?

这是指镰仓近郊农家所栽培的蔬菜。极力控制化学肥料或农药，特征是少量多品种地栽培西洋蔬菜。也有许多品种独特的野菜，展示如下。

黑甘蓝（12月至次年2月）
菜叶深绿的甘蓝，特征是形状皱缩

菖蒲根茎（5~7月、10~12月）
根茎外紫内白。比普通的根茎更大，有嚼劲

茎蓝（6~7月、10~12月）
食用圆形茎部分的蔬菜。特征是味道近似西兰花芯

奶油胡桃（6~9月）
果肉为橙色的南瓜。特征是味道像胡桃

紫薯（10月至次年1月）
深紫色，比甘薯含有更多的花青素，并且更甜

\ 轻松买到手 /

↑镰仓近郊生产者直接贩卖

↑时令蔬菜品种丰富，排列在眼前

↑也有生产者自制的腌菜或切好的菜

在这里，可以吃到镰仓蔬菜!

ESSELUNGA	P.26	北镰仓 Nuku Ichi	P.26
Rans kamakura	P.26	OSHINO	P.26
Brasserie 雪之下	P.26	镰仓donburi咖啡馆bowls	P.26

\ 和连卖相连接! / 顺便也去一下镰仓中央食品市场

在和连卖相联系的镰仓中央食品市场，有一些独特商店。接下来就介绍一下其中3家代表商店。

口感十足的面包，令人十分满足

PARADISE ALLEY BREAD & CO.

无

销售用自家制的天然酵母发酵烘烤的面包，口感十足。也可以在店内用餐。

休 不定期休息 L 9:00~19:00（周末、节假日7:30~19:30） 所 镰仓市小町1-13-10 交 JR镰仓站东口出发步行4分钟 P 无

↑油橄榄福卡恰（上）350日元~，夹心面包200日元

自然风味的松糕

镰仓chiffon

●かまくらしふぉん

0467-23-1833
MAP 附录②P.10 F-4

售卖无添加材料、精选的松糕。其自然的风味十分受欢迎。

休 星期日、星期一 L 10:00~17:30（卖完就关店） 所 镰仓市小町1-13-10 交 JR镰仓站东口出发步行4分钟 P 无

↑一切块280日元。一整条1680日元

人气香草店

Heartsease

●ハーツイーズ

0467-23-8240
MAP 附录②P.10 F-4

这家商店，经营各种芳香精油等日常易用到的香草，也销售香草苗。

休 不定期休息 L 10:30~18:00 所 镰仓市小町1-13-10 交 JR镰仓站东口出发步行4分钟 P 无

←“温和接骨木花”1620日元
←薰衣草精油3672日元

镰仓站西口（かまくらえきにしぐち）

御成路（おなりどおり）·钱洗弁财天（ぜにあらいべんざいてん）

传统观光点，有钱洗弁财天的地方。至今为止，也作为当地人常经过的街道，随着附近一些时尚的咖啡店以及杂货店相继开业，逐渐受到人们关注。

在这个区域想做的事

镰仓站西口的商店街 在御成路购物

←从以前就有的家常菜馆到普遍的杂货店，各种商店鳞次栉比

祈祷财运亨通

←用于源赖朝公有关的灵水洗涤钱财，祈愿一下商业兴隆等财运亨通吧

区域指南

从镰仓站出发的路线

镰仓站

- 钱洗弁财天 步行20分钟 →P.60
- 御成路 步行1分钟 →P.29·66

这样的地方

当地人齐聚一地 充满本土气息是魅力所在

即便在西口区域内部，像钱洗弁财天周边北侧，也有一些区域寺庙林立，充满古都风光。另一方面，南侧是以御成路为中心的繁华街。没有像车站另一侧的小町路一样的喧闹，当地人来人往，不断穿梭，空气中流淌着略微温暖的气息。在这样的氛围中既和谐又具有个性的新店不断诞生。

START 镰仓站 西口

步行20分钟

10:00 ① 钱洗弁财天
在这里可以得到财运亨通的降福

→ P.60

步行15分钟

12:00 ② GARDEN HOUSE
在这里享用豪华午餐

→ P.64

步行5分钟

13:30 ③ pieni kröne
在这里可以买到北欧杂货

→ P.66

步行2分钟

14:00 ④ KIBIYA面包房
在这里买一些面包回去作为伴手礼

→ P.67

步行2分钟

15:00 ⑤ Kurepukokuriko御成路店
稍作休息

→ P.66

步行2分钟

GOAL 镰仓站 西口

推荐观光季

9月中旬至下旬，11月下旬至12月上旬

9月，海藏寺的萩和英胜寺的彼岸花皆值得一观。从11月下旬开始进入赏红叶的季节，源氏山公园或净光明寺皆是观赏红叶的好地方。

步行指南

从镰仓站到钱洗弁财天步行约20分钟

在钱洗弁财天或源氏山公园周边，是一直延续下去的陡坡。从镰仓站出发步行约20分钟，所以请穿适合步行的衣服或鞋子。虽然道路狭窄，但车流量较多，所以走路时请注意交通安全。有效路线是先参观钱洗弁财天，之后再去车站周围的饮食店。

区域MAP

将为你介绍这片观光区！

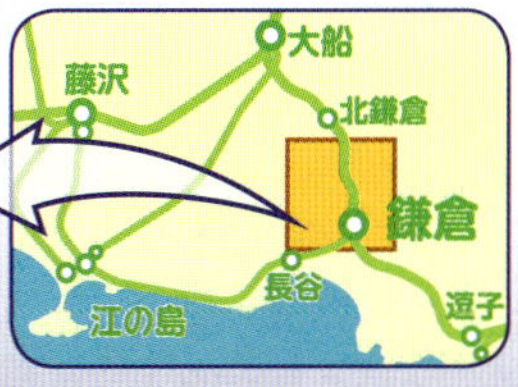

鹤冈八幡宫·小町路 P.40
镰仓站西口 御成路·钱洗弁财天 P.58
长谷·由比滨 长谷寺·镰仓大佛 P.70
北镰仓 圆觉寺·建长寺 P.84
金泽街道·二阶堂 报国寺 P.98
大町·材木座 P.106
稻村崎·七里滨 P.114

ぜにあらいべんざいてん・うがふくじんじゃ

钱洗弁财天 宇贺福神社 祈愿财运亨通

用灵水洗钱 招来幸运吧

用灵水洗钱，可以祈求家族繁荣、生意兴隆、财运亨通。因为好评如潮，所以在宇贺神之日来此参拜的人们，不论男女老幼，人数众多。钱洗弁财天则是在镰仓也拥有很高人气的参拜点。从镰仓站西口到钱洗弁财天途中，到处是通向钱洗弁财天的指示。有的是在看板上，也有的出现在道路上。由于镰仓通向终点的道路有很多，在攀爬陡坡时，有石造的鸟居，弁财天入口的隧道就映入眼帘。钱洗弁财天到佐助稻荷较近，然而在战前，穿过佐助稻荷的道路是原本的参道。现在的隧道已经无法通过洞窟了（参照小贴士p61）。

参观指南

参观所需时间 40分钟

参观费 免费

参观时间 8:00~16:30

祈愿 愿望实现、财运、生意兴隆

可观赏花卉

苦苣苔

☎0467-25-1081 休无休 所镰仓市佐助2-25-16 交JR镰仓站西口出发步行20分钟 P10个停车位

MAP附录②P.12 E-2

\也不要忘了这个!/

御守·降福商品

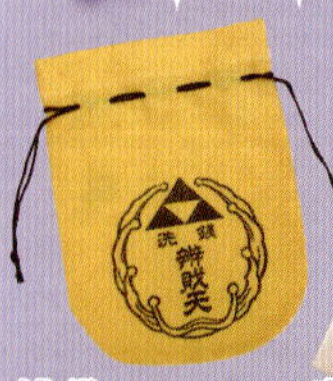

钱袋
300 日元
↑对放入用灵水洗过的钱并小心守护的人来说，是重要的钱袋

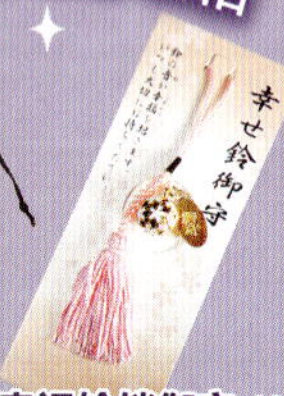

幸运铃铛御守 400 日元
↗据说铃声可以招来福气。走路时带起铃铛一起响，会有幸运降临

快来收集吧!

御朱印

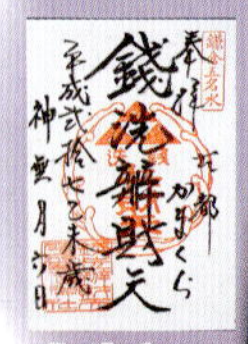

御朱印
300 日元

御朱印帐
1000 日元
←烫金的纹样是三鳞。和蛇的鳞片很像，也是北条家族的家徽

\一起结伴同行!/

祭祀

- 1月初巳日　钱洗弁天祭
- 4月初巳日　例大祭
- 9月初巳日　例大祭
- 每月巳日　庙会日

北条时赖

他作为第五代北条家族的掌权人，执权期间令政治稳定。最具威胁的三浦一族的灭亡，进一步加强了北条氏的独裁。另一方面，他也致力于保护农民，从而获取民心，可以从建造北镰仓建长寺这件事上看出来。

\原来如此!/

历史

源赖朝在正值巳年的1185年巳月巳刻做了一个梦。而源赖朝如同被梦指引一般，发现了从佐助谷岩石中涌出的灵水，于是在那里建立宗祠祭祀宇贺神。这便是宇贺福神社的由来。随着时代不断推移，五代执权北条时赖在巳年的1257年，用这里的灵水洗钱，祈求一族繁荣——这便是洗钱祈愿的由来。而宇贺神与弁财天结合成为钱洗弁财天宇贺福神社。

出现在日本神话中的神

本社

●ほんしゃ

祭祀着出现在日本神话中的水神·市杵岛姬命。市杵岛姬命相当于与蛇之神弁财天调和的神明。

伫立在境内的水神

上之水神宫

●かみのみずじんぐう

登上本社右手边的台阶就可看到。与下之水神宫一样供奉水神，是攀附自然的岩石表面建造的。

参拜祭祀水神的神社

下之水神宫

●しものみずじんぐう

渡过红色桥梁就是下之水神宫。水神水波卖神作为宇贺福神社引水口的守护神，被人供奉着。

灵水洗钱，招来财运

奥宫

●おくみや

必看景点

位于本社侧面的洞窟便是奥宫，穿过入口之后，就是巨大的岩屋洞窟，祭祀着宇贺神和弁财天。从这里涌出的灵水叫做洗钱水，是镰仓五大名水之一。用灵水洗钱的话，据说可以令生意兴隆、财运亨通、财源广进，因此不断有人来洗钱。特别是在宇贺福神社的庙会日即巳日，这一天尤为热闹。

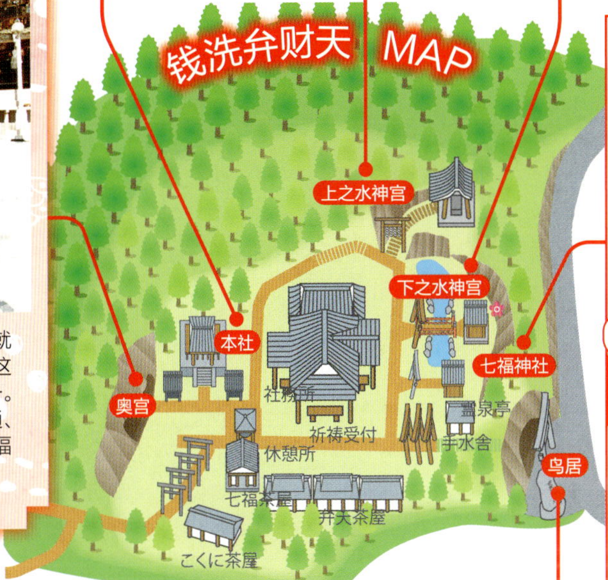

真想得到神明的降福

七福神社

●しちふくじんじゃ

穿过入口的隧道，右手边就是，在这里供奉着日本有人气的七福神，即大黑天、弁财天、毗沙门天等神明。有许多人来这里和奥宫一起参拜。

赏花好去处

✿=赏花场所

苦苣苔 6月下旬至7月上旬

境内的岩石表面

苦苣苔喜欢生长在潮湿的岩石表面，因此造就了钱洗弁财天的好环境。叶子新鲜水灵、苍翠欲滴，紫色花朵小巧玲珑、令人怜爱。

小贴士

曾经的入口在反向一侧

由于参拜后在洞窟里休息的人不断增加，于是就钻洞挖出一个隧道。现在这边是主要入口。

这个纹样是什么？

三麟纹样是北条家的家徽。三角形近似蛇鳞，所以这个纹样也与人头蛇身的宇贺福神社有很深渊源。

隧道前的鸟居是入口

鸟居

●とりい

与前往佐助稻荷的道路分开，向钱洗弁财天前进的话，就会看到险要的坡道。俯看下面，是一片令人想起农村风景的田地。写着宇贺福神社的石头以及鸟居就是入口的标志。

穿过隧道还有鸟居!!

增加福气的参拜方法

用灵水洗钱的话会生意兴隆，提高财运。来正确参拜，招来幸运吧。

1 在社务所购买线香和蜡烛

参拜前洗手净化身体之后，用100日元购买一套供奉用的蜡烛和线香。为了便于洗钱，把竹筛也一起借了。

2 参拜本社

在本社侧面的蜡烛台上供上蜡烛。点燃线香，靠近线香台让烟净化身体，如此一来才算完全参拜完本社。

3 前往奥宫岩窟中

神社位于洞窟内右手边，参拜完之后就可以前往流出灵水的地方。涌出灵水的洞窟到处充满着天地灵气。

4 用灵水净化钱财

终于可以洗钱了，将钱放在竹筛上，用舀子舀灵水清洗钱财。不需要将灵水哗啦倾倒而下，浇到钱就可以了。

5 擦好放回结束

将洗好的钱用手帕擦拭干净放回钱包，竹筛放回规定的地方。据说使用洗过的钱更能招来福气。

佐助稻荷神社 精力填充

さすけいなりじんじゃ

必看景点

灵狐泉

涌出神水的神圣地

●れいこせん

自古以来就被赞为神水，是滋润山脚下田地的水源之一。被称作灵狐泉，据说现在仍有人将这泉水放在神棚上供奉。

本殿

朱漆的鸟居和被旗帜守护的石阶

●ほんでん

登上被朱漆的鸟居所包围的石阶，就可以看到本殿和社务所。这里被包围在山野独特的寂静氛围中。

引导赖朝出阵的隐世神社

也被称作"出世稻荷"，离钱洗弁财天很近，前来参拜的人很多。在山谷中朱漆的鸟居沿着台阶一直延伸。台阶尽头，本殿就坐落在这。日暮降临，与朱漆的鸟居交相辉映，四周充满静谧幽玄的气氛。本殿左手方位的山道连接着通向大佛的道路。

快来收集吧！御朱印

御朱印 300日元

历史 & 祭祀

源赖朝来到伊豆时，在梦中见到神明并得到举兵的提示。源赖朝果然如梦中出现的一样举兵，并在源平合战中获得大胜，于是在建久年间再建社殿，即佐助稻荷神社。由于赖朝的官名叫"佐殿"，所以这座神社就被命名为"佐助"。这里被称作隐居之地，也有说法是赖朝为躲避平氏追踪的藏身之处。

●2月初午之日 初午祭
●5月18日 十一面观音开龛

参观指南

参观所需时间 20分钟
参观费 免费
参观时间 境内自由
祈愿
出世、工作、结缘

0467-22-4711 所镰仓市佐助2-22-10 JR镰仓站西口出发步行20分钟 P无

MAP 附录②P.12 D-3

在海藏寺赏花

かいぞうじ

必看景点

佛殿

供奉市文化财产指定的药师三尊像

●ぶつでん

进入山门，左手边便可看到佛殿。中央是本尊的药师如来像，两边安置着日光菩萨像、月光菩萨像。是1776年从北镰仓净智寺迁移过来的。

底脱之井

汲水桶的桶底脱落

●そこぬけのい

由来于一首歌谣，说是武将的女儿为准备晚餐打水的时候，桶底脱落，同时心灵也得到顿悟。

十六之井

向观音菩萨像祈愿 镰仓时代的井户

●じゅうろくのい

岩窟内的十六的洞穴每个都装满水。井直径70cm，深40～50cm。

赏花好去处

花菖蒲 5月下旬至6月中旬

本堂建筑物附近

沿着建筑一角盛开。每逢雨季，色泽更加艳丽。犹如梅雨时节的花朵。

萩 9月中旬至下旬

山门前的台阶

在山门前的石台阶两侧争相怒放。即便在镰仓也是屈指可数的萩之胜地。

历史

1394年，奉足利氏满之命，由上杉氏定再建，即现在的海藏禅寺。原本在1253年在真言宗的寺庙基础上建造七堂伽蓝，但在1333年镰仓幕府灭亡的时候被烧毁，之后才由上杉氏定再建。

水之缘深厚 境内花美丽

位于安静的住宅街尽头。在参拜的人群中，梅花和秋天的胡枝子等四季的花卉十分受欢迎。在山门右手处是镰仓十井之一的底脱之井，位于境内南边角落的岩窟中的是十六之井。本堂与库里背后的庭园，岩石以心字池为中心巧妙排列着。现在的建筑布局基本上与1791年所描绘的境内图一样。

快来收集吧！御朱印

御朱印 300日元

参观指南

参观所需时间 30分钟
参观费 100日元
参观时间 9:30～16:00
可观赏花卉
花菖蒲、胡枝子、凌霄花、棣棠

0467-22-3175 休无休 所镰仓市扇谷4-18-8 JR镰仓站西口出发步行20分钟 P20个停车位

MAP 附录②P.12 E-1

尼姑庵 英胜寺 散步

えいしょうじ

快来收集吧！

御朱印

御朱印 300日元

必看景点

直线构成的房顶的形状

佛殿 ●ぶつでん

特征是在房檐设计上独具匠心，房檐线不弯曲。房檐下装饰的子、丑、寅等十二支令人印象深刻。令人无法忽视。

有趣的干支雕刻

可以看到雕刻在这里的十二支，形象生动。

扩大到库里门前

竹林 ●ちくりん

有一条散步的道路，周边一片静谧，令人无法想到横须路线就行驶在附近，竹叶的沙沙声令人心旷神怡。

赏花好去处

彼岸花 9月中旬至下旬

佛殿前的庭院灯

作为赏花胜地，每年花季来临，都会有人前来赏花。庭园被染红一片。

紫藤花 4月下旬至5月上旬

书院前

紫藤架上的花是白色的。虽紫藤花多为紫色，但这里的是白花，并在阳光下熠熠

历史

现在镰仓唯一的尼姑庵。作为跟水户、德川有渊源的寺院，是1636年由德川家康德侧室御梶之方在太田道灌的房屋遗址上建立的。之后，水户家的姬君担任主持。

御梶之方

德川家康的侧室，由于可以招来幸运，之后被称为御胜之方。家康死后，出家为英胜院建造英胜寺。

季节的花卉、竹林以及作为重要文化财产的建筑

佛殿、山门、唐门、钟楼等皆是江户时代宽永年间的建筑，也是国家级或县级重要文化财产。在关东大地震中遭受倒塌等巨大破坏的山门，在有志之士组织的振兴事业下于2011年5月在境内重修恢复。境内的竹林有可以散步的道路，极为开阔，还有作为彼岸花的赏花胜地而闻名遐迩，其他各个季节的花朵也缤纷多彩。

参观指南

参观所需时间	30分钟
参观费	300日元
参观时间	9:30~16:00

祈愿

紫阳花、百子莲、彼岸花、紫藤花

📞0467-22-3534 休木曜
所镰仓市扇谷1-16-3 🚃JR镰仓站西口出发步行12分钟 P无

MAP附录②P.12 G-3

参观静寂的 寿福寺

じゅふくじ

必看景点

在美丽的草坪深处建造

佛殿 ●ぶつでん

由于非公开，仅能通过中门看见佛殿。佛殿是1664年重新改建的，殿内置放三尊释迦本尊佛像。

踩在美丽的石板路上

参道 ●さんどう

用御影石铺成的参道在镰仓也是屈指可数的一道美景。两侧的行道树以及各个季节的花草缤纷多彩。

也能望见夕阳的墙和天井

北条政子和源实朝的墓 ●ほうじょうまさことみなもとのさねとものはか

传言位于后山墓地的高台前建有北条正子和源实朝的墓，即五轮塔。

紧张入山

正门 ●そうもん

站在正门下，稍稍欣赏一下通向中门的石板路，这美景不禁令人想深入其中。

快来收集吧！

御朱印

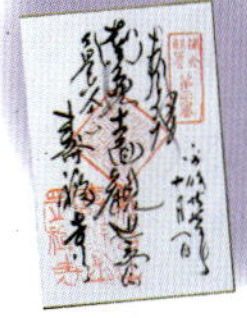

御朱印 300日元

历史

源赖朝死后，1200年北条政子令荣西和尚作为开山鼻祖建立寿福寺。寿福寺的一些场所是以源氏山为背景，也是赖朝父亲故居所在的源氏家地盘。这里作为名刹曾有数位有名僧人入寺。作为临济宗建长寺派是镰仓五山的第三位。

北条政子

北条时政的女儿，她作为赖朝的妻子，为镰仓幕府的成立于发展鞠躬尽瘁。在赖朝死后，发挥极大的力量，留下“尼姑将军”之名。

凛冽境内，镰仓五山第三位

从正门开始，御影石铺的道路一直延续到中门，两侧皆是各个季节的花花草草。如今佛殿的内部一般不对外开放，所以只能从中门观看佛殿外观，在逛一下山里面的墓地。蔓藤墓窟的墙壁上有彩色蔓藤式花样装饰，并传说是北条政子墓，源实朝墓的五轮塔坐落在这里。附近也有高滨虚子和大佛次郎的墓。

参观指南

参观所需时间	20分钟
参观费	免费

参观时间

参道自由（参观到中门为止）

可观赏花卉

山茶、水仙、胡枝子

📞0467-22-6607 所镰仓市扇ガ谷1-17-7 🚃JR镰仓站西口出发步行12分钟 P无

MAP附录②P.12 G-3

镰仓站西口
御成路

当地人打包票！

实力派 餐厅&咖啡馆

在镰仓站西口周边或御成路地区，一些饭店提供的正宗料理不仅观光客就连当地人也认可，这样的饭店到处都是。还有许多氛围很好的店，其魅力是轻松愉快，令人在散步途中突然就想顺便进去一下。

采用当地食材而烹饪的地方菜，品尝一下口齿留香

当地人打包票的菜单

镰仓火腿扒 200克 2600日元

用当地火腿厂商提供的里脊肉火腿做的一等品。午餐晚餐都可以点到

特集中有所介绍！

镰仓站西口 → P.26

OSHINO

镰仓站西口 → P.27

古我邸

镰仓站西口 加利福尼亚料理

GARDEN HOUSE

●ガーデンハウス

加上蜂蜜芥末酱，味道会不一样

职员 芳泽友里奈

☎0467-81-5200

MAP附录②P.12 F-5

这家饭店是独户建筑，并有一个庭院，绿意盎然。以手工制作和紧贴地域为主题，可以尝到选用当地优质食材或湘南的时令食材而烹饪的料理。只有这里才能喝到和"镰仓啤酒"合作的刚做好的自酿啤酒，请一定要尝一下。

休不定期休息 L9:00~21:00(22:00关门) 所镰仓市御成町15-46 交JR镰仓站西口出发步行3分钟 P无 附近有交费停车场)

➔由漫画家横山隆一氏的画室改造而来的空间

↑被绿色包围的约有50年历史的老式民居，并设了礼物商店等

早餐薄饼也是最高评价

←"黄油牛奶薄饼香蕉&核桃"1400日元

↑JR线沿路对面的店。也可以从镰仓站西口进入

店主设计的名产汉堡肉饼

镰仓站西口 豆腐料理

镰仓六弥太

●かまくらろくやた

当地人打包票的菜单

镰仓堡御膳 1280日元

汉堡沙司有3种可供选择。作为全是豆腐的套餐，附带有豆乳味噌汤或小沙丁鱼凉拌豆腐

☎0467-61-0680

MAP附录②P.11 A-4

店名"六弥太"是豆腐的别称。名产限定数量的"镰仓堡"，是在镰仓产的甜味绢豆腐中加入精选鸡肉、猪肉、秘制酱汁烧制，松软可口，是人气单品。夜晚，除了"镰仓堡"之外，还提供豆腐家常菜。

休 星期二(节假日时第二天休息) L11:00~14:00(15:00关门)、17:00~20:30(21:00关门) 所镰仓市御成町13-38 萩原大厦1楼 交JR镰仓站西口附近 P无

↑店内可以令人感到木材的温暖触感。既有柜台座位也有桌位

➔穿过画有葫芦的蓝底布帘，前往2楼，便是这家店

镰仓站西口 和食

和房 达屋

●わぼうたつや

☎0467-84-8873

MAP附录②P.11 A-3

在通向钱洗弁财天的道路上，顺路就有这家和食店。午餐主要以名产"出汁卷玉子烧"为首，附有三菜一汤的套餐。添上的小钵菜也是自己制作的。合理的价格也是这家店的魅力。

休星期四，不定期休息 L11:45~14:00(最后进店时间)、18:00~21:30(22:30关门) 所镰仓市扇谷1-1-29 大崎大厦2楼 交JR镰仓站西口出发步行3分钟 P1个停车位(共用)

花上些时间品尝真正的日式料理

当地人打包票的菜单

出汁卷玉子烧套餐 1240日元

汤汁满溢的玉子烧。决定味道的秘诀是在青鱼干等汤汁中只加入鸡蛋和淡口酱油，然后一口气烧好

西口周边 即便是生客也会突然之间进入

夜晚喝酒场所

在不熟悉的街道选一家店吃晚餐，实在是一件有难度的事。因此想找一家即便是第一次来也会轻易进入的店，请到这边来。

PANDA BAR

●パンダバル

使用方便的御成路酒吧

这是“虾与蘑菇的大葱风味料理”(790日元)等意大利面受到好评的西班牙酒吧。这里有啤酒或红酒等各种酒类，品种丰富。早上营业的通称为“朝PANDA”的店也很有人气，可以尝到热三明治。

☎0467-67-3693 休星期一(节假日时第二天休息) 营8:00~10:30、15:00~23:30(关门)，星期六及节假日12:00~23:30(关门)、星期日12:00~22:00(关门) 所镰仓市御成町5-41 交JR镰仓站西口出发步行4分钟 P无

MAP附录②P.12 G-6

除了站着喝酒的吧台，还设有桌位

Match Poin 镰仓店

●マッチポイントかまくらてん

再晚也可以好好吃一顿

这里白天是作为咖喱专卖店经营的餐厅。使用镰仓蔬菜或当地鱼类烹饪的料理或意大利面食之类的特别有人气，自制鸡尾酒也受到好评。夜晚一直营业到凌晨0点，对于住宿在镰仓的人来说是一件再高兴不过的事了。

☎0467-25-3339 休星期三 营11:30~14:30(15:00关门)、15:00~23:30(24:00关门) 所镰仓市扇谷1-8-6oguro大厦2楼 交JR镰仓站西口出发步行3分钟 P无

MAP附录②P.11 A-3

店内氛围令人平静，也有许多当地人到这里来

山本饺子

●やまもとぎょうざ

对身体有好处的饺子专卖店

不使用韭菜或大蒜以及化学调味料的饺子受到以女性为中心的客人的一致好评。夜晚，可以一边喝酒一边享用饺子，也有附带米饭的“锅贴饺子套餐”(800日元)。同时也卖打包带走的“锅贴饺子”(6个400日元)。

☎080-4474-7179 休火星期二、三 营11:30~14:00、17:30~20:30(21:00关门) 所镰仓市御成町9-6 交JR镰仓站西口出发步行5分钟 P无

MAP附录②P.12 F-6

店内只有吧台座位，小巧整洁，还可以与店长交流

→P.34·50夜之镰仓特集!

镰仓站西口 法国料理

l'intimite

店内空间宽敞，令人心旷神怡

☎0467-22-2252

MAP附录②P.11 A-4

这家小型法式餐厅如法语意为“亲近感”的店名一样，给人感觉好像拜访一位居住在巴黎的朋友的家。在这里，可以享用到具有摩洛哥风味的分量十足的法式料理，星期二至星期五的午餐只提供“厨师自由发挥套餐”。

休不定期休息 营12:00~18:00(关门，午餐L.O.14:00)，双休日12:00~14:00(15:00关门)，18:00~20:30(22:30关门) 所镰仓市御成町13-36-5 2楼 交JR镰仓站西口出发步行5分钟 P无

当地人打包票的菜单

厨师自由发挥套餐 2916日元

主要是每天不同的鱼类和肉类料理。附带有前菜、下酒菜、甜点或饮料

镰仓站西口 亚洲料理

SÔNG BE CAFÉ

●ソンベカフェ

☎0467-61-2055 MAP附录②P.11 A-4

这是一家独户建筑的咖啡馆。充满亚洲风情的店内，提供以越南或泰国为主的东南亚路边摊料理。亚洲的啤酒或红酒也准备充分，也会开展一些即兴演奏或演讲。

休星期一~星期三 营11:30~19:15(20:00关门)、星期六20:15(21:00关门) 所镰仓市御成町13-32 交JR镰仓站西口出发步行3分钟 P无

当地人打包票的菜单

鸡肉面
800日元

使用米粉制作的越南汤面，配菜是香草鸡肉等。调味加鸡蛋+80日元

店内也出售越南等国的亚洲杂货

镰仓站西口 和食&面包

sahan

●サハン

设计宽阔的桌位。里面还有贴近窗边的柜台席位

☎0467-24-6182 MAP附录②P.11 A-4

由日常注重米饭的女性店主一人料理。推荐菜单是野菜、肉及豆腐等平衡分配的“米饭套餐”。从店内可以看到JR电车的来来回回。

休星期三，第2、第4个星期四 营11:30~20:15(21:00关门) 所镰仓市御成町13-38 荻原大厦2楼 交JR镰仓站西口附近 P无

当地人打包票的菜单

米饭套餐
1300日元

米饭和面包隔周交换，并且每月都有变更。饭菜基本上是三菜一汤

御成路 多国料理

Wander Kitchen

●ワンダーキッチン

☎0467-61-4751 MAP附录②P.12 G-5

这是隐藏在狭窄小巷尽头的咖啡馆。店内装饰充满趣味，根据主题变化。在这里可以享用到巴西、西班牙等世界各国料理，而且价格合理。自制的美国风味蛋糕也受到好评。

休无休 营12:00~19:30(20:00关门) 所镰仓市御成町10-15 交JR镰仓站西口出发步行4分钟 P无

二楼是亚洲游览地的风格。也可以加座

在1楼能感受到古民家的气息。店里影射出休闲的美国风

当地人打包票的菜单

日日新午餐1000日元~

照片“鸡肉烧烤，蜂蜜芥末酱”(带饮料)1200日元

镰仓站西口

逛一下本地商业街!

御成路的点心&特产

御成路这个地方充满当地元素，即便在镰仓站西口，人流量也很多。就逛一下这里吧。沿道路一直行走，可以看到新的旧的商店一家挨一家，其中也有许多狭窄的道路，光看就令人心生激动。

成人口味的巧克力专卖店

镰仓kuran

●かまくらくらん

✆0467-38-7654

MAP附录②P.12 G-5

这家店贩卖的手工巧克力是为了迎合日本人的口味，经过反复改良才完成的。这家巧克力最大限度地引出坚果、葡萄干等素材的美味，堪称绝品。这家店还有与酒精类搭配很好的面向成人的商品。

休星期三 L10:00~19:00 所镰仓市御成町10-8 交JR镰仓站西口附近 P无

饼干 4块 各324日元

➊巧克力融入素材中，只有专卖店才有的饼干。巧克力片等有3种

Kurannoa 540日元~

➊坚果、葡萄干、草莓等被包进店里得意的巧克力中

➊和风现代观，木制框架的玻璃窗，窗户上的被揭开的帘子

休息一下，品尝一下咖啡、甜点

THE GOOD GOODIES

●ザグッドグッディーズ

✆0467-33-5685

MAP附录②P.12 G-5

建在小巷里面的柜台式咖啡店。可以饮用到单纯选用当地产的咖啡豆而制作的咖啡，作为当地人的休息场所十分有人气。而手工制作的美式甜点也受到好评。早上7~9点提供早餐咖啡，价格为100日元。

休星期三，最后一个星期二 L7:00~19:00(关门) 所镰仓市御成町10-1 交JR镰仓站西口附近 P无

特制混成咖啡(R)390日元

➊精心地倒一杯手工滴滤式咖啡

柠檬芝士派 500日元

➊柠檬的酸味搭配芝士的醇香。口感松脆的派的饼皮也很好吃

也可以把这里当作免费的观光导游场所，欢迎使

店主 内野杨平

➊除了站式柜台，还有设有椅子的吧台

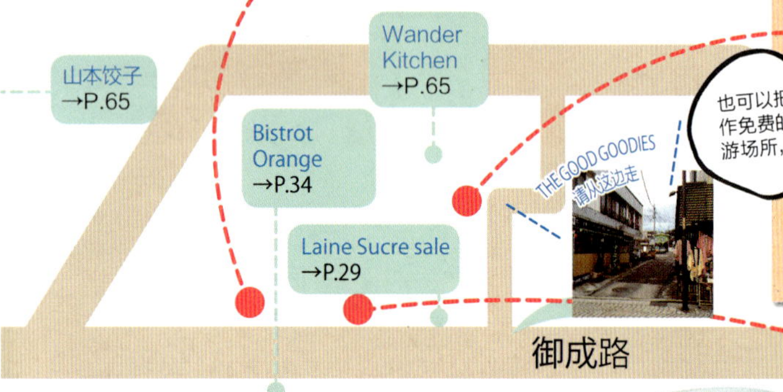

只使用国产素材制作的无添加果酱

新仓santi的手工制作的果酱

●にいくらさんちのてづくりジャム

✆0467-38-4673

MAP附录②P.12 G-6

这是2015年4月开业的果酱专卖店。使用的水果或蔬菜是在三浦半岛无农药或使用有机肥料等培育的，果酱的做法要求手工制作且无添加。令人高兴的是，在店内可以试吃全部种类的果酱。

休星期三 L10:00~18:00 所镰仓市御成町2-10 交JR镰仓站西口出发步行3分钟 P无

草莓果酱 150克 702日元

➊使用的草莓是在三浦半岛的农园中用充足的有机肥料培育而成

夏橙橘皮果酱 150克 594日元

➊特征是使用店主自家的夏橙，口味清爽

➊位于御成路的交叉口一角，白底叶子纹样的外观

高达奶酪凤尾鱼油橄榄洋葱饭 500日元

➊御成路店限定的装饰配品，加入适量的更好发挥出芝士的醇香味

➊白色和绿色的看板，在镰仓十分常见

在小町路也有的有名的法式薄饼店

Kurepukokuriko 御成路店

●クレープコクリコおなりどおりてん

✆0467-23-8551

MAP附录②P.12 G-5

位于小町路的是一家生意火爆的法式薄饼专卖店的支店。这家店推出的独家菜单，有分量充分的法式薄饼或"冰淇淋"(400日元)。多在店内用餐，可以悠闲地享用。

休星期三(节假日时第二天休息) L10:30~18:20(18:30关门) 所镰仓市御成町10-6 交JR镰仓站西口附近 P无

密胺盘子 各1188日元

➊色彩丰富的盘子，中间画着动物。也可用作室内装饰

丹麦银行 各1404日元

➊货架上摆有许多丹麦街头风格的存钱罐

可爱的北欧杂货，令人高兴

pieni kröne

●ピエニクローネ

✆0467-25-0847

MAP附录②P.12 G-6

店里售卖从芬兰或瑞典、丹麦进口的文具布料等。人气姆明商品也充分上架。只是看一下小巧的店内就令人感到高兴。

休星期三 L10:30~18:00 所镰仓市御成町5-6 1-C 交JR镰仓站西口出发步行3分钟 P无

➊中意的商品满满的排列在架子上

牙齿 4860日元
↑木工作家宫崎刚的作品。是组合牙齿形状的积木

➜尼泊尔产的公平贸易商品。百分之百羊毛，手感绝佳
懒汉君 1404日元

巧克力蛋糕 350日元、咖啡 400日元
←蛋糕是手工制作的。咖啡是公平交易的物品

陈列着外观讨喜的作品或杂物

ComoriB＊ComoreB＋大家的slow cafe

●コモリビコモレビたすみんなのスローカフェ

↑店的最里面改装成了咖啡屋。设有10个座位

☎0467-84-9786　MAP附录②P.12 G-6

这家商店经营店主精心选择的作家作品、杂货、食品，以及别的地方没有的罕见商品。还一并设有咖啡馆，可以享用到使用健康食材制作的午餐拼盘以及有机咖啡等。

休不定期休息　L10:30~17:00　所镰仓市御成町5-41　交JR镰仓站西口出发步行3分钟　P无

女性化风格的司康饼专卖店

DIAMOND CAKES

☎0467-73-7688
MAP附录②P.12 G-6

平常售卖的约15种口感温润美味的司康饼，都是店主自己亲手精心制作的。新作品有不少，并且每隔两周会发布一次，因此请留意。另外以女性名字命名的商品也是这家店的独到之处。

休星期三、四　L11:30~18:00　所镰仓市御成町8-41　交JR镰仓站西口出发步行3分钟　P无

←"Love & Sweet"作为一家主题店，其粉色的外观令人印象深刻
↓加入草莓和越橘的饼皮上，淋上玫瑰果酱

玛丽安托万内特 567日元

鸡肉筋专门店制作的可乐饼

雏鸟处鸟一

●ひなどりどころとりいち

➜松软热乎的土豆中，更加突出了碎鸡肉的香甜味
鸡肉可乐饼 150日元

☎0467-22-2198　MAP附录②P.12 G-6

这是一家自开业以来约70年历史的肌肉专卖的精肉店。只贩卖在许可环境下饲养的鸡肉。以"鸡肉可乐饼"为首，还卖"炸肉串"（120日元/根）、"炸小鸡腿肉"（100克330日元）等，也有可以饱腹的家常菜。

休星期二，第1,3个星期一　L9:00~18:00（家常菜10:30~）　所镰仓市御成町5-29　交JR镰仓站西口出发步行6分钟　P无

➜店内布置有趣。它是一家延续三代的商业街老店

FARM TO YOU →P.27
镰仓彫金工房 →P.37
咖啡馆镰仓美学 →P.34
PANDA BAR →P.65

↑长谷　由比滨大路　大町↓　御成路

小葡萄干与坚果（大）350日元
↑面粉中加入小葡萄干和坚果而制作的面包。以小葡萄干的酸味为主

巧克力面包 200日元
↑最具人气的商品。里面加入了一点略苦的牛奶巧克力

代表御成路的人气店

KIBIYA面包店

●キビヤベーカリー

↑店内充满面包的香味

☎0467-22-1862
MAP附录②P.12 G-6

这家店贩卖的面包是对身体有好处并且无添加的，选用无农药国产小麦，用石磨将其捣碎，再用自家制的天然酵母发酵。口感较硬的面包，随着不断咀嚼，小麦的甜味在口中环绕。正是出自对这种味道的追求，这家店的客人整日都不曾断过。

休星期三　L10:00~18:00　所镰仓市御成町5-34　交JR镰仓站西口出发步行6分钟　P无

↑这家店就位于从商业街进入小巷的地方，改装自有50年历史的房屋

由酿酒厂直接运送过来的刚酿好的日本酒

高崎屋总店

●たかさきやほんてん

也经营着全国的美味食品与调味料
店主 大木先生与其夫人

☎0467-22-1881
MAP附录②P.12 G-6

这是一家老店，经营全国各地运送过来的日本酒、烧酒、红酒等。特别是日本酒，实际上是店主从酿酒厂直接运送过来的，只要喝了都说好喝。人气商品要数湘南啤酒，买了想立马酒喝的话，也会提供服务为你拔掉瓶塞。

休星期三，第2个星期四　L10:00~20:00　所镰仓市御成町5-36　交JR镰仓站西口出发步行3分钟　P无

➜约70年前创业，也经营当地的饮料业务

↑也售卖一些自创的T恤、环保袋、保冷袋

从里面进去的话，也可以站着喝

进入店的近路，眼前出现的是立饮店的入口。花费便宜就可以饮用到精选的日本酒，从而受到好评。营业时间是13:00。

湘南啤酒 pilsner 540日元
↑熊泽制造的啤酒。特征是具有清爽的啤酒花的苦味与香味

充满活力的当地街道

镰仓站西口

●かまくらえきにしぐち

区域指南

这片当地人日常经过的区域，被称作“uraeki里驿”。最近，一些个性的饮食店或商店的不断入驻，使得这片区域充满活力。钱洗弁财天也在步行圈

附录②MAP P.10

详见附录·特集！

MAP 附录②P.12 F-5

星巴克咖啡镰仓御成町店

●スターバックスコーヒー かまくらおなりまちてん

☎0467-61-2161　咖啡

在典雅的宅院旧址，享受下午茶时间

这家平屋结构的店铺是在以《小阿福》而出名的漫画家横山隆一的住宅旧址上而建造的，结构设计简单，可以欣赏到美景。店内配有沙发或桌子，也设有露台席位，在这里可以享受到醇香的咖啡。

休不定期休息　L8:00～21:00
所镰仓市御成町15-11
JR镰仓站出发步行4分钟　P6个停车位

木制甲板的露台席位，有樱花树、紫藤花棚、游泳池等

MAP 附录②P.12 E-3

源氏山公园

●げんじやまこうえん

☎0467-45-2757（镰仓市公园协会）　观光

源赖朝守护镰仓的公园

为纪念源赖朝进入镰仓800周年，人们于1965年将整座山修建成公园。在这里有樱花、紫阳花、红叶等，可以欣赏到各个季节的自然风光。有传说说，这是赖朝的祖先源义家在这里扬起白旗祈愿胜利，因此这里也被称作白旗山。　L入园自由
所镰仓市扇谷1-4、梶原5
JR镰仓站西口出发步行25分钟　P无

源赖朝像的周围繁花似锦绿荫环绕

MAP 附录②P.12 E-4

Bun Bun红茶店

●ブンブンこうちゃてん

☎0467-25-2866　咖啡

喜欢红茶的店主经营的红茶专门店

蛋糕套餐860日元。图片上的是雪片莲蛋糕

自开业以来已有30年历史，是镰仓历史最悠久的一家红茶店。店主知识渊博，从国内外茶园精选茶叶，为客人提供香浓醇厚的红茶。店内推荐的茶Quality Season，是每个季节采摘的应季商品。

休星期二　L10:00～18:45(19:00关门)　所镰仓市佐助1-13-4　JR镰仓站西口出发步行7分钟　P2个停车位

MAP 附录②P.12 E-1

葛原冈神社

●くずはらおかじんじゃ

☎0467-45-9002　观光

作为开运、学问、结缘的神明，很有名

这里祭祀着后醍醐天皇的忠臣日野俊基。境内有驱邪的除魔石，还有祈求良缘的结缘石。据说用附在结缘御守（700~1200日元）的红绳子穿过5日元的硬币，系在结缘石的注连绳上，就可以获得神明的降福。

L境内自由　所镰仓市梶原5-9-1
JR镰仓站西口出发步行3分钟　P8个停车位

结缘石的注连绳上，系着许多参拜者系上的红绳子

MAP 附录②P.11 A-4

LESANGES 镰仓总店

●レザンジュかまくらほんてん

☎0467-23-3636　咖啡

30种以上的应季蛋糕

1982年开业的糕点店。选用当季最新鲜的水果以及最高级的素材，制作出来的蛋糕口味浓厚醇正。因此有的蛋糕十分畅销，一年当中只有2、3天店内有剩余的。

休无休　L10:00～17:30(售卖至19:00)　所镰仓市御成町13-35　JR镰仓站西口附近　P无

萨瓦兰蛋糕540日元。浸入洋酒和甜味果汁的奶油蛋糕，口味浓厚深受成人喜欢

MAP 附录②P.12 F-4

茶房 云母

●さぼうきらら

☎0467-24-9741　咖啡

尽情品尝刚做好的大糯米汤圆

这是一家甜品店，位于一条闲静的住宅街道上。刚刚做好还冒着热气的大糯米汤圆，尝起来的口感像年糕一样。这家店有许多客人是冲着这糯米汤圆而来的。特别是宇治汤圆，将宇治抹茶精心磨成粉末状并加入汤圆中，风味浓郁。

休无休
L11:00～17:30（18:00关门）、周末以及节日期间10:30开门
所镰仓市御成町16-7　JR镰仓站西口出发步行8分钟　P无

特产“宇治汤圆奶油馅蜜”850日元。馅蜜中也加入了抹茶

MAP 附录②P.12 G-2

净光明寺

●じょうこうみょうじ

☎0467-22-1359　观光

值得一看的寺宝以及四季的花卉

建有本堂的阿弥陀堂，以及观音堂、收藏库等。在收藏库中祭祀着阿弥陀三尊像、地藏菩萨像、观音菩萨以及势至菩萨作为侍像安置在两旁。

休无休(收藏库、山上拜观，8月和雨天休息)　L境内自由（收藏库、山上拜观时，星期四、六、日以及节日期间10:00～12:00、13:00～16:00）¥志纳(收藏库·山上拜观200日元)
所镰仓市扇谷2-12-1
JR镰仓站西口出发步行18分钟
P无

客殿四周绿荫环绕，充满厚重感

MAP 附录②P.11 A-2

4cups+desserts

●フォーカップスアンドデザート
✆0467-25-6311 购物

欧洲风情的杂货，琳琅满目

多种选择，主要是以欧洲为中心的法国风格。品种繁多，并且设计精良性能优秀，有厨房用具、室内装饰品、西服、各种包袋等。大多数的商品价格合理公道，也是魅力所在。

休无休 L10:00～18:00
所镰仓市扇谷1-9-14
JR镰仓站西口出发步行6分钟 P无

店面格局是巴黎街角常见的样式

MAP 附录②P.11 A-3

圣路易岛

●サンルイとう
✆0467-24-2434 购物

在镰仓品尝巴黎的点心

这是一家法式洋果子店，本店设在叶山。除了正宗进货的蛋糕、烧果子，还有甜酥式面包也很有人气。店内也贩卖意大利冰淇淋，种类丰富有12种之多。

休星期三（节日的场合营业） L10:00～18:30
所镰仓市御成町13-26 JR镰仓站西口出发步行3分钟

马卡龙 1个270日元。有黑茶藨子、覆盆子等5种口味

MAP 附录②P.12 E-4

葛根凉粉minowa

✆0467-22-0341 咖啡

哧溜哧溜，口感爽滑的葛根凉粉

这家店的招牌葛根凉粉，是接受订单之后，将品质精良的吉野葛根粉溶于水中，按一人份的分量一份一份精心制作出来的。一边欣赏释迦三尊的石像搭配枯山水的中庭风景，一边享受这奢侈的

休星期一、二、四、五（节日的场合营业） L10:30～17:00（17:30关门） 所镰仓市佐助2-6-1 JR镰仓站西口出发步行12分钟 P3个停车位（需要咨询）

"葛根凉粉"，加上甜味适度的自家制造的黑蜜，920日元

MAP 附录②P.11 A-4

moln

●モルン
✆0467-38-6336 购物

隐藏在屋顶阁楼里的杂货店

以自然无修饰的生活杂物为首，店内还有衣服、包袋、首饰等，质量上乘，百看不厌。摆设也偏可爱风格，光看就令人赏心悦目。同时会开展一些研讨会或企业展会。

休星期一、二 L11:00～18:00
所镰仓市御成町13-32 2楼
JR镰仓站西口出发步行3分钟 P无

店内小巧可爱

MAP 附录②P.11 A-3

镰仓蜂蜜园

●かまくらはちみつえん
✆0467-22-0729 购物

罗列着世界各地的蜂蜜

从传统的"金合欢"或"三叶草"的蜂蜜，到"咖啡树"或"柠檬"等珍稀花卉上提取的蜂蜜，这家店的蜂蜜前后罗列了10种左右。令人可喜的是，在店内可以试吃一下。另外也可以拿着瓶子来到这家店，只购买蜂蜜。

休星期二、三 L10:00～17:30 所镰仓市扇谷1-10-10 JR镰仓站西口出发步行5分钟 P2个停车位

从左到右，金合欢500日元，三叶草400日元，柠檬500日元

MAP 附录②P.13 A-4

Michel Nakajima

●ミッシェルナカジマ
✆0467-32-5478 用餐

当地美食家齐聚一堂，正宗法式料理

主厨的厨艺在日本酒店中是首屈一指的，并且曾经担任慕尼黑总领事馆料理人。午餐3000日元，晚餐5800日元（服务费另算），是使用当地产的鱼或镰仓蔬菜料理的套餐。

休月曜 L12:00～14:00（15:00关门），周末、节假日营业至13:30（15:00关门）、18:00～20:00（闭店は22:00） 所镰仓市常盘648-4 sukai镰仓1-1楼 JR镰仓站西口出发步行25分钟 P5个停车位（预约制）

前菜"蛤蜊和开口蛤的陶罐菜"（食材根据季节有所不同）

MAP 附录②P.11 A-4

TUZURU

●ツヅル
✆0467-24-6569 购物

集聚国内外的有趣文具

这家店贩卖各种各样的文具，像国内外的钢笔，或是直接从海外进口的明信片等。在店内的书房，顾客可以在买来的明信片或是书信上写字，并在这里投信。镰仓主题的明信片（162日元/枚）也是推荐商品。

休星期三 L11:00～18:00 所镰仓市扇谷1-1-4
JR镰仓站西口出发步行4分钟 P无

排列着店主推崇的系列商品

MAP 附录②P.12 G-5

骏河屋本铺 江之电镰仓总店

●するがやほんぽえのでんかまくらほんてん
✆0467-61-0845 购物

湘南镰仓特产，镰仓可乐饼

"镰仓可乐饼"是以前人在镰仓经营的炸猪排的店里配方为基础的，成为这家店的招牌商品。外衣松脆，里面是过滤过的土豆泥以及慢炒过的洋葱的甜香，口味绝妙！这正好适合在江之电等候的时候吃，刚好可以满足食欲。

休无休
L10:00～19:00
所镰仓市御成町1-15江之电镰仓站内的镰仓集市 江之电镰仓站内（要想进去的话，需要乘车券或入场券） P无

店内限定的"江之电Big镰仓可乐饼"200日元。分量是普通镰仓可乐饼的2倍以上

MAP 附录②P.12 F-5

PALETAS 镰仓店

●パレタスかまくらてん
✆0467-33-5009 购物

塞满果肉的冰棍

这是一家冰棍的专卖店，冰棍是在意大利冰淇淋或酸奶中加入水果或蔬菜等制作出来的。味道好得不用说，就连色彩斑斓的外表也令人眼前一亮。手忙脚乱的时候，店内门庭若市会出现分发整理

休不定期休息
L10:00～18:00
所镰仓市御成町15-7树树大厦2楼
JR镰仓站西口附近
P无

"奶油芝士什锦"（左）和"柑橘什锦"（右）各480日元

长谷·由比滨
长谷寺·镰仓大佛

这片区域中有两大寺院，分别是镰仓大佛的高德院和长谷寺。周边分布着古老民居风格的咖啡馆，氛围十分好。从镰仓站西口到长谷的这段由比滨大路，作为散步路线，具有很高的人气。

在这个区域 想做的事

由比滨大通路上 杂货大扫荡

←杂货店以六地藏十字路口为中心，熙熙攘攘排列着。以及所经营的物品不仅种类丰富，而且不乏珍

畅游 高德院和长谷寺

←畅游两座寺院的传统路线。长谷通沿路，设有许多美食店，可以到处享用美食

区域指南

这样的地方

除了名刹古迹以外，也有许多咖啡馆和餐馆

长谷地区，除了人气很高的长谷寺、高德院之外，还有许多景点，例如花之寺之称的光则寺，以及紫阳花很有名的御灵神社。另外，这里也聚集了一些实力派餐厅，令人心情舒畅的古民居式咖啡馆。在由比滨大通，保留着一些复古建筑，成为一道独特的风景线。同时这里也是购物天堂，有许多杂货店。

从长谷站出发的路线

长谷寺
- 高德院 →P.74 ← 步行7分钟
- 长谷寺 →P.72 ← 步行5分钟

推荐 半天 近道方案&MAP

START 长谷站

步行7分钟

10:00 ① 高德院 去看大佛像

→P.74

步行3分钟

11:00 ② 长谷寺 赏四季之花

→P.72

步行3分钟

12:30 ③ Beau Temps 独户式餐厅吃午餐

→P.24

步行15分钟

14:00 ④ 无心庵 享用甜点，缓解疲劳

→付録①P.3

步行10分钟

GOAL 镰仓站 西口

推荐观光季

3月下旬至4月上旬、6月下旬至7月中旬

建议在紫阳花盛开的季节去观光长谷寺或御灵神社等地。另外，既可以观看镰仓大佛又可以赏樱的春天也受游客欢迎，长谷寺的樱花也值得一看。

步行指南

时间充裕，请尽情在由比滨大通上漫步

从镰仓站西口出发，经过由比滨大通向长谷寺等地前行，大约花费20分钟。在寺庙里散步是再适合不过了，但如果时间不够，请使用江之电。在长谷站到高德院之间的长谷通，可以外带的美食店鳞次栉比。最好避开客人多的饮食店。

区域MAP

将为你介绍这片观光区!

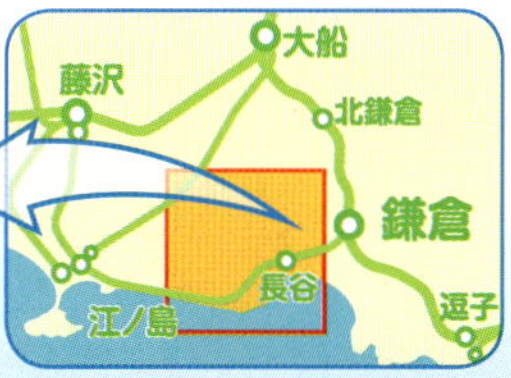

长谷寺（はせでら）见观音

镰仓屈指可数的紫阳花观赏点

眺望散策路
●ちょうぼうさんさくろ

倾斜的地面成为散步的道路，沿着这条坡道，开满了紫阳花。不管是仰视还是俯视，一眼望去，尽是一片美丽风光。

参观指南

参观所需时间	1小时
参观费	300日元、小学生100日元
参观时间	8:00～17:00（10月至次年2月～16:30）
祈愿	结缘，除厄，钱运，开运，出人头地，安产，送子
可观赏花卉	紫阳花、樱花、红叶、水仙、牡丹、花菖蒲、彼岸花、百合等

☎0467-22-6300 休无休 所镰仓市长谷-11-2 交江ノ之电长谷站出发步行5分钟 P30个停车位

MAP附录②P.15 B-2

赏四季之花，观四季之景，看点丰富的寺院

说到镰仓的寺院，除了建长寺以及圆觉寺所代表的镰仓五山的禅宗寺院，还有长谷寺，与进入禅宗寺院时感到的凛然肃静的紧张感不同，长谷寺给人感觉的是，境内全体开放空旷的氛围。观音堂于2015年十月对外开放，观音博物馆、眺望散策路等主要殿堂以及设施，皆建在可以眺望海洋的地方，可以看到太平洋的眺望台或散策路，最适合在散步途中稍作小憩之时眺望一下开阔明朗的相模湾。另外可以观赏到紫阳花、红叶等四季景色也是一大看点，因此不论是何季节，前来参拜的人总是络绎不绝。而长谷的地名和站名皆来自于长谷寺。

历史

原来如此！

据说是在奈良时代所建造的，但是实际上推测，是镰仓长谷寺开创于梵钟被制造出来的镰仓时代中期。当初创建的宗旨不详。不过，据说开山祖师和大和长谷寺的祖师是同一人，两座寺院所祭祀的巨大观音像也是如此，是将遥远之处大和长谷的两座佛像的其中一座，渡海运到镰仓，从而成为镰仓长谷寺开山建立的基础。中世纪以来的各个时代历史的当权者，像足利尊氏或是德川家康等人皈依这座寺院，并对本尊进行修复以及捐献寺宝，然而关东大地震致使各个殿堂皆倒塌损坏。之后才修复翻新成现在的殿宇。

祭祀

结伴同行！

- 1月1日　万灯祈愿
- 2月3日　节分会
- 4月8日　灌佛会
- 5月第三个星期日　长谷之市（春季）
- 5月11日　弁财天缘日
- 7月18日　观音大施饿鬼会
- 9月26日　大黑天缘日
- 10月第三个星期日　长谷之市（秋季）
- 12月18日　岁之市御足参拜
- 12月31日　除夕

➔万灯祈愿法事，点燃蜡烛，围成杯状

御守·降福商品

也不要忘了这个！

防止痴呆的挂件
600日元
↑带有6个小葫芦，寓意健康无病

实现愿望的御守
500日元
←草莓的读音"イチゴ（ichigo）"可视作"一五"，即寓意可以实现所有的

西瓜御守
600日元
→寓意开运亨通，用于开运招福。也是一种降福产品，作为保佑交通安全的御守

御朱印

快来收集吧！

御朱印
300日元

御朱印帐
1000日元
←图片所示的是地藏菩萨的封面。也有红叶、紫阳花等的封面

鹤冈八幡宫·小町路 P.40
御成路·钱洗弁财天 镰仓站西口 P.58
长谷·由比滨 长谷寺·镰仓大佛 P.70
圆觉寺·建长寺 北镰仓 P.84
报国寺 金泽街道·二阶堂 P.98
大町·材木座 P.106
稻村崎·七里滨 P.114

必看景点

压倒性存在的金色观音像

观音堂
●かんのんどう

自创建以来已经过多次修复，然而在关东大地震中倒塌毁坏之后，于1986年利用钢筋再建。本尊的十一面观世音菩萨像高达9.18米，在木造佛像中是日本最高的。就目前而言，这座佛像的巨大存在是具有压倒性的。

锡杖 ●しゃくじょう
与奈良的长谷寺观音像一样，都是右手拿锡杖、左手持花瓶的长谷寺风格。

光背 ●こうはい
据推定，原本的光背是室町时代的东西，观音像也是中世之

华瓶 ●けびょう
观音一般是左手拿着的插着莲花的花瓶。

头 ●あたま
头部上方的11个脸面是朝向四面八方看守外界的。

赖朝除厄时所祭祀的

阿弥陀堂
●あみだどう

祭祀着阿弥陀如来坐像，这座佛像以前在镰仓市内的誓愿寺作为本尊被供奉着。这座佛堂是镰仓幕府初代将军源赖朝在其42岁之时，为驱除厄运而建立的。

每月只转一次

经藏
●きょうぞう

设有回转式的轮藏，据说旋转起来就可以得到相当于饱读一切经书的功德，但是现在只在每月18日的观音缘日才会旋转。

再生的宝物馆

观音博物馆
●かんのんミュージアム

为纪念开馆35周年于2015年10月开放。照片所示的是前立观音以及三十三应现身像。

长谷寺 MAP

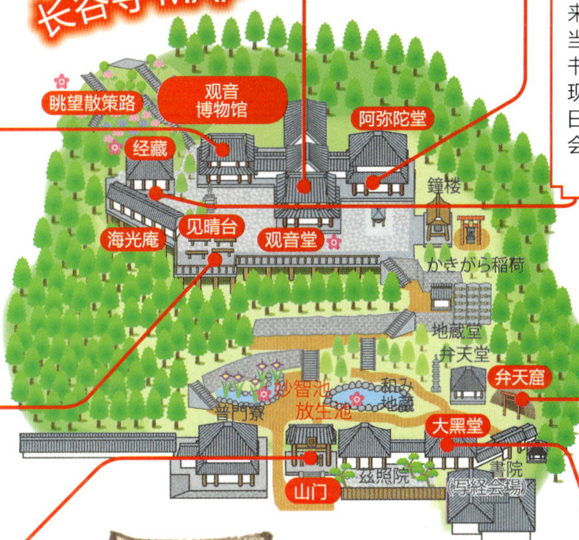

海景点

见晴台
●みはらしだい

粗略参观一下之后，一边欣赏海景一边休息。站在这个免费的休息场所，一眼望去，可以从由比滨看到三浦半岛。

刻在石壁上的诸神

弁天窟
●べんてんくつ

据说这是弘法大师为修行而闭关的洞窟。石壁上刻着的神灵是弁财天的跟随者。

红色灯笼，映入眼帘

山门
●さんもん

红色的灯笼挂在山门上，上面用墨水写着“长谷寺”3个字。十分简单易懂，与山门前松树的绿色交相辉映。

小贴士

一起去找温和地藏和佛足石吧

颇具人气的温和地藏顶着圆溜溜的一张脸伫立在弁天堂前面。紧挨着它的良缘地藏也很受欢迎。佛足石指的是仿照释迦脚底的石头。

七福神之一大黑天

大黑堂
●だいこくどう

本尊的大黑天是1412年的作品，是县内最为古老的神像。江之岛、镰仓七福神。(不定期公开)

赏花好去处

✿=赏花场所

紫阳花 5月下旬至6月下旬
眺望散策路

眺望散策路是沿着山路的倾斜路面所建的，是镰仓有名的景点。这里群生着40多种共约2500株紫阳花，从而形成一条“紫阳花之径”。

红叶 11月下旬至12月中旬
放生池，经藏前

赏红叶的季节的11月下旬到12月初期间，按照惯例，会在树上挂上彩灯。期间的周末是18:30关门。

樱花 3月下旬至4月上旬
观音堂前

彼岸花 9月中旬至10月中旬
放生池、眺望散策路

梅 1月下旬至3月中旬
放生池、妙智池附近

在这里小憩片刻

海光庵
●かいこうあん

是位于境内展望台附近，十分显眼的一家饮食店。除了团子等甜点心之外，不用肉类而用大豆熬制的汤汁以及蔬菜制作出来的“寺庙咖喱”(1080日元)是其人气商品。在这里，可以悠闲自在地眺望由比滨和相模湾的风景。(→附录①P.9)

➲特产“大吉团子”324日元。可以带出店外

☎0467-23-8668
休无休 🕒10:00~16:00
MAP附录②P.15 B-2

前往高德院 こうとくいん
等待你的是美男大佛

必看景点

背靠山峦面向大海的佛

镰仓大佛 国宝
●かまくらだいぶつ

大佛像是由铜铅合金的青铜制品所分割制作而成的。仔细观察，就会发现身体部位由7段组成，头部的前面分为5段，背面分为6段。

参观指南

参观所需时间 40分钟
参观费 200日元、小学生150日元
参观时间 8:00~17:30（10月至次年3月~17:00）
祈愿 极乐往生，长寿
可观赏花卉
樱花、百日红、红叶

☎0467-22-0703 休无休
所镰仓市长谷4-2-28 交江之电长谷站出发步行7分钟 P无

MAP附录②P.15 C-1

高德院 MAP

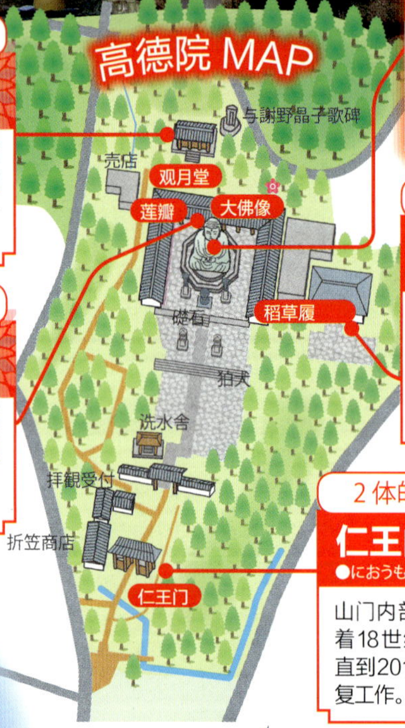

建于15世纪的建筑物

观月堂
●かんげつどう

传言是朝鲜李王朝内所建的月宫殿于1924年移建而来。里面有谢野晶子的歌碑。

曾计划建成莲台

莲瓣
●れんべん

曾打算在大佛里侧建成台座莲台的莲瓣还剩下4片。江户时期曾预计用32片莲瓣去建造。

3年1次的重做

稻草履

在回廊内壁上，有一双长1.8米宽0.9米、重达45千克的巨大稻草履。这是常陆太田市的子供会供奉的东西。

2体的仁王像也引人注目

仁王门
●におうもん

山门内部放置着18世纪初移建过来的仁王像。直到2014年才结束长达3年的修复工作。

露天坐的大佛像

被称作『镰仓大佛』的是，寺院名为高德院的净土宗寺院，这是作为对奈良东大寺大佛的称呼。而铜造的阿弥陀如来坐像则是正式的镰仓佛像，是这里唯一的国宝。同样令人意外的是开山不明，依然是一片谜团。容纳大佛像的大佛殿在1334年和1369年被大风摧毁，但15世纪以后也没有再建的迹象，因此就如现在这样，大佛是露天坐着的。

也不要忘了这个!

御守·降福商品

大佛御守
400日元
◀装有金色大佛图样的御守，可以心想事成。买一个随身携带吧

快来收集吧!

御朱印

御朱印
300日元

御朱印帐
1200日元
◀封面是大佛像的模压

赏花好去处

✿=赏花场所

樱花 3月下旬至4月上旬
大佛像的前面

樱花渲染的粉色背景下瞻仰大佛，此等风景值得一看。犹如心灵被治愈一般。

小贴士

也可以进入大佛里面

大佛像的里面是空洞的，因此可以进入大佛的腹内。意外的是，内部竟明亮得令人震惊。并非一片黢黑，因而可以安心体验。

原来如此!

历史

大佛重约121吨。这个数据是在1959—1961年间的增强抗震工程的基础上计量得来的。计算方法简单，用23台起重器将大佛抬高55厘米，然后在下面放入秤，称量2次取平均值。

在极乐寺了解僧人的忍性

ごくらくじ

必看景点

收藏有贵重的佛像等

宝物馆 ●ほうもつかん

被称作转法轮殿，藏有如佛教图画般珍贵的木制释迦如来坐像以及木制十大弟子像等，可供参观。根据季节，参观有所变动。

赏花好去处

樱花 3月下旬至4月上旬

参道的两侧

从参道到本堂，一路可以欣赏染井吉野樱。

紫薇 7月下旬至8月下旬

本堂前

每逢夏季，本堂前面的巨大紫薇树绽放着火红的花朵。

樱花和茅草搭成的山门很配

参道 ●さんどう

既不是华美的寺院也不是大伽蓝，只是一座充满亲切感的寺院。令人感到，仿佛参道也在热情地欢迎人们的到来。

快来收集吧！

御朱印

御朱印 300日元

御朱印帐 1000日元

历史&祭祀

忍性

不仅在医疗方面，在道路维修等土木事业方面也有涉及。忍性被葬在寺院的后面，并在那里建造了忍性塔的五轮塔。只有在4月8日这一天才对外开放。

在镰仓，这是为数不多的真言律宗的寺院。由北条重时开基建造，僧人忍性是开山鼻祖。据说是第2代掌权人北条义时的三男北条重时移居到现在所在地，并在该地建造寺院。而开山鼻祖忍性则致力于医疗福利的建设，被称作社会事业家的元祖。

●4月7～9日　特别参观（4月8日忍性塔对外开放）

过去的大寺院，推动社会事业的发展

根据记录，这座大寺院境内过去曾建有49座小寺院，整齐排列着。开山鼻祖忍性的墓就建在寺院后面，稻村崎小学的庭院旁边，以及高达355厘米以上的大型五轮塔，显示着这座寺院的庞大辉宏。这座寺院在社会事业方面做的贡献被广为人知，设有施药院、疗养所以及药汤寮。

参观指南

- 参观所需时间　20分钟
- 参观费　免（宝物馆300日元）
- 参观时间　9:00～（宝物馆在春秋季节对外开放）
- 祈愿　育儿
- 可观赏花卉　樱花、紫薇、芙蓉、山茶花

☎0467-22-3402　休 无休（物馆对外开放期间，雨天休息）

所 镰仓市极乐寺3-6-7　交 江之电极乐寺站附近　P 无

MAP 附录② P.15 A-3

必看景点

祭祀七福神的福禄寿

宝物库 ●ほうもつこ

福禄寿的面具会在每年9月18日的"面挂行列"中用到，被收藏在收藏库中。交100日元，就可以进去参观。

赏花好去处

紫阳花 6月上旬至下旬

参道内沿路地区

紫阳花和鸟居以及电车的配合相得益彰，十分受欢迎，每逢花期，到处美成一幅画。紫阳花一直由当地人悉心照料着。

供奉着镰仓权五郎景政

本殿 ●ほんでん

祭祀镰仓权五郎的神社的匾额正挂在本殿中。

参观指南

- 参观所需时间　20分钟
- 参观费　免费
- 参观时间　境内自由
- 祈愿　学业有成，功成名就，长寿
- 可观赏花卉　紫阳花、花菖蒲、映山红、梅花、水仙、蜡梅

☎0467-22-3251

所 镰仓市坂之下3-17　交 江之电长谷站步走3分钟　P 无

MAP 附录② P.15 B-3

快来收集吧！

御朱印

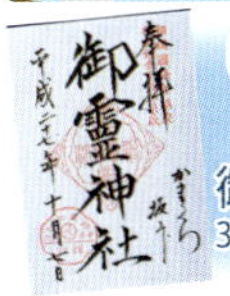

御朱印 300日元

在御灵神社与福禄寿相会

ごりょうじんじゃ

将镰仓权五郎景政作为祭神的神社

这座神社供奉的镰仓权五郎景政是平安时代后期的英雄传说中有名的武士。这里提供的降福，据说可以变得和景政一样功成名就。在景政忌辰9月18日这一天所举行的例大祭中，会进行"面挂行列"，总共10人带着面具结队前行，其中有御灵神社的"福禄寿"面具，以祈求获得好丰收。

历史&祭祀

镰仓权五郎景政

景政是源义家的部下，在与奥州藤原氏的后3年战役中，右眼被箭射中，依然英勇奋战，从而留下了有关他的英勇传说。

这座神社是在平安时代后期所创建的，祭祀着镰仓湘南地区的开拓者镰仓权五郎景政。所谓五灵神社是祭祀大庭、梶原、长尾、村冈、镰仓这五家，成为之后的御灵神社。

●离7月25日近的星期日　石上神社例祭

●9月17日　宵宫祭 ●9月18日　面挂行列（图片）

在由比滨逛杂货店

绝佳的氛围勾起您的购物欲

由比滨大街沿路，各种各样的杂货店鳞次栉比。特别是六地藏交叉口一带，集中着很多杂货店。因为这些店都很有魅力，所以介绍了几个，来找找看有没有您中意的店吧。

对色彩鲜明的零碎杂货一见钟情

↑简单且穿着舒适的服装也很丰富

亚洲杂货

B banromsai

●バーンロムサイ

0467-50-0041

MAP附录②P.14 E-2

这是由企业型NPO banromsai Japan所经营的道德商店，主要出售用清迈的东西制作的商品。充分发挥当地色彩斑斓的材料和技术，制造出来的服装和小东西把这里摆得满满的。

休星期三 L11:00～18:00 所镰仓市由比滨1-10-3 交江之电和田塚站附近 P无

4536日元

→用民族服装的旧布做成的卡包

←用印度尼西亚的旧布拼缝而成的挎包

各9180日元

10800日元

↑活用衣服剩余布料织成的色彩鲜明的长款钱包

精品杂货

A DEEP BLUE FICTION

●ディープブルーフィクション

店内有许多老欧美风服饰和物件

0467-25-0904

MAP附录②P.14 F-1

这里有在欧洲各地和美国西海岸购买收集而来，很有古风感觉的衣服和杂货。

休无休 L11:00～18:00 所镰仓市御成町5-28 交JR镰仓站西口步行5分钟 P无

根据店名设计店内的色调

3000日元

↑小型咖啡杯，20多年前德国生产的杯子

6200日元

地方虽小，但是并排陈列着复古服装

设计杂货

C moc

●モック

二手服装与古董杂货

0467-95-7760

MAP附录②P.14 F-1

以女性顾客为中心。主要经营美国和欧洲的二手衣物。

休不定期休息 L11:00～19:00 所镰仓市由比滨1-1-32 SUN GARDEN镰仓101 交JR镰仓站西口步行6分钟

←刺绣纯棉女式衬衣。衣服上有美丽的刺绣

5940日元

鹤冈八幡宫·小町路 P.40
镰仓站西口 御成路·钱洗弁财天 P.58
长谷·由比滨 长谷寺·镰仓大佛 P.70
北镰仓 圆觉寺·建长寺 P.84
金泽街道·二阶堂 报国寺 P.98
大町·材木座 P.106
稻村崎·七里滨 P.114

能长时间使用的高质量商品

⬆摆满了成人喜欢的容易使用且小巧玲珑的商品

分选杂货

G mar

●マル

➡外观也很简单。来找能长时间使用的商品吧

0467-24-6108

MAP 附录②P.14 F-2

选择日常生活中容易购入，能简单舒适地使用的好商品。也有很多能在日常使用的不同作家的手工艺品。

休 无休 L 11:00～18:00 所 镰仓市由比滨2-5-1 🚃 JR镰仓站西口步行5分钟 P 无

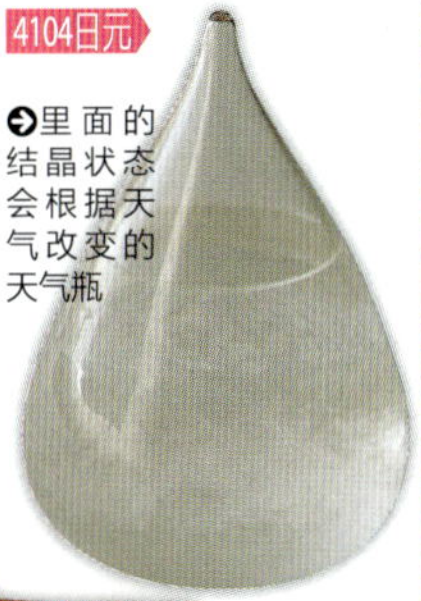

4104日元

➡里面的结晶状态会根据天气改变的天气瓶

12096日元

⬅拉脱维亚的篮子。由于材料使用柳条，耐久性很好，能长时间使用

美国杂货

D Andy's Store

●アンディーズストア

0467-95-7360

MAP 附录②P.14 F-2

以"美国·海·复古"为题，堆满了从美国采购的商品。以70年代的东西为主，也有一些日本没有的商品。

休 星期三 L 12:00～18:00 所 镰仓市由比滨2-5-16根岸大厦1楼 🚃 JR镰仓站西口步行7分钟 P 无

堆满了能感受到美国复古风的商品

7344日元

➡夏威夷的首饰品牌，贝壳点缀的耳饰

5616日元

⬆也有湘南艺术家的作品

⬅充满了复古感的笑脸花盆

平时也能使用的服装&厨具杂货

17280日元

➡帆布与橡胶贴合的全天候型旅游鞋

⬅也有很多平时能用的鞋和袋子

服装&厨具杂货

E amateras kamakura

●アマテラスカマクラ

0467-84-7369

MAP 附录②P.14 E-2

以国内制造为中心，这里有很多专门为女士、男士能长时间穿着而设计的便服。从时尚商品到厨具和儿童用品，各式各样都有。

休 无休 L 10:00～19:00 所 镰仓市由比滨3-1-2 🚃 江之电和田塚站附近 P 无

2484日元

⬆精巧的着色之美，给人留下深刻印象的茶壶

日本唯一的

立体绘本专卖店

H meggendorfer

0467-22-0675

MAP 附录②P.14 E-2

从影印本到新作，经营着超过600种的国内外立体绘本。作为给孩子的礼物自不用说，作为房间的装饰品也很有人气。

休 星期三 L 10:00～18:00 所 镰仓市由比滨3-1-27 🚃 江之电和田塚站出来步行3分钟 P 无

⬆也有各种各样的样品绘本

➡一打开就会发出声音的《音乐立体书·不可思议之国的爱丽丝》（刘易斯·卡罗尔作 大日本绘画）

2808日元

古董

F 古董·由

0467-22-9556

MAP 附录②P.14 E-2

摆满了由喜欢古董的老板挑选的1900—1950年的旧工具和个性家具的古董店。合适的价格以及各种风情齐备，有很多古董迷常客。

休 星期二 L 11:00～19:00 所 镰仓市由比滨3-1-27 🚃 江之电和田塚站出来步行3分钟 P 无

被用惯了的有味道的古美术品

⬆店内挂满了悬挂英国和美国产的吊灯

➡画着滑稽的鸟的德国产的蛋架。很轻，使用也很方便

各1050日元

1296日元

➡直径13厘米，方便用在各种场合的好碟子。也很适合用于室内装饰

长谷·由比滨

在古都和镰仓品尝人气餐馆和咖啡厅的 洋食午餐

从长谷到由比滨，当然镰仓也早早地开始迎接西方的文化。明明是古都，却最先引入法式等西餐的潮流，新店在这里也陆续出现。新旧名店熙熙攘攘。

很难预约、个性派的优秀法餐

推荐午餐

午餐套餐 3300日元

以从数种食材中选出的主食为前菜，加上佐餐酒等。照片是"香草面包屑粉烤金华猪腿里脊 浅利和藏红花汁"

➡从由比滨大街一进入住宅街的地方就是店面

由比滨

ete

●エテ

📞0467-84-8114

MAP附录②P.14 E-2

这是以新锐藤本主厨的料理为目标，接连几天预约满满的人气店。菜单上只有套餐，提供食材轮廓清晰明了的强力料理。从食物中就能感受到主厨认真工作的样子。

休星期一 L11:30～13:30(关门)、17:30～21:30(关门) 所镰仓市由比滨2-7-20 山口大厦1楼 交江之电和田塚站附近 P无

⬆以橘色和褐色为基调的气氛平和的店内

长谷

Cafe Bergfeld

📞0467-24-9843

MAP附录②P.15 C-2

这是家德国面包老店，可以享用胚芽面包和用自制酵母做成的黑麦面包等零添加食材风味。追求传统制作方法，具有恰到好处的酸味面包，嚼起来口中风味十足。

休无休(星期二、第三个星期一不卖面包) L10:30～18:00(18:30关门) 所镰仓市长谷2-13-47 交江之电长谷站出来步行3分钟 P无(有合作的停车场)

➡这里同时设有雅座，所以您可以马上吃到选好的面包

追求自然酵母的传统德国面包很有人气

推荐午餐

伯格三明治 864日元

3种自然酵母面包加上香肠等做成的三明治。午餐加上汤汁等共1080日元

长谷

woof curry

●ウーフカレー

📞0467-25-6916

MAP附录②P.15 C-2

可以吃到花费3天准备，散发着诱人味道的上品欧式咖喱。温和而又富有品味，是其受欢迎的主要原因。楼梯间的二层也有座位，餐后也能像在咖啡厅一样慢慢度过时间。

休星期三 L11:00～20:45(21:00关门) 所镰仓市长谷2-10-39 交江之电长谷站出来步行5分钟 P无

➡用旧民宅改造而成，大大的窗子和开放的氛围

推荐午餐

特别咖喱 1100日元

将好吃的味道和甘甜慢慢引出的特制黄油面酱是关键。放入牛肉和煮鸡蛋，配料很多

香料的香味与温和的味道在口中

除了西餐之外，特集里也有其他的美食介绍!

长谷 ➡P.23 定食屋 木汤勺

由比滨 ➡P.23 镰仓 松原庵

长谷 ➡P.24 Beau Temps

长谷 ➡P.24 渡边餐厅

长谷 ➡P.25 SAIRAM

由比滨 ➡P.27 FARM TO YOU

由比滨 ➡P.29 惣 INOUE

由比滨 ➡P.34 TUMUGI

在女生喜欢的空间里品尝好吃又健康的熟食

⬆黑板上画着的小羊很可爱。别的也试着去找找吧

➡乳蛋饼拼盘1000日元。每天有2种

推荐午餐
干咖喱 1000日元
特别的咖喱加上香菜与柠檬，带出清爽的味道。搅拌后品尝吧

长谷
koyagi-ya delicatessen & co.
●コヤギヤデリカテッセンアンドカンパニー

☎0467-81-4118　MAP附录②P.15 C-2

2015年3月开业的熟食咖啡厅，使用当地生产的无添加食材，花费工夫制成的熟食博得广大女性的好评。不使用小麦粉，花费4小时炖成的"干咖喱"和加上镰仓蔬菜沙拉的"乳蛋饼拼盘"很受欢迎。

➡统一为白色的外观，包括内部装修都能触动女性的心

休火曜　L12:00～21:00(21:30关门)　所镰仓市长谷2-11-41　交江之电长谷站出来步行4分钟　P无

长谷
Cafe Kapua
●カフェカプア

☎0467-24-9881
MAP附录②P.15 B-3

这家咖啡厅位于御灵神社的参道入口的天然空间。午餐有用从船老板那里买来的一大早收获的新鲜小沙丁鱼做的意大利面和盖浇饭、比萨等。也推荐茶点时间的"季节薄饼"。

⬆大大的窗子和白色的墙壁构成的明亮的店内

休星期三，每月第1、3个星期四　L11:00～17:30(18:00关门)　所镰仓市坂之下17-11　交江之电长谷站出来步行5分钟　P无

推荐午餐
小沙丁鱼意大利面午餐套餐 1200日元
有很多当地产的小沙丁鱼的意大利面，加上前菜和饮料。每天有可供您选择的意大利面

意大利面里放上当地坂之下捞起的新鲜小沙丁鱼

由比滨
Original Joe's

☎0467-25-2468　MAP附录②P.14 E-2

店里提供汉堡肉和意大利面、奶汁烤干酪烙菜等成排的西餐王道菜单。花费一天的时间做的自制番茄汁和足量的"汉堡肉"等，从中能看到有匠人精神的主厨认真工作的样子。

⬆白色墙壁上颜色鲜艳的店名映入眼帘

休星期一　L11:30～13:30(14:00关门)、17:00～21:00(21:30关门)　所镰仓市由比滨1-10-10　交江之电和田塚站附近　P1个停车位

由多年的经验诞生出的上品自制番茄汁

推荐午餐
汉堡肉 1100日元
在肉汁四溢的100%牛肉做成的汉堡肉上，浇上自制番茄汁。午餐包含米饭

有老店气息的平静的入口 让人期待怀念的味道

推荐午餐
清炖牛肉 1900日元
具有温和而又浓厚风味的清炖牛肉是其人气菜单之一。您一定会想要慢慢品尝它

长谷
CARO
●カロ

☎0467-25-4379
MAP附录②P.15 C-3

位于从长谷站去往海边途中的西餐老店。令人陶醉的炖牛肉配上足量色彩斑斓的蔬菜的"清炖牛肉"和"有头炸虾"(2200日元)很受欢迎。可以与米饭或汤配成套餐。

休星期五，第3个星期四　L12:00～14:15(15:30关门)、18:00～21:00(21:45关门)　所镰仓市长谷2-16-15　交江之电长谷站出来步行3分钟　P7个停车位

➡伫立于满是老店风格的入口，期待着那令人怀念的味道

由比滨
Cafe Bitter Sweet

☎0467-22-1988
MAP附录②P.14 E-2

以成人的空间为题的咖啡餐厅，有比萨和意大利面、意大利调味饭等丰富多彩的菜单。其中，放上满满的从镰仓捞起来的起锅汤面小沙丁鱼和骏河湾产的樱虾比萨很受欢迎。

休星期四　L11:30～19:30(20:30关门)、茶点时间为14:30～18:00　所镰仓市由比滨1-3-16　交JR镰仓站西口步行7分钟　P无

推荐午餐
起锅汤面小沙丁鱼和樱虾的比萨 1450日元
比萨上小沙丁鱼和樱虾争奇斗艳。散发出的香味令人食欲大增

➡简单而高雅的店面结构，呈现出一种容易融入的氛围

色彩鲜明的小沙丁鱼和樱虾，让眼睛和舌头都能为之满足的比萨

受到甜点的诱惑……

在长谷大街漫无目的地边走边吃

奶油铜锣烧 250日元
北海道产的奶油的浓郁感与红小豆相得益彰，令人贪恋的美味

在长谷大街不仅坐落着长谷寺和高德院，还有很多能买到适合吃吃逛逛的点心的店。其中，也有可以作为特产的东西，看看吧。

在当地一直备受喜爱的老店

大粒红小豆铜锣烧 180日元
使用北海道盛产的香味十足的红小豆「丰祝」，也非常适合作为特产送人

Ⓐ 镰仓Surugaya 长谷站前店
●かまくらするがやはせえきまえてん

0467-22-8755
MAP附录②P.15 C-3

1927年创立的老和果子店“镰仓**するがや**”的站前店。其特点是有名的铜锣烧以微微的甘甜和使用了足量鸡蛋的厚厚质地。以浓郁的奶油决胜的“奶油铜锣烧”也很有名。

2星期三 111:00~17:00 4镰仓市长谷2-14-11 5江之电长谷站附近 6无

➲在店铺前可以看见手艺人认真烤制的现场表演

大佛的表情可爱又庄严

大佛包子 120日元
在蛋糕里加入豆馅儿。也有牛奶玉米糊

连其背后都能写实地再现！

➲头部等背后的样子也明确地再现了

Ⓑ 长谷团子
●はせだんご

0467-23-7453
MAP附录②P.15 B-2

这是位于高德院前，贩卖团子等的移动货摊。招牌商品是大部分时间能卖出大约1000个的“大佛包子”。再现大佛的表情等细节，很多人很喜欢这种视觉性。

2不定期休息（也有冬季休业的情况） 110:00~16:30 4镰仓市长谷3-1-7 5江之电长谷站出来步行7分钟 6无

➲一长排的大佛。在外面也能看见烤制的样子

➲店是移动货摊。另一个人气商品团子，一个卖100日元

Ⓒ 镰仓Gelato
●かまくらジェラート

0467-22-8801
MAP附录②P.15 B-2

不加色素和香料的意大利手工冰淇淋，菜单每日更换。因为是在店里手工制作的，所以很新鲜，口感丝滑。也有季节限定口味以及番茄、毛豆等少见的种类。

2不定期休息（4~10月无休） 110:00~18:00（4~10月月以外会有变动） 4镰仓市长谷3-8-13 5江之电长谷站出来步行3分钟 6无

单球各360日元
右边是抹茶，左边是黑醋栗。双球是460日元，三球是510日元

多种多样口味的意大利手工冰淇淋

➲让人想要轻松愉快地走进去的店面结构

原料考究的年轮蛋糕

轮心蛋糕（小）300日元
可以边逛边吃的尺寸。直径14厘米的大号蛋糕可以作为特产送人

在口中慢慢融化的甘甜锷饼

南瓜金锷饼 1个200日元
使用北海道产的惠比寿南瓜。推荐将盒装作为特产送人

➲有着白色的墙壁和黄色门帘的店铺。空气中飘散着微微的甜香

长谷大街

Ⓔ 轮心-WACO-KAMAKURA
●わこかまくら

0467-84-8745
MAP附录②P.15 C-2

招牌商品年轮蛋糕对原料很讲究，使用冲绳的本和香糖、国产小麦和刚下的蛋。可在店铺前面品尝，其他的卷筒蛋糕和奶油泡芙等商品的人气也很高。

2不定期休息 110:00~18:30 4镰仓市长谷1-16-12 5江之电长谷站出来步行5分钟 6无

➲位于长谷大街稍稍靠里一点的地方，木质的外观成为标志

Ⓓ 镰仓Itoko
●かまくらいとこ

0467-24-6382
MAP附录②P.15 C-2

包裹着秘传薄衣的有着温和甜味的金锷饼，上等的馅料和焖煮过的红小豆的平衡十分美妙。馅料除了传统的南瓜以外，还有抹茶、红小豆、樱花、栗子等数十种，丰富多彩。

2不定期休息 110:30~17:30 4镰仓市长谷3-10-22 5江之电长谷站出来步行3分钟 6无

特集介绍！

长谷 ➲P.31 力饼家

长谷 ➲P.31 镰仓豆屋 长谷总店

区域指南

浓缩了镰仓魅力的地方

长谷·由比滨

●はせ·ゆいがはま

长谷这里聚集了高德院和长谷寺等名刹，周围魅力十足的餐厅与咖啡馆比比皆是。由比滨大道边上有许多杂货店，可以尽情地购物。

附录②MAP P.13

附录·特集中有介

MAP 附录②P.14 F-1

由比滨 小寿寿

●ゆいがはまこすず

0467-23-1192 咖啡

口感滑溜的蕨菜饼

回头客众多的蕨菜饼，不使用任何防腐剂，使用正宗蕨菜粉每天早晨新鲜制作。这款点心口感爽滑，若与自己制作的黑糖蜜搭配食用，口感更佳。礼盒装的为756日元（9块入）与1080日元（14块入）两种。

休无休 L10:30～17:30（18:00关门） 所镰仓市由比滨1-1-9 JR镰仓站西口出发步行6分钟 P无

蕨菜饼540日元（五块入）

MAP 附录②P.15 B-2

光则寺

●こうそくじ

0467-22-2077 观光

四季花开

据说北条时赖的家臣宿屋光则为了怀缅日莲圣人，推崇其被幽禁的高徒日朗上人来开山，于1274年左右将宅邸改成寺庙。幽禁的地牢保留至今。

休无休 L7:30至日落 ¥门票100日元、中学生以下免费 所镰仓市长谷3-9-7 江之电长谷站出发步行6分钟 P无

海棠等美丽地花朵竞相开放

MAP 附录②P.15 C-3

长谷食堂

●はせしょくどう

0467-61-3370 用餐

尽情品尝镰仓名产小鳀鱼

这家店位于江之电长谷站前。以“生小鳀鱼盖饭”为主，使用小鳀鱼为原料制作出镰仓独有的菜单，种类丰富。本店也提供如“hayamoko”（900日元）等夏威夷风美食。

休无休 L9:00～18:30（19:00关门）（因季节会有变动） 所镰仓市长谷2-17-1 江之电长谷站即到 P无

“镰仓油炸什锦盖饭”1200日元。使用当地新鲜蔬菜与小鳀鱼做成什锦油炸盖饭

MAP 附录②P.15 C-2

甘绳神明宫

●あまなわしんめいぐう

0467-61-3884（镰仓市观光商工课） 观光

在镰仓幕府以前就存在的古神社

这里是镰仓最古老的神社，祭祀着天照大神。传说源赖朝、政子和实朝都曾来此祭拜。据说在710年，染屋太郎时忠在山上建立神明宫，山脚建造神舆山圆德寺，由此开始神社的历史。

L院内自由 所镰仓市长谷1-12-1 江之电由比滨站出发步行10分钟 P无

可以一览由比滨海的祭拜大殿

MAP 附录②P.15 D-2

吉屋信子纪念馆

●よしやのぶこきねんかん

0467-25-2030（镰仓生活学习中心） 观光

深爱镰仓的女性作家的住处

为了缅怀深爱镰仓的女性作家吉屋信子，将其曾经的住处用作纪念馆。现在把当时生活的场景原封不动地保留下来，这个纪念馆在限定时间对

休黄金周、6、10、11月的1~3号、4~6、10、11月的星期六、5~6月的星期日开放 L10:00～16:00 ¥入馆免费 所镰仓市长谷1-3-6 江之电由比滨站出发步行7分钟 P无

由“近代茶室建筑”第一人之称的吉田五十八氏设

MAP 附录②P.15 D-3

Restaurant Seedless Bar

●レストランシードレスバー

0467-24-9115 用餐

眺望一片由比滨的餐厅

这是一家沿海建造的加利福尼亚风的餐厅BAR。从玻璃墙里可以看到大海。菜单里多是汉堡、披萨等分量十足的美食。

休无休 L11:00～23:00（饮料自助为23:30、打烊为24:00）、星期六、节假日前一天为10:00～翌日1:00（饮料L.O.为翌日1:30，打烊为翌日2:00） 所镰仓市由比滨4-9-1 2階 江之电由比滨站出发步行3分钟 P6个停车位

“培根牛油果汉堡”1500日元

MAP 附录②P.15 C-2

OKASHI 0467

●オカシゼロヨンロクナナ

0467-25-0753 咖啡

新旧完美结合的空间

由昭和初年的民宅改造而来的蛋糕店。这里的蛋糕根据食材的组合，给他们安上数字作为名称，与酒搭配食用也很适合。

休星期二 L12:00～18:00（关门）土·周末、节假日11:30～18:30（关门）售卖时间10:00~19:30（根据季节有变动） 所镰仓市长谷1-11-21 江之电长谷站出发步行4分钟 P无

“No.6（鲜橙、果仁碎牛奶巧克力）”560日元、“红葡萄酒/Merlot”900日元

MAP 附录②P.15 B-3

成就院

●じょうじゅいん

0467-22-3401 观光

从参道眺望的由比滨，绝美风景

弘法大师于平安时代在这里护摩，成为灵迹，1219年北条泰时建造此寺。6月绣球花开放，远近闻名。但是到2017年为止，因为参道施工中，所以无法观赏绣球花。参拜照常进行。

休无休 L8:00～17:00 所镰仓市极乐寺1-1-5 江之电极乐寺站出发步行5分钟 P无

这里有瞭望口，从参道可以看到由比滨

MAP 附录②P.14 E-2

井上鱼糕店
●いのうえかまぼこてん
✆0467-22-1133 购物

源于食材、精益求精的老字号鱼糕
1931年创办以来，鱼糕店出售镰仓的特产受到各地消费者喜爱。不使用任何防腐剂和增稠剂，食材严选石首鱼白肉部分，精心制作。店内招牌“梅花鱼肉山芋饼”，一口一个的梅花造型，小巧精致。

休星期三 L8:30~19:00 所镰仓市由比滨1-12-7
江之电和田塚站附近
P2个停车位

“梅花鱼肉山芋饼”152/块，弹牙柔软的口感是本店鱼糕的特色

MAP 附录②P.15 C-2

惠比寿屋
●えびすや
✆0467-22-0231 购物

来长谷购物一定要带走的传统特产就在这里
这是一家专门制作佛祖和观音形状的煎饼的老字号店铺。悉心研究每一份食材，精心烘焙每一枚煎饼。饱含诚意而来的点心口味醇厚，无穷回味。同时也是神奈川县传统糕点指定制造店铺。

休星期四 L8:30~18:30(星期四(12月至次年2月至18:00)
所镰仓市长谷2-14-26 江之电长谷站出发步行5分钟 P无

“大佛观音煎饼”8块/盒1300日元

MAP 附录②P.14 E-2

TSURUYA
✆0467-22-0727 用餐

入口即化的鳗鱼

1929年开业的鳗鱼店。接受订单之后才会被开膛剖肚的鳗鱼新鲜十足，用备长炭文火慢烤，口感松软鲜嫩。

休星期四 L11:30~19:00(关门)
所镰仓市由比滨3-3-27 江之电和田塚站附近
P3个停车位

大热“盒装叠烧鳗鱼”3564日元。因需40~50分钟的制作时间，建议预约再进店品尝

MAP 附录②P.15 C-2

镰仓四葩 长谷店
●かまくらよひらはせてん
✆0467-25-6133 购物

外包装可爱的吸油纸
以麻和真丝为原料，用金箔打纸法制作而成的吸油纸广受女性消费者的喜爱。亲肤感与高吸脂力兼备，外包装的设计也可爱童真的居多，是伴手礼的不二选择。

休无休（有临时休业 L10:15~17:15 所镰仓市长谷1-15-16 江之电长谷站出发步行4分钟 P无

吸油纸 镰仓全景系列20张入，每个400日元。完美呈现镰仓的四季风光

MAP 附录②P.15 C-2

鲷鱼烧的波涛是也
●たいやきなみへい
✆0467-24-7900 购物

店主的诚意之作 嘎嘣脆的鲷鱼烧
正对由比滨大道的鲷鱼烧店铺。鲷鱼烧不使用添加剂，精选绵软爽滑、甜而不腻的红豆沙为馅料，口感分明，口口相传，特色鲜明。直接烘烤而成的点心，外皮酥脆，魅力十足。

休星期一（法定节假日翌日休息） L10:00~18:00
所镰仓市长谷1-8-10 江江之电由比滨站出发步行3分钟 P无

坚持古早制作方法“鲷鱼烧”170日元~

MAP 附录②P.15 D-2

Papa Nöel
●パパノエル
✆0467-24-9774 用餐

精通足量鲜美的蔬菜料理
不拘泥于法餐的形式，在料理中注入意式元素是本店特色。每天早晨采购的新鲜蔬菜，充分体现新鲜可口风味的料理也不少。午餐2376日元、晚餐4320日元，欢迎品尝。

休星期三 L12:00~14:30(15:30关门)、18:00~20:00(22:00关门) 所镰仓市由比滨3-11-41
江之电由比滨站附近 P1个停车位

正餐「今日鱼料理」——裹满了道明寺粉，涂满蟹汁烧制而成

MAP 附录②P.15 D-2

KOKEISHIKA镰仓
●コケーシカかまくら
✆0467-23-6917 购物

日本与俄罗斯民间工艺品专卖店
店内出售日本传统工艺品木偶和俄罗斯套娃。店内放置东北地区的木偶，种类常年可达300种以上。俄罗斯套娃均为俄罗斯原装进口。

休星期二~星期四（节假日照常营业）
L11:00~18:00 所镰仓市长谷1-2-15 江之电由比滨站出发步行4分钟
P无

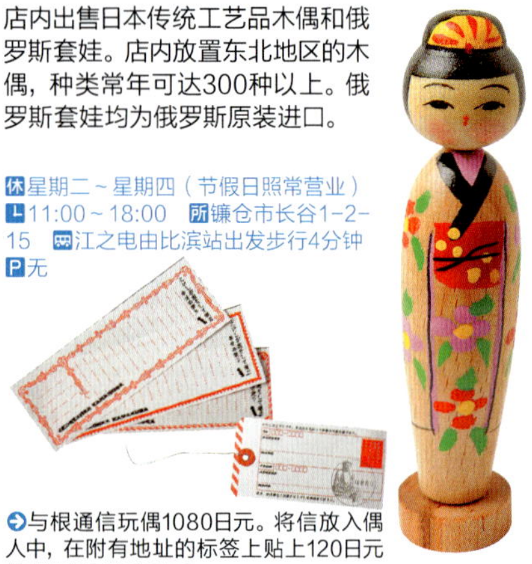

与根通信玩偶1080日元。将信放入偶人中，在附有地址的标签上贴上120日元的邮票就可以寄出了

MAP 附录②P.15 D-2

麸帆
●ふはん
✆0467-24-2922 购物

口感独到、回味甘甜的包子
加了艾叶的面筋，融合甘甜的豆沙，将这丰富的美味包裹其中的包子“笹衣”便是本店的招牌产品。竹香幽幽，令人心旷神怡。此外，季节限定的产品也已上市。店内出售蒿叶、白芝麻、黑芝麻和板栗口味的麸馒头。

休星期一 L10:00~17:00(售完即停止营业) 所镰仓市长谷1-7-7
江之电由比滨出发步行约3分钟 P无

“麸馒头”180日元/个 内有豆沙面筋和豆沙馅

MAP 附录②P.15 C-2

Cotty Cotty
●コッティコッティ
✆0467-22-9988 购物

可组合选择寻觅甜品的好去处
位于长谷大道边的这家店，在饭店是大热的鲑鱼盖饭店之外，下午茶时间也提供焕然一新感觉的甜品。在烤甜甜圈铺上冰淇淋，浇上糖浆。冰淇淋、甜甜圈和糖浆均有两种可选择。

休星期三(节假日照常营业） L11:00~18:00（下午茶时间15:00~） 所镰仓市长谷1-16-25
江之电长谷站出发步行7分钟 P无

“冰淇淋烤甜甜圈”540日元。在甜甜圈铺上冰淇淋和糖浆等

↑在玫瑰园的旁边，立有玫瑰拱门
占地达600平方米的玫瑰园中花朵盛放，与洋楼浑然一体，映照成辉

魅力1 满目蔷薇，种植玫瑰多达230株的玫瑰

在玫瑰园中，花季分为春秋两季。园内不仅种有以镰仓派中美丽稀有的名字命名的玫瑰，如"静之舞""星月夜""流镝马"等，还种有移栽于法国和美国的玫瑰。春季的玫瑰节尤其热闹。

可以观赏到这些花

静之舞

↑花瓣白底，花蕊呈淡黄奶油色。此种玫瑰花的名字是因思念源义经，静御前跳的舞而来

流镝马

↑射手边策马奔驰边射击的武艺流镝马而来。花的颜色是和马的衣装相似的赤红

Column 从由比滨站步行7分钟 镰仓3大洋楼之一

镰仓文学馆的魅力所在

镰仓文学馆是由前侯爵前田家的别墅改造而来。在这里，可以近距离体会到深受文学爱好者推崇的镰仓派文学的魅力。川端康成等许多著名的镰仓文人的资料也被展示在馆中。同时，春秋季节正是赏花的最佳时节，敬请期待那时的玫瑰园。

☎0467-23-3911
MAP附录②P.15 C-2
休星期一（节假日开馆，其中5、6、10、11一月闭馆一次）更换展品等 L9:00～16:30(17:00关门、10月至次年2月～16:00、16:30关门) ¥300～400日元(根据展览会性质会有变动) 所镰仓市长谷1-5-3 交江之电由比滨站出发步行7分钟 P无

↓因为前院是开放式空间，可以在这里举行音乐会等活动

魅力2 匠心凝聚、别具一格的建筑

从外观上来看，整体呈现日西合璧的风格，无论是外飘窗还是橱窗，包括阳台的扶手等均洋溢着浓浓的西洋风情。而别墅内部则采取装饰艺术的风格。

↑异国风情满溢，品味高雅

↑馆内可见装饰艺术风的彩绘玻璃

↓内部均是装饰艺术风格，灯具精明细致，唯美浪漫，十分宝贵

魅力3 有关镰仓派文人的展品

本馆开放以来，收集并展出过包括在北镰仓修禅过的夏目漱石和在镰仓盖居所的川端康成等作家的资料。除了常规展览外，也会举行一些特别的展览。

↑陈列亲笔原稿、信件及随身物品的展览室

博物馆商店也值得光顾！

↓书签每个432日元。左边的是彩色玻璃，右边的是以建筑物与蔷薇为主题的书签

↓书皮515日元 简单的建筑设计

镰仓3大洋楼的其余2处

镰仓站西口

古我邸 ●こがてい →P.27

1916年建造的别墅，建成100周年之际对其进行了修葺，并在2015年4月份作为餐馆开业。

金泽街道·二階堂

旧华顶宫邸 ●きゅうかちょうのみやてい

MAP附录②P.18 F-6

1929年，这里作为华顶博信侯爵的府邸建造而成。现在平时只开放法式花园，春秋季内部也会

☎0467-61-3477(镰仓市都市景馆科)
休星期一、星期四(节假日为下个工作日休) L10:00～16:00(10月至次年3月开放至15:00)※建筑内的公园为一年两次 ¥免费 所镰仓市净明寺2-6-37 交JR镰仓站东口出发，乘坐京急公交镰仓灵园正门前太刀洗站9分钟，在净明寺下车，再步行4分钟 P无

北镰仓 圆觉寺·建长寺

きたかまくら　えんがくじ　けんちょうじ

镰仓时代在这里建造的古刹名寺数不胜数。这是一片自然环境保存良好，没有过多人为建造痕迹的宁静之地。这里作为赏花圣地，聚集了许多名刹和老字号的餐馆、甜品店等，美名在外。

在这个区域想做的事情

来品尝只有在北镰仓才有的和食吧

与此地的禅宗同样盛行的，还有怀石料理等斋菜。想必聚集众多古刹的北镰仓对于传统的口味也是十分精通吧

来建长寺体验坐禅

来寺庙里体验坐禅吧。体验时间为一个多小时，无需预约即可参加

区域指南

从北镰仓站出发的路线

北镰仓站

- 步行即到 → 圆觉寺 → P.86
- 步行15分钟 → 建长寺 → P.88

如此地方

名刹林立 弥漫古都情怀

被称为“镰仓街道”的县道21号线路边，镰仓时代建造的寺庙随处可见。利用谷户地形的这片区域内，精美的塔头林立，被包裹在大自然中。一年四季不间断开放的花朵，与这里的古色古香交织成美妙的画面，游客络绎不绝。

鹤冈八幡宫·小町路 P.40
镰仓站西口 御成路·钱洗弁财天 P.58
长谷·由比滨 长谷寺·镰仓大佛 P.70
北镰仓 圆觉寺·建长寺 P.84
金泽街道·二階堂 报国寺 P.98
大町·材木座 P.106
稻村崎·七里滨 P.114

推荐 半天 近道方案&MAP

START 北镰仓站

步行2分钟

1 11:00 **圆觉寺**
国宝参观学习

→P.86

步行2分钟

2 12:30 **北镰仓『元』**
享受正宗怀石料理

→P.92

步行2分钟

3 14:00 **东庆寺 画廊&店铺**
寻找土特产

→P.96

步行5分钟

4 15:00 **三日月堂 花仙**
品尝和式甜品 稍事休息

→P.94

步行10分钟

5 16:30 **建长寺**
体验坐禅

→P.36

步行15分钟

GOAL 北镰仓站

旅游旺季

6月上旬至下旬、11月中旬至12月中旬

绣球花开放的6月时值初夏，正是观光的好季节。这是一整年中北镰仓最有生气的时候。而且，大的寺庙里种植有许多的古木阔叶树，每值金秋，赤红金黄的树叶满布，形成独特的风景线。

步行小贴士

从北镰仓到鹤冈八幡宫可步行哦

因此处聚集了名寺和赏花景区，所以步行观光也很轻松。从北镰仓站下车到建长寺后，可以一路观光至鹤冈八幡宫。15分钟的路程多是下坡路的原因，可以更快地返回北镰仓站。

区域MAP

介绍以下地方

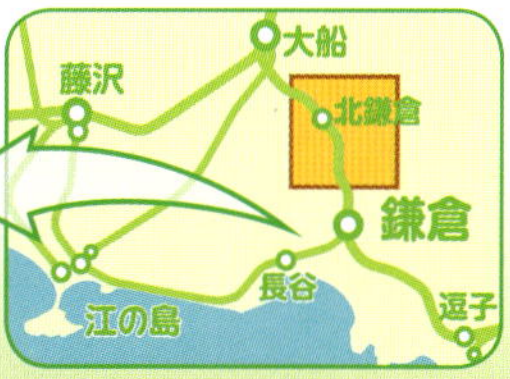

于圆觉寺见证国宝

えんがくじ

参观指南

参观所需时间 1小时

参观费 300日元、中学生以下100日元

参观时段 8:00~16:30（12至次年2月开放至16:00）

祈愿 实现愿望、延年益寿

可观赏花卉 樱花、牡丹、杜鹃、绣球花、桔梗、红叶、梅花

0467-22-0478 休无休 所镰仓市山内409 交JR镰仓站下车，步行即到 P25个停车位

MAP附录②P.16 D-1

文字为伏见天皇御笔

牌匾上写有“圆觉兴圣禅寺”。楼阁之上放有十一面观音等

夏目簌石的作品中登场的景点

三门（山门）

●さんもん

高大的双层门，在楼上安放有观音像和十六罗汉像等。也是被称为“放下执念，到达彼岸（涅槃解脱）”之门

北条时宗为了超度战争时双方阵亡者的亡灵而建造

镰仓幕府在北条氏掌管政权，得到安定之时，日本遭遇外敌进攻。他在位期间，经历1274年的文永之役与1281年的弘安之役等。执权的北条时宗与其建造建长寺的父亲北条时赖相同，皈依禅宗。蒙古来袭时，战死沙场的将士不计其数，为了追悼亡灵，邀请中国无学祖元禅师创建了圆觉寺。相对于建长寺，这座寺庙位于更北方，正处于进入镰仓的北入口，可以严密监控外敌入侵。关于这个选址，据说是鹤岗八幡宫的八幡大神幻化成白鹭，引路至圆觉寺的白鹭池而来。建造时，包含了现在的镰仓站和镰仓街道等一带区域。圆觉寺是禅宗临济宗中的圆觉教派主要寺庙。在镰仓五禅寺中名列第二。

别忘了这个！

御守等保平安的小商品

包含国宝殿的葫芦 520日元

↑细绳上挂着小葫芦，往中间看可以看到舍利殿的黑白相片

香气御守 500日元

↑恋爱运卓越。绑在随身物品上，或者扎头发都可以

收藏起来吧！

御朱印

御朱印 300日元

御朱印账 1200日元

←封面的字迹，出自名僧圆觉寺贯首朝比奈宗源之手

原来如此！

历史

进入明治时代，圆觉寺无疑发生了很大的变化。于1889年开通横须贺线。而横须贺线正是连接东京与军港横须贺的重要路线。这条线路横穿圆觉寺境内，在镰仓站附近分裂高台道。圆觉寺的道口、白鹭池、北镰仓站前的镰仓街都见证这些历史。线路开通时还没有北镰仓站，在1927年作为临时停车场开始运营，而真正成为北镰仓站投入使用又是三年以后的事情了。

北条时宗

第5代执权北条时赖之子，因父亲去世时年仅13岁，直到1268年第8代执掌政权。1281年，击退蒙古后，他创建圆觉寺，其墓也是设在圆觉寺佛日庵内。

刚好赶上！

祭祀

- 1月10日 临济禅师年祭
- 2月15日 涅槃会
- 4月4日 时宗公年祭
- 4月8日 降诞会（花祭）
- 7月中旬 夏季讲座
- 11月上旬 宝物通风
- 11月28日 弁财天女讲经
- 12月8日 成道会

鹤冈八幡宫·小町路 P.40
镰仓站西口 御成路·钱洗弁财天 P.58
长谷·由比滨 长谷寺·镰仓大佛 P.70
北镰仓 圆觉寺·建长寺 P.84
金泽街道·二階堂 报国寺 P.98
大町·材木座 P.106
稻村崎·七里滨 P.114

必看 景点

见证匠心之作
舍利殿
●しゃりでん
国宝

日本首屈一指的禅宗式建筑，也是神奈川县唯一一座被指定为国宝的建筑。相传在15世纪，由尼五山第一的太平寺的佛殿迁移重建而来。屋顶层层密铺着木板，花头窗也别具特色。平时都不对外开放，正月、5月连休和11月宝物通风的时候通常会开放。

高密度的木制椽子
房檐是由上下两层椽子严密地搭建而成。

花头框与花头窗
两侧的出入口均是花纹密布的边框，窗子的边框也有花纹装饰。

寺内供奉有100座观音像
方丈
●ほうじょう
写经体验

里面陈列有约100座小型观音像。据说若来这里参拜，就可以得到这里100座观音的庇佑。一座一座参拜过去的人不在少数。

每星期六无需预约即可参加坐禅会
居士林
●こじりん
坐禅体验

每星期六都会举行“星期六坐禅会”。无需预约，免费体验。将位于东京牛込的柳生家的剑道场拆迁新建，就有了如今的居士林。秋天可以观赏枫

圆觉寺 MAP

景区内首屈一指的枫叶观赏名胜
妙香池
●みょうこういけ

景区内首屈一指的枫叶观赏名胜。

在门口可以看见
漂亮的浮雕，例如龙、波涛之类的

令人惊叹的雕塑
唐门
●からもん

建造于江户时代。雕塑精美绝伦，松树、鸟、狮子、大象、龙和云朵等均栩栩如生。

木制的宝冠释迦如来坐像
佛殿
●ぶつでん

正式说法是大光明宝殿，1964年再建。佛殿正面的文字乃后光严天皇亲笔所写。

小专栏
夏目漱石曾经参禅的归源院

从正门进去右手边的禅院。此处闻名的原因，还是因为这里曾经是夏目漱石和岛崎藤村参禅修佛的地点。夏目漱石还根据在这里的经历，写成小说《门》。其中，书中的一窗庵的原型即这里的归源院。景点内立有夏目漱石的俳句碑。

踏阶而上的肃穆氛围
总门
●そうもん

出了北镰仓站的检票口，入目便是通往总门的石阶。上面悬挂着山号“瑞鹿山”的牌匾。

镰仓三大名钟之首
洪钟
●おおがね
国宝

被指定为国宝的梵钟。于1301年，即第9代执权的北条贞时的时代，有物步国光铸造而成。高约2.6米，口径约1.42米。

赏花好去处
✿=赏花场所

绣球花 6月中旬至下旬
到方丈为止寺内各处

寺内各处均可观赏的绣球花，与正门的建筑物形成鲜明对比。沿着去方丈的路上，可以看到正在开放的各式绣球花。

红叶 11月中旬至12月下旬
从正门到三门、妙香池

四周都被树木环绕，红叶满树满地，具有冲击性的视觉感染力。而且三门内部有许多参天大树，这是不能错过的景点。

梅 2月中旬至3月中旬
佛日庵、三门里等

牡丹 4月下旬至5月中旬
松岭院

樱花 4月上旬
正门下

如意庵茶铺 安宁 an-nei
●にょいあんさりょうあんねい
在这里小憩一会儿

这是开设在圆觉寺境内的甜品店。在这里可以一边眺望如意庵的庭院，一边休息品茶。菜单除了招牌“陷蜜”和“白玉善哉”以外，每月第二个星期六制作的“花结膳”也值得一尝。

●盛有抹茶和水果的凉粉 1000日元

●除了外廊的座位，也有圆桌

☎080-7741-0683 休星期六至星期二（第2个星期六除外，不定时休业） 10:00～16:00（关门）
MAP 附录②P.16 D-1

在建长寺（けんちょうじ）接触禅宗世界

引人注目的大匾额
匾额上写有“建长兴国禅寺”6字，足有6块榻榻米之大。

高度超过20米的二重门

三门
●さんもん

江户时代建造，由铜板铺成的二重门。在关东大地震中被毁坏，后又重建。没有门扇和墙壁，二楼陈列了五百罗汉。

参观指南

参观所需时间	1小时30分钟
参观费	300日元
参观时间	8:30~16:30
祈愿	开运迎福、生意兴隆、财源滚滚、消病除灾
可观赏花卉	樱花、牡丹、杜鹃花、绣球花、荻花、红叶

☎0467-22-0981 休无休 所镰仓市山内8 交JR北镰仓站步行15分钟 P20个停车位

MAP附录②P.16 F-4

日本最初的禅宗专门道场，镰仓五山中的第一位

建长寺，位于与镰仓中心地带仅一山之隔的北镰仓山之内。占地面积广阔，大寺院众多，此寺院为临济宗建长寺派的总寺院，在镰仓五山中占第一位。由皈依禅宗的镰仓幕府第5代执政者北条时赖所创建的建长寺，正位于由北进入镰仓的入口，也是堡垒。创建它时从中国邀请高僧兰溪道隆作为其开山主师。寺院内的总门、三门、佛殿、法堂、方丈等伽蓝建筑布置于一条直线上。创建当初的建筑物已被毁于火灾和地震中，现在的建筑物大多是在德川幕府的资助之下重建而成。此寺院在关东大地震中也受到了严重的损毁，灾后重建直至有了今日的雄伟样子。从威严的总门一路参拜至方丈，再漫步到里面的僧房是再好不过的。

\ 千万不要错过! /

祈愿小商品

禅T恤
各2000日元
↑T恤上印有“禅”字，也有印有“喝”“○”的图案

巨福守
500日元
←由建长寺山号的巨福山而来。巨福是象征无限的幸福的御守

收集一下试试！

御朱印

御朱印
300日元

御朱印帐
1200日元
←封面上印有“天下禅林”的字样。有不同颜色的封皮供选择

\ 原来如此! /

历史

1253年，是建长寺创建的时期，也是北条政权稳定的时期。相较于从前，朝廷后鸟羽上皇讨幕，举兵进攻，而被北条时赖粉碎的1221年时期，此时的幕府权力更加强大。北条时赖，想利用禅宗的精神来稳定政治，从而建造了建长寺。正式的名称是建长兴国禅寺，是日本最古老的禅宗专门道场。30年后，第8代执政者北条时宗创建圆觉寺，山之内成为日本最重要的禅宗区。

\ 一定要赶上! /

祭祀

- 2月3日　半僧房节分会
- 2月15日　涅槃会
- 4月8日　赏花节
- 6月4·5日　水无月外宿坐禅会
- 7月23~24日　开山忌
- 9月17日　秋季半僧房大祭
- 11月3~5日　宝物通风

←在节分时举办的半僧坊节分会上，还有撒豆的活动

鹤冈八幡宫·小町路 P.40
镰仓站西口 御成路·钱洗弁财天 P.58
长谷·由比滨 长谷寺·镰仓大佛 P.70
北镰仓 圆觉寺·建长寺 P.84
金泽街道·二阶堂 报国寺 P.98
大町·材木座 P.106
稻村崎·七里滨 P.114

小贴士

三门的阁楼上陈列有五百罗汉

双重构造的两层建筑三门的楼上，放置了释迦如来像、五百罗汉、十六罗汉等。

必看景点

画卷为 80 榻榻米左右
小泉纯作的云龙图长有10米、宽有12米，宏大精致。

使用最上乘的墨
使用品质最上乘的墨在麻纸上描画。

云龙的爪有五只
日本的龙的爪普遍有3只，这幅云龙图的龙爪有5只。

巨大云龙逼近

法堂 ●はっとう

1814年建造，是歇山式的铜板平铺而成。被指定为国家重要文化遗产。其中天花板装饰画“云龙图”闻名远外。

在榻榻米的和屋里感受禅意

方丈 ●ほうじょう

寺院长老的住所。建筑是由京都的槃船三味院移建而来。

坐禅体验

通常都是在此处举行坐禅会。坐禅会无需预约即可参加。每星期五、星期六举行坐禅会，星期六也会举行法话活动。

不能错过的匾额文字

总门 ●そうもん

“巨”字下引人注目的一点
“巨”字下的这一点被称为“百贯点”，寓意为有一百贯的身价，据说可以给人带来安全感。

与方丈相同，在1943年由京都的槃船三味院移建而来。

国宝

镰仓时代铸造的国宝

梵钟 ●ぼんしょう

1255年铸造，被指定为国宝。与圆觉寺、常乐寺的钟并称为“镰仓三名钟”。

天狗守护的地方

半僧坊 ●はんそうぼう

位于景区最深处，实现心愿、学业和良缘的地方。石阶的途中立有天狗像。

从视觉上感悟禅心

方丈庭园 ●ほうじょうていえん

据说这座庭院正是出自开山祖师兰溪道隆之手。这个池塘若是从正上方俯瞰，可以看到草书体的心形。

天花板装饰和壁画瞩目

佛殿 ●ぶつでん

1647年，由东京芝增上寺移建而来。因此处供奉着德川秀忠的正室阿江的灵位，内里装饰也是富丽堂皇。

珍贵的和式格纹天花板
在禅宗佛殿里有珍贵木材组成的格纹天花板。仰望壁画。

沉醉于鲜艳的绘图中
仙女起舞、花鸟和谐，极乐净土的世界在眼前缓缓展开。

赏花好去处

✿=赏花场所

樱花 3月下旬至4月上旬
总门到三门之间

总门与三门之间是一条种有约10株染井吉野樱花树的林荫道。在富丽堂皇的三门的映衬下优雅绽放。这里面也种有垂樱。

红叶 11月中旬至12月中旬
半僧坊

除了最深处的半僧坊枫叶很有名，其他的比如法堂周围、方丈的庭院旁等景区内到处都可以欣赏到各式各样的枫叶。

杜鹃花 4月下旬至5月中旬
天源院、梵钟附近

牡丹 4月下旬至5月下旬
总门至佛殿

胡枝子 9月下旬至10月中旬
三门前的妙高院的石墙

去探访紫阳花盛开的明月院

めいげついん

去寻觅美丽的花菖蒲

后庭园

●うしろていえん

平日是不开放的，只有在花菖蒲开放和红叶飘落的季节才会对外开放。

通过圆窗遇庭园

必看景点

本堂（圆窗）

●ほんどう（えんそう）

通过本堂的圆窗，可以看到花菖蒲、红叶等。进入正殿的时候，严禁赤脚。

镰仓十井之一

瓶之井

●つるべのい

与水有不解之缘的镰仓，其中有以孕育了优质水的镰仓十井，这便是其中一处。

怀中常年捧花

念花地藏

●はなおもいじぞう

温和安详的面庞下，藏有一颗可以治愈世间万物苦痛的心，吸引着众多游人驻足。

参观指南

参观所需时间 40分钟

参拜费 300日元（6月500日元）

参观时间 9:00~16:00（6月8:30~17:00）

可观赏花卉

紫阳花、花菖蒲、水仙、山茶花、木兰花、芙蓉

☎0467-24-3437 休无休

所镰仓市山内189

JR北镰仓站出发步行10分钟 P无

MAP 附录②P.16 E-3

以紫阳花为主，四季如春，花朵盛放，万紫千红

此处素有紫阳寺的别称，与想象中不同的是，虽然院里的紫阳花闻名远外，其种植历史并不悠久，约是昭和40年才开始种植。无微不至的维护照顾，使得院里的紫阳花恣意生长，为整个景区覆盖上一层青色。寺内还种有梅花、腊梅、樱花、后庭园的花菖蒲等。

不要忘了这个哦！

御守等祈福小商品

开运贝御守 300日元

←可以祈福诸愿的御守。颜色共有红、枚、紫、青、黄和绿6种可选。上面还挂有一枚小金币

值得收集！

御朱印

御朱印帐 1800日元

↑封面印有可爱的小兔子

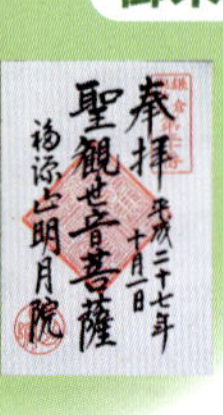

御朱印 300日元

小贴士

窟墓是什么？

镰仓的石头多松散，因此在石头里挖横穴作墓所。这种被视作墓穴的地方就叫"やぐ

赏花好去处

✿＝赏花场所

紫阳花 6月上旬至下旬 总门至景区内

从总门的石阶开始到景区内，处处都有紫阳花盛开的踪

花菖蒲 6月上旬至下旬 本堂后庭园

开花季节庭园会对外开放，也可从圆窗观赏庭园里的美

原来如此！历史

说到明月院的历史，就要追溯到于1160年建造的明月庵。约100年后，当时在此地的第五代执权北条时赖建造了最明寺。北条时赖去世后，第八代执权的北条时宗以最明寺为前身，建造了禅兴寺，关东统领上山宪方也完善了寺院的建设，扩大了寺域的面积。明月庵成为了明月院，也是第一子院。禅兴寺曾在明治时期的废佛毁释中遭到废寺，只剩下明月院保存完好至今天。

とうけいじ

在东庆寺 四季花开，被包围、治愈

曾经的断缘寺花团锦簇、声名远扬

向来以花之寺吸引中外游客的这座寺庙，过去却是断缘寺。直至明治初期都是如此。而从明治末期开始，此处作为男僧禅寺而成为了佛家研究的一处据点。释宗演将禅文化作为"ZEN"向世界发扬光大，继承其遗志的佛教学者铃木大拙创建"松岗文库"。此处墓穴里埋葬的也多是文人。

参观指南

预计参观时间 20分钟

参观费 200日元

※参观费可用IC卡支付（松岗宝殿的常规展览400日元、特别展览500日元）

参观时间 8:30~16:00（3~10月至17:00）

可观赏花卉 梅 紫阳花 杜鹃 花菖蒲 百合 腊梅

0467-33-5100 休无休 所镰仓市山内1367 交JR北镰仓站出发步行4分钟 P无

MAP附录②P.16 D-2

小贴士

何为断缘寺？

在那个女性无法提出离婚的年代，只有走进东庆寺，才能斩断情缘，因此被称为断缘寺。在松岗宝藏里公开了许多断缘文书。

必看景点

方形造的屋顶美轮美奂

房屋的屋顶不是水平状，4块屋顶边缘都做成三角形。

坐禅体验

供奉释迦如来坐像的美轮美奂的本堂

本堂●ほんどう

本堂"泰平殿"里供奉有释迦如来的本尊坐像。每月第4个星期日会在此处召开坐禅会，无需预约。

赏花行动

紫阳花

6月上旬至下旬 山门前等地

山门旁、景区内各处都有紫阳花绽放。

樱花

3月下旬至4月上旬 本堂前

一进去右手边的本堂前面，种有垂樱，值得一看。

御朱印

值得收集！

御朱印 300日元

御朱印帐 1200日元

历史&祭祀

1285年，北条时宗的夫人觉山志道尼创建此寺。在那个女方无法提出离婚的年代，只有进入断缘寺才能斩断情缘，直至1871年断缘法被废止之前都是如此。它现为临济宗圆觉寺派的男僧寺。

觉山志道尼

北条时宗夫人，出家之后成为觉山志道尼。据说正是她说服当时的执权者，成功地推行了断缘法。

●4月8日 花祭 ●9月15日 十五夜观月会 ●12月31日 除夕夜之钟

归于寂静 净智寺

じょうちじ

巨木林立的禅寺，钟楼奏响的山门

正对着山门的石阶前有小池塘与石桥。池塘旁边即素有镰仓十井之一美称的甘露井。山门其实是一座两层的钟楼。在这里，中国风的花头窗画龙点睛。树龄达700岁的日本金松和圆柏等巨木覆盖隧道，如果从这个隧道中跑出来，布袋尊恭候大驾。

必看景点

凝聚匠心的窗和双层结构

●さんもん

这座建筑遥遥可见于石阶之上，既是双层建筑，也兼具钟楼的作用。近年正在改建中。

二楼为中国风的花头窗

房屋上部呈尖头拱形状

此门的屋顶为歇山式

下层则为山门

被称为云华殿里，放置佛像本尊

佛殿●ぶつでん

走过楼门，便是放置佛像本尊的佛殿

参观指南

参观所需时间 30分钟

参观费 200日元，小学生以下100日元

参观时间 9:30~16:30

祈愿 家庭美满

可观赏花卉

绣球花、花菖蒲、胡枝子、腊梅

0467-22-3943 休无休 所镰仓市山内1402 交JR北镰仓站出发步行8分钟 P10个停车位

MAP附录②P.16 D-3

赏花行动

紫阳花

6月上旬至下旬 甘露井附近

拥有甘露井的池塘和石桥附近有额绣球花绽放。

樱花

3月下旬至4月上旬 接待处背面

这里更高、更茂盛的樱花树已被指定为市天然纪念物。

历史

此寺是为了悼念第5代执政北条时赖的三儿子北条宗政的早逝，由宗政夫人及其儿子师时开基，并于1281年建立。为临济宗圆觉寺派镰仓五山的第四位。最盛时期小寺院达到11座。现在的寺院多为昭和年间重建而来。

御朱印

值得收集！

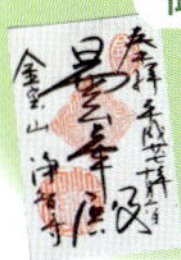

御朱印 300日元

在古都名店尝遍四季美食

北镰仓 和御膳午餐

在镰仓时代，怀石料理和精进料理等与这里的禅宗一起迅速发展。在北镰仓，可以轻松感受到时代气息的料理店并不少。参观过古刹后来品尝正宗的和御膳吧。

除了和式美味，更多美食介绍见特集！

北镰仓 ➜ P.23
去来庵

北镰仓 ➜ P.24
Takeru Quindici

北镰仓 ➜ P.26
北镰仓Nufu Ichi

你喜欢哪一个？

3种和御膳的区别

怀石料理

最初是为品茶而准备的料理。最原始的是由汤、生鱼片、炖菜和烧烤组成"三菜一汤"，现在不但菜的种类有所增加，一些凝聚匠心的创新菜肴也多了起来。

会席料理

这是享受宴席酒乐的料理。和怀石料理一样，也提供基本的"三菜一汤"，但是这其中还增加了油炸食品、蒸菜、日式小菜等，菜品更为丰富。

精进料理

其实是根据佛教的存在而制作的斋菜，不使用鱼肉和贝类，是只使用蔬菜、豆类、谷物等植物性食材做成的菜肴。在古刹众多的古都，精进料理的店自然

怀石 北镰仓"元"

●きたかまくらえん

预算：4000日元

0467-23-6232

MAP 附录②P.17 C-2

尽心招待，力图让客人悠闲度过用餐时光的怀石料理店。附近寺庙的茶会所用料理也出自本店，料理均使用时令食材，口感细腻精致，收获许多喜爱。

休 星期一 L 11:30～14:00(L.O.)、17:00～18:30(20:00关门，晚上采取预约制) 所 镰仓市山内501 交 JR北镰仓站附近

P 无

➜位于北镰仓站前的广场对面的建筑二楼

⬆从店内的茶室可以看到白鹭池

推荐菜单

昼之怀石 梅 3780日元

使用时令食材制作，内含8道菜和甜品的套餐。菜单的内容为每月更换两次

还有哦

昼之怀石 樱 5400日元
昼之怀石 椿 8640日

使用当地新鲜食材，原汁原味，丰富多彩的料理

会席 藏屋

●くらや

预算：2000日元

0467-24-9534

MAP 附录②P.16 D-2

由奥飞驿的古名宅改造而成。在二楼的餐厅，可以品尝到从湘南、三浦等地采摘来的食材做成的料理。1楼现在是画廊。

休 星期一 L 11:00～14:00(L.O.) 所 镰仓市山内1385-3 交 JR北镰仓站出发步行约4分钟 P 无

➜画廊里，展着过去住在这里的年轻画家的作品

⬅店铺是由江户时代建造的民宅改造而来，趣味横生

推荐菜单

松肉餐 1800日元

松肉汤中加入三崎金枪鱼、湘南猪肉和镰仓的蔬菜等当地食材制作而成的料理。

还有哦

镰仓蔬菜料理 1500日元
湘南Branch 1200日元

大量使用当地的新鲜食材制成的膳食

精进 镰仓 竹之叶

●かまくらささのは

预算：2500日元

0467-23-2068

MAP 附录②P.17 C-2

无添加的严选食材，使用传统调味方式，风味严谨。推荐菜为两种的玄米料理。可以品尝到素食的油炸食品、芝麻拌菠菜、芝麻豆腐等天然风味的菜肴。

休 第3个星期一(节假日正常营业) L 11:30～15:00 所 镰仓市山内499 交 JR北镰仓站附近

P 无

在独具风情的民宅品尝有益身心、口感柔和的天然料理

⬆建筑为古风的独院，可以闲适地在此享受美食

推荐菜单

季节限定料理 松 2200日元

包括上等玄米饭、时令蔬菜、炖菜、拌菜、天妇罗、烧烤和甜品等共10道菜

还有哦

季节限定料理 竹 1500日元
山药料理 2100日元

会席 钵之木咖啡
●はちのきカフェ

0467-23-3723　MAP附录②P.16 F-4

钵之木新馆的姊妹店。将名店的口味通过咖啡馆的形式呈现出来。根据时节，在本店可品尝附带来自建长寺的建长汤的和御膳。仅仅过来品茶喝咖啡也是可以的。

休星期一（节假日为翌日休息） L11:30～14:30(L.O.)、周末、节假日11:00～15:00(L.O.) 所镰仓市山内7 🚃JR北镰仓站出发步行15分钟 P无（附近有收费停车场）

↑洋溢着和风和趣的店内。位于建长寺门前

费时费力且华丽的季节料理

推荐菜单
北条 1800日元
使用当季食材制成的时蔬料理膳食，色彩华丽，连器皿也很可爱

会席 钵之木新馆
●はちのきしんかん
预算：3000日

0467-23-3723
MAP附录②P.16 D-3

从光线充足的店里可以看到庭园，流水潺潺，似乎古都镰仓的四季也在这细水无声中被映照彻底。以新鲜蔬菜为主，食材讲究，使用上等肉和新鲜活鱼做成的料理，装盘也讲究高雅。

休无休 L11:30～14:30(L.O.)、17:00～19:00(L.O.)（晚上为预约制） 所镰仓市山内350 🚃JR北镰仓站出发步行5分钟 P15个停车位

→明亮整洁、居家感十足的桌椅。还有大厅堂可供使用

←与北镰仓的街道风格相符，传统日本房屋的外观。停车场等设施完备

明丽的和式空间中，会席料理的专家

推荐菜单
半月点心 2484日元
是一款价格合理、很划算的会席午餐。口感细腻柔和，摆盘精致讲究。

还有哦
特制餐 4212日元
套盒餐 3618日元

有益身体

药膳·汉方套餐也推荐哦！

在北镰仓，进行食疗，发挥药膳及中药作用的餐厅也有不少。下面就来介绍一下可以吃到美味的食物，又可以获得健康的方法吧。

复位cafe 北镰仓店
●りせっとカフェきたかまくらてん

0467-22-4100　MAP附录②P.16 D-2

从药膳角度出发，将人的体质分为6种，从而组合食材做成"镰仓药膳汤"等料理。可以边对照着体质测试表，边选择适合自己的汤。

休不定期休息 L10:00～16:30(17:00关门) 所镰仓市山内400-2 🚃JR北镰仓站出发步行3分钟 P无

↑整洁明亮的店面。座椅、吧台和铺席均有配置

推荐菜单
海鲜盖饭 1540日元
原汁原味调制的五色米盖饭和汤的套餐

可外带，饭团也是人气之选哦

北镰仓日日响
●きたかまくらひびき

0467-84-8834
MAP附录②P.16 E-3

本店提供利用当季的食材做出的"汉方饭"和有益身心的特调汉方茶等药膳。还开放一些制作汉方茶和香袋等的工坊、料理教室等。午餐有3种可选。

休星期一、二，除此之外不定期休息(茶屋仅星期三、四、六营业) L11:00～14:30(16:00关门) 所镰仓市山内1479-6 🚃JR北镰仓站出发步行6分钟 P无

提供治愈身心的汉方饭和汉方茶

→从外廊一边欣赏庭院的美景，一边悠闲度过时光的汉方茶

推荐菜单
特制 元气大增茶泡饭 1350日元
以汉方茶"元气大增茶"为基调而特制成的茶泡饭套餐

北镰仓 日式咖啡的至上甜品

在治愈心灵的地方好好休息一下

保存有圆觉寺和建长寺等古刹的北镰仓，绿木众多，也是治愈身心的好地方。饱含许多说不出的情绪的甜品店也不在少数。在参观完众多古寺神社之后，何不深呼吸，放松一下。

见附录①介绍哦!

北镰仓 → 附录①P.5 狸穴Cafe

北镰仓 → 附录①P.9 圆觉寺如意庵茶室

北镰仓 → 附录①P.10 北镰仓 GALLERY NEST

茶室 风花

●さりょうかざはな

0467-25-5112　MAP附录②P.16 E-2

店铺靠近明月川，四周树木郁郁葱葱。自兔年创业起诞生的招牌“小兔豆包”，松软热乎的表皮和栗子陷完美融合，堪称极品。

休星期四(节假日为翌日休息)　L10:00~17:00(17:30关门)　所镰仓市山内291　JR北镰仓站出发步行约8分钟　P无

推荐菜单

抹茶套餐 800日元

小兔豆包与艾蒿团子组合成的套餐，抹茶均采用宇治抹茶。

美味秘诀

在小蒸笼里单独蒸出来的“小兔子”们，热乎乎松软细腻，与栗馅的香甜完美融合。香甜的点心和微苦清香的抹茶堪称绝配。

甘味 HI路花

●かんみひろか

0467-33-7233　MAP附录②P.16 D-2

2015年开业的甜品店，除了手作正宗的甜品外，也会制作夏季的刨冰、秋天的栗子豆沙蜜等季节限定的甜品。并且，在本店还可以品尝到镰仓时蔬套餐和国产红酒。

休星期二、四　L11:00~17:00(L.O.)　所镰仓市山内375　JR北镰仓站出发步行5分钟　P无

推荐菜单

抹茶汤圆豆沙蜜 780日元

有3个混合了抹茶粉的糯米圆子，浇在上面的蜜汁有抹茶蜜和黑糖蜜可选。

美味秘诀

熊本产的糯米粉和十胜产的红豆，再加上岐阜县山岗的天然冻粉等，均严选食材制作。

三日月堂 花仙

●みかづきどうかせん

0467-22-8580　MAP附录②P.16 E-4

使用高档食材做成的爽滑葛根粉，每天下午4点左右即售罄，远近闻名。店内风格整洁、干练、精致，装饰有当季的鲜花，可以在本店感受到独属于内心的平静世界。

休星期一(遇节假日为星期三休)　L9:00~16:30(17:00关门)　所镰仓市山内133-11　JR北镰仓站出发步行8分钟　P3个停车位

推荐菜单

葛根粉 950日元

采用珍贵的国产吉野葛和波照间产黑糖做成的蜜汁制作而成。

美味秘诀

本店的点心，都是由通过点心制作(和果子制作业)一级技能检测的和式点心师傅制作。

御果子司 Komaki

●おかしつかさこまき

0467-22-3316　MAP附录②P.16 D-2

过去是一家安静伫立在街上，受到文人雅客垂青的店铺。因为十分注重点心的时令感，所以每天只会提供一种高级甜品。在圆觉寺散步之后，可以来此放松片刻。

休星期二　L10:00~16:30　所镰仓市山内501　JR北镰仓站附近　P无

推荐菜单

和果子 抹茶 983日元

配合时节制作出来的和式点心赏心悦目，和抹茶一起品尝，是不可多得的闲暇时刻。

美味秘诀

川端康成与高见顺等文人来过的这间店铺，静谧高雅，更易品味出食物的美妙。

名刹云集，镰仓的正门

北镰仓

●きたかまくら

区域指南

这里群山围绕，安静闲适。在相对狭小的空间里，可以一次性欣赏到寺院和花朵，何乐而不为。

附录②MAP P.16

介绍见附录·特集！

狸穴Cafe→附录①P.5
圆觉寺如意庵茶室安宁 an-nei→附录①P.9
北镰仓 GALLERY NEST→附录①P.10
去来庵→P.23
Takeru Quindici→P.24
北镰仓Nufu Ichi→P.26
北镰仓宝藏馆→P.37
gigi gallery+workshop→P.37

MAP 附录②P.16 D-3

饮茶 吉野

●きっさよしの

0467-24-9245 咖啡

驱散游玩疲劳的茶馆

位于东庆寺入口处，是一家祥和宁静的茶馆。用虹吸瓶盛放一杯杯手作的咖啡和红茶，配上店里自制的水果蛋糕，享受一刻闲暇时光。

休不定期休息（夏季和冬季会有休业）L10:00～16:30（17:00关门） 所镰仓市山内1379 JR北镰仓站出发步行3分钟 P无

位于东庆寺的石阶左边

MAP 附录②P.16 D-3

雪堂美术馆

●せつどうびじゅつかん

0467-24-4563 观光

展览小野田雪堂的书画

文人小野田雪堂的小型美术馆，展览了雪堂的作品和雪堂描绘的金子美铃、种田山头火的作品等。还设有可以品尝抹茶和咖啡的茶歇点。

休星期四、五（节假日开馆）L10:00～16:00 ¥500日元(包括抹茶和咖啡) 所镰仓市山内1391-1 JR北镰仓站出发步行4分钟 P无

可以悠闲地欣赏作品的宽敞空间

MAP 附录②P.16 D-3

镰仓明月

●かまくらめいげつ

0467-22-0934 咖啡

备有地炉餐桌的甜品店

过了通往明月院的桥，入目即是这家甜品店了。围坐在有地炉的桌子旁，品尝用三重县万古烧盛的葛根秘制凉粉，实属乐事。

休无休 L9:00至日落 所镰仓市山内329 JR北镰仓站出发步行5分钟 P无

冰味十足的"馅蜜"

MAP 附录②P.16 D-2

北镰仓古民宅博物馆

●きたかまくらこみんかミュージアム

0467-25-5641 观光

体验古民宅的风情和美术作品

直接将古民宅加以改造并用作博物馆。会根据季节的特性展开企划，开办特殊的展览。紫阳花满开的后院小路和独具情调的庭院也是不容错过的好去处。

休展览替换期 L10:00～16:30（17:00闭馆） ¥500日元 所镰仓市山内392-1 JR北镰仓站出发步行3分钟 P无

在欣赏独具风情的民宅同时赏玩许多美术作品

MAP 附录②P.16 E-2

北镰仓叶祥明美术馆

●きたかまくらようしょうめいびじゅつかん

0467-24-4860 观光

浸染在祥和中的美术馆

既是画家又是诗人，还是一名绘本画家的叶祥明的个人美术馆。他的作品色调柔和温暖，风格朦胧温馨，仿佛在邀请见到的人走入放松心灵的世界。

休无休 L10:00～17:00 ¥700日元、小·中学生350日元 所镰仓市山内318-4 JR北镰仓站出发步行7分钟 P1个停车位

洋楼的一、二层是展览室

MAP 附录②P.16 F-5

镰仓 欧林洞

●かまくらおうりんどう

0467-23-8838 咖啡

享受有格调的下午茶

一走进店里，映入眼帘的就是古色古香的家具和绘画装饰的休息室。店内足量供应可爱的甜酒蛋糕和水果茶等。

休无休 L11:00～17:30（18:00关门） 所镰仓市雪下2-12-18 JR镰仓站东出口出发步行15分钟 P10个停车位

"邦德蛋糕4种套餐" 580日元、"热带玫瑰茶" 780日元

MAP 附录②P.17 B-1

光照寺

●こうしょうじ

0467-46-6355 观光

诉说历史变迁的十字纹山门，引人注目

据说这座寺既是时宗本山·藤泽市游行寺的分寺，也是一遍上人的法难灵场。江户时代，因为这里曾经藏匿过天主教徒，因此山门上也有十字纹。

休无休 L9:00～16:00 ¥参观费志纳 所镰仓市山内827 JR北镰仓站出发步行5分钟 P无

在正殿周围可以看到许多的石楠花

MAP 附录②P.16 F-5

圆应寺

●えんのうじ

0467-25-1095 观光

阎王爷镇守的北镰仓名寺

由智觉禅师于1250年建寺。十王堂里供奉着人死后在冥界会遇到的十阎王，中心是阎魔王坐像的木像，与其并列的还有12尊佛像。

休不定期休息 L9:00～16:00（12月至次年2月营业至15:00） ¥参观费200日元 所镰仓市山内1543 JR北镰仓站出发步行17分钟 P无

相传这座木雕阎王坐像是镰仓时代的著名佛像大师运庆作的作品

MAP 附录②P.17 C-2

光泉
●こうせん

0467-22-1719 购物

质朴的古早风味是吸引顾客的秘诀

自1952年开业以来，本店只售卖油炸豆腐寿司和海苔。本店的油炸豆腐寿司，古法制作，佐料也是使用一级食醋、酱油和砂糖等。

休星期四 L10:00～15:00(売り切れ次第閉店) 所镰仓市山内501 交JR北镰仓站附近 P无

↑"油炸豆腐寿司、海苔卷、黄瓜饭卷"680日元

MAP 附录②P.16 D-3

镰仓五山
●かまくらごさん

0467-25-1476 用餐

人气爆棚的松肉汤

松肉汤作为建长寺的精进料理中的基本菜式，深受欢迎，这是一家制作松肉汤的专卖店。使用本鲣和豆腐为主材料，辅以豆腐、萝卜和菠菜等8种食材，口感丰富。

休无休 L10:00～16:30(17:00关门) 所镰仓市山内1435 交JR北镰仓站出发步行5分钟 P3个停车位

↑松肉汤 700日元

MAP 附录②P.17 C-2

侘助
●わびすけ

0467-22-9508 咖啡

咖啡和芝士蛋糕是绝配

置身在古色古香的店里，全然感觉不到时间的流逝，独具情怀。咖啡被盛放在古典的和式陶器里，香气馥郁，与店里的芝士蛋糕一起是人气搭配。

休第1、3、5星期一 L10:00～23:00(24:00关门)、1～3月的周末、节假日为16:00～ 所镰仓市山内1341 交JR北镰仓站附近 P10个停车位

←咖啡 芝士蛋糕套餐 800日元

MAP 附录②P.17 C-2

北镰仓 松花堂
●きたかまくらしょうかどう

0467-22-6756 购物

品尝新鲜口感的羊羹

江户时代曾被作为御用品进贡给尾张德川家，得到了"AGARI"的称赞，因此本店的招牌即为"AGARI羊羹"。在这里可以品尝到口感与众不同的羊羹。

休星期一 L9:00～17:00(售完即止) 所镰仓市山内1340 交JR北镰仓站附近 P1个停车位

↗使用北海道产红小豆，口感绵密，甜而不腻"AGARI羊羹"1404日元

MAP 附录②P.16 F-2

石川咖啡
●いしかわこーひー

0467-81-3008 购物

精心烘焙的手作咖啡

改建自有40年建筑历史的民宅，楼阁中的咖啡豆售卖处和咖啡店均是手作烘焙而成。严选世界各地咖啡豆，594日元(100克)起售。

休星期三、四 L11:00～18:00(11月至次年2月营业至17:00) 所镰仓市山内明月谷197-52 交JR北镰仓站出发步行15分钟 P无

←"混合咖啡"200克1188日元。只采用高品质的新鲜生咖啡豆焙煎而成

MAP 附录②P.16 E-4

备屋咖啡店 镰仓总店
●びんやこーひーてん かまくらほんてん

0467-22-9191 用餐

快来品尝我们的招牌炖菜!

本店位于建长寺斜对面。上百种咖啡豆中严选而出，自家炭火烘焙。招牌炖菜有牛肉、猪排、鸡肉和牛舌这4种。

休无休 L9:00～17:30(L.O.) 所镰仓市山内1520 交JR北镰仓站出发步行12分钟 P2个停车位

←入口即融的美味炖牛肉2200日元

CLOSE UP

东庆寺直营的画廊与商铺看过来

位于东庆寺门口的直营画廊、商店开业啦！1楼的原创商品是特产的最佳选择。2楼定期举行企划展览，还有作品小铺等。

←装有信纸的花信香包各1300日元

东庆寺画廊＆商店
●とうけいじギャラリーアンドショップ

MAP 附录②P.16 D-2

0467-50-0460

休星期一(节假日正常营业) L10:00～17:00(11月至次年2月营业至16:00) 所镰仓市山内1364 交JR北镰仓站出发步行4分钟 P无

MAP 附录②P.16 E-4

雷神堂 北镰仓店
●らいじんどうきたかまくらてん

0467-24-6657 购物

恪守古早作法的手工烧饼

秉承手工制作，融入现代风格的烧饼专卖店。边逛边吃中会遇到出炉的街头售卖，不要错过。

休不定期休息 L10:00～17:00 所镰仓市山内145 交JR北镰仓站出发步行10分钟 P1个停车位

←位于镰仓街道边。红色的鲤鱼旗引人注目

MAP 附录②P.17 A-4

Restaurant Planderubu 北镰仓
●レストランプランデルブ きたかまくら

0467-47-4567 用餐

隐于自然风景中的住宅式餐厅

静静立于大自然风景中，将纯和式、独门独户的房间改成东方情调的空间。宽敞的空间里，桌椅错落有致，来这里品尝口感柔和、有益身心的法餐吧。

休星期二 L12:00～14:00(15:30关门)、17:30～20:00(22:00关门)(预约制) 所镰仓市梶原3-32-11 交JR北镰仓站出发步行25分钟(可以在北镰仓站接送，预约制) P6个停车位

←招牌午餐 4200日元。前菜和主菜可从5种中选1种，汤、甜点和咖啡为附赠

コラム Column

远离喧嚣的绝佳散心路线

邂逅大佛 镰仓远足

悠闲散步 大约2小时

镰仓的山的海拔，高处可达160米。记得在背包里装入饮料，穿方便行走的鞋，去拜见大佛闲适地走上约2小时，这样才可以更舒适安心地远足哦！
镰仓远足不要忘记戴帽子哦

去四面环山的镰仓看看，感受它的自然风景和历史情怀，这样无疑是绝佳的散心和远足的计划。下面就介绍从北镰仓出发的热门路线。

START 北镰仓站

步行4分钟

1 东庆寺

●とうけいじ → P.91

这座寺庙过去因女方想要结束婚姻关系即跑进来而闻名。景区内梅花与日本鸢尾四季开放。

步行35分钟

天柱峰碑

●てんちゅうほうひ

MAP 附录② P.12 E-1

在途中有一净智寺，登上其境内的横道，就能到达由该寺的中国住持起名的天柱峰。山顶上立有碑，可以去看看哦。

2 葛原冈神社

●くずはらおかじんじゃ → P.68

景区内有祈祷良缘的结缘石。传说中将结缘御守上挂着的红色细绳和5日元的玉扣结缘石上的细绳拴在一起，就会梦想成真。

↑快来结成有8根绳的结缘石御守吧

步行20分钟

源氏山公园

●げんじやまこうえん → P.68

源赖朝的雕像坐落于此，这里有可以眺望全镰仓的街道巷落的广场。在公园里可以欣赏到樱花、绣球花和枫叶等季节性植物。

3 钱洗弁财天宇贺福神社

●ぜにあらいべんざいてんうがふくじんじゃ → P.60

传说中把钱币投入祠堂外喷涌的灵水中，就可以生意兴隆。据传因为源赖朝托梦说要寻找灵水，建造神圣的物体，这才有了这个祠堂。

步行30分钟

4 露天咖啡座 树之庭园

●カフェテラスいつきガーデン →附录① P.10

完全就是"空中的咖啡雅座"一样，是一处可以欣赏美景的休憩好去处。在大自然的包围中，身心得到放松，快来这里给自己的心灵放个假吧。

步行5分钟

5 大佛通路

●だいぶつきりどおし → P.119

被称为"镰仓七口"之一的古道，是较完整地保存了镰仓时代的风貌的穿山道路。它也是国家指定史迹，所以一边享受徒步旅行的乐趣，一边感受下历史吧。

步行5分钟

GOAL

6 高德院

●こうとくいん → P.74

到达镰仓唯一的国宝大佛镇守的高德院。在山里就可以看到这尊大佛的背面，因此通称"背见的大佛"，如果可以看到它的背面，说明目的地也就不远了。

葛原冈·大佛路线 远足MAP

金泽街道（かなざわかいどう） 二阶堂（にかいどう） 报国寺（ほうこくじ）

这里是六浦港的商人们曾经用来运输盐、海产等商品的街道。如今这里也很繁荣，车来车往，但是如果走进它的角落里，还是十分静谧的。这里有很多赏花的名胜，可以散步散心，享受生活。

在这个区域想做的事情

在隐居处的餐厅享用午餐

←住宅与街市相结合的地方，有这么一家隐蔽的餐厅。探寻它的过程也是妙趣横生的

在报国寺和净砂寺拜谒参观并学习

←景区内的庭园里，到处皆是值得一看的寺庙。趁机可以远离喧嚣的世界，感受静谧的氛围。

区域指南

从镰仓站出发的路线

镰仓站

公交9分钟＋步行3分钟 → 报国寺 →P.100

公交10分钟＋步行15分钟 → 瑞泉寺 →P.102

如此之地

住宅与街市广布的一片宁静之处

昔日繁华的地方如今满溢宁静的气息。此地远离镰仓站，因此可以在这里尽情感受古都的氛围。在茶座小憩的同时，眺望报国寺和净砂寺的庭园和竹林，这样充分利用时间游玩是极好的。

近道计划&MAP

START 镰仓站 东口

← 公交10分钟

净明寺

← 步行3分钟

1 11:00 喜泉庵

净秒寺之喜泉庵

在这里拜谒并眺望庭

→P.101

步行2分钟

2 12:00 木炭窑露天茶座

绿荫环绕中享用午餐

→付録① P.9

步行10分钟

3 13:30 报国寺

在这里游览竹林

→P.100

步行10分钟

4 15:00 杉本寺

参观镰仓最古老的寺庙

→P.103

步行10分钟

5 16:00 镰仓 new German 雪之下总店

在这里可以购买到人气伴手礼

→P.31

步行20分钟

GOAL 镰仓站 东口

当季推荐

5月中旬至7月上旬、11月下旬至12月中旬

报国寺的竹林风景如画，从春季一直美到初夏。黄金周的暑假结束前，游客相对较少，可以闲适地去观光，不至为一个好选择。秋天各个寺庙周围的枫叶也很值得一看。

行走策略

去程坐公交，返程步行观光

从鹤岗八幡宫往东，向着朝比奈山口走的上坡，去金泽街道和二阶堂的寺院等地坐公交更好。参观完目的地寺院之后，最好是步行返回镰仓站。虽然有点距离，但是把整个区域游览一遍，这样返程也不至于太辛苦。

区域MAP

鹤冈八幡宫·小町路 P.40
镰仓站西口 御成路·钱洗弁财天 P.58
长谷·由比滨 长谷寺·镰仓大佛 P.70
北镰仓 圆觉寺·建长寺 P.84
金泽街道·二阶堂 报国寺 P.98
大町·材木座 P.106
稻村崎·七里滨 P.114

在竹之寺报国寺放松身心

ほうこくじ

也不要忘了这个哦！
御守・祈愿商品

落雁
1200日元
➡使用和三盆（上等砂糖）制作而成，甜而不腻，回味甘醇的落雁，是特产的绝佳选择

快来收藏吧！
御朱印

御朱印
300日元

御朱印帐
1000日元
⬅封面是竹之寺既视感，竹一样的绿色。右下方是足利家的家徽

休耕庵
●きゅうこうあん

在这里小憩吧

这是子院之一的休耕庵。可以在这里边眺望竹庭边享用抹茶。一直到2016年2月末为止这里因为施工在封锁。

⬆抹茶附送点心500日元。均为当季点心

212/29～1/3 19:00～15:30（L.O.）

MAP附录②P.18 E-5

参观指南

参观所需时间 1小时

参观费
免费（竹庭入场费200日元）

参观时间 9:00～16:00

祈愿 恋爱成就

可观赏花卉
樱花、枫叶、杜鹃、水仙

☎0467-22-0762 休12月29日至次年1月3日 所镰仓市净明寺2-7-4 🚌JR镰仓站东口坐京急bus highland循环车，往镰仓灵园正门前太刀洗方向、金泽八景站方向，花费9分钟，净明寺下车，步行3分钟 P5个停车位

MAP附录②P.18 E-5

观赏林立的竹子

竹庭 ●ちくてい

必看景点

两边种有约2000株孟宗竹的竹林，小路幽长，拾阶而行，即可忘记白日的喧嚣，进入心灵的世界。这是在外国人中深受欢迎的景区。树叶沙沙的声音也是净化耳膜。

安置着释迦如来的主佛像

本堂
●ほんどう

这尊佛像为镰仓市指定文化财产。喜欢在此附近散步的川端康成，其用来写作的桌子也被完好保存下来。

这里大多数窟墓是足利一族最终的归宿

足利一族的窟墓
●あしかがいちぞくのやぐら

把竹庭深处的岩石掏空后，做成的窟墓里，自尽而亡的足利一族长眠于此。

漫步『竹林』享受视听盛宴

如果提起镰仓有竹林的寺院，就一定要说一说这报国寺。作为「竹之寺」闻名，来参观竹林的游客络绎不绝。沿着竹林里的小路漫步，竹叶苍翠欲滴，沙沙作响，拥有让人安静下来的魅力。竹林观光时不仅用眼睛，更要用耳朵去感受自然的魅力，相信会是一次愉悦的散心。

赏花好去处

✿＝赏花场所

红叶
11月下旬至12月上旬
钟楼背面

在钟楼背面有银杏等许多古木。与竹子的绿色相映成趣，十分美丽。

樱花
3月下旬至4月上旬
钟楼、迦叶堂附近

杜鹃花
5月下旬至6月上旬
从寺院大门到正殿的台阶旁

坐禅体验

定期举行无需预约式坐禅会的佛

迦叶堂
●かしょうどう

正殿右手边的这个佛堂平时用作坐禅堂，在星期日坐禅会的时候会开放。每星期日的7点30分起开放，任何人都可以参加。

原来如此！

历史

这座寺院是临济宗建长寺派的禅宗寺，奠基人是足利尊氏的祖父足利家时，但是其实它与上杉家的渊源颇深，据说上杉重兼也与本寺的创立有关。建寺人据说是梦窗国师的同门师兄弟，于建武元年创建。足利一族在镰仓约90年，永享之乱1439年中足利义久败北，于报国寺自尽而死。景区深处有岩石覆盖的窟墓里，足利家时和足利义久等足利一族长眠于此，这里也成为关东足利一族的终老之地。大门屋顶的瓦片上，可以看到足利家的家徽。

鹤冈八幡宫·小町路 P.40
镰仓站西口 御成路·钱洗弁财天 P.58
长谷·由比滨 长谷寺·镰仓大佛 P.70
北镰仓 圆觉寺·建长寺 P.84
金泽街道·二阶堂 报国寺 P.98
大町·材木座 P.106
稻村崎·七里滨 P.114

じょうみょうじ

于净妙寺眺望枯山水，闲适小憩

喜泉庵 在这里小憩吧

●きせんあん

16世纪初，僧人们在喜泉庵汇聚一堂，喝茶休息。1991年随着此地的复兴，开放了茶座。需要净秒寺的参观费方可。

0467-22-8638
休 无休 10:00~16:15（L.O.）
MAP 附录②P.18 F-4

↑抹茶和落雁，鲜点心套餐

必看景点

以苔藓为主的庭园

枯山水庭园

●かれさんすいていえん

整点旁边是1991年重新建造的枯山水庭园。以苔藓为主，体现禅宗情怀，岩石巧妙搭配，匠心独运。

↑在喜泉庵的房间里可以听见空心竹子的水琴窟的声音

净妙寺 MAP

中兴之祖、尊氏之父

足利贞氏之墓

●あしかがさだうじのはか

正殿背面的墓地里埋葬的是足利贞氏。它的中央有地藏的雕刻，更显珍贵。

铜板制造，美轮美奂的四坡屋顶

本堂

●ほんどう

与景区内的风景融为一体的石板地面，从山门铺到本堂。过去是茅草铺的建筑物。

参观指南

参观所需时间 40分钟
参观费 100日元
参观时间 9:00~16:30
祈愿 妇科病康复
可欣赏花卉
梅花、枫叶、侧金盏、杜鹃花

0467-22-2818 休 无休 所 镰仓市净明寺3-8-31 JR镰仓站东口坐京急bus highland循环车，往镰仓灵园正门前太刀洗方向、金泽八景站方向，花费9分钟，净明寺下车即到 P 20个停车位
MAP 附录②P.18 F-4

金泽街道边的镰仓五山的名寺

在镰仓五山中，只有一个是面对金泽街道的。正殿是江户时代中期的建筑。从大门到正殿不间断的石板两侧以及正殿前的庭园，四季花开如春。而16世纪初众僧喝茶论佛的喜泉庵于1991年复建，在这里可以边观赏枯山水的庭园边品茶。

不要忘记这个哦！

御守·祈愿商品

开运干支
各300日元

➔人称开运干支的御守全部十二支齐全

快来收藏吧！

御朱印

御朱印
300日元
←没有净秒寺原版的御朱印帐，带一本这个御朱印账吧！

小贴士

传说中的镰足稻荷社

据说镰仓这一地名是源于大化改新的藤原镰足。镰足在这个地方埋下镰枪，此地就叫作镰仓。这个神社位于净秒寺东侧。

赏花好去处

梅

2月上旬至3月上旬
正殿前

红白的梅花在正殿前竞相开放。和砖瓦的铜绿色相映成趣。

红叶

11月下旬至12月中旬
正殿前、后山小路

正殿附近的银杏树。从后山的小路可以看到对面衣张山的红叶。

侧金盏

2月上旬至3月上旬
花塚周围

石楠花

4月下旬至5月中旬
正殿前的庭院

历史

原来如此！

源赖朝的忠臣，被称为刚勇之士的足利义兼开基，于1188年建立，之后成为禅宗寺院。复兴人是足利尊氏的父亲贞氏，其去世后即安葬在此处。1386年，足利义满定下镰仓五山的时候位于第五。它属于临济宗建长寺派。

足利尊氏

景区内有其墓穴，他是足利贞氏之子足利尊氏。最开始名字是高氏。镰仓幕府覆灭，肃清北条氏残党后，新田义贞突破重围上京，在京都建立室町幕府，成为其初代将军。

在花寺瑞泉寺感受四季

ずいせんじ

造型弯曲的铜板屋顶
弧度很美的两层屋顶。顶部用宝珠装饰

快来收藏吧！
御朱印

御朱印 凭门票领取

屋顶造型优美 前院四季花开不断

本堂
●ほんどう

供佛主佛像的本堂为1983年再建而成。正殿前的庭园四季花开，四季如春。

参观指南

参观所需时间	20分
参观费	200日元、小·中学生
参观时间	9:00~16:30（17:00关门）
祈愿	孩子教育、家庭安全
可观赏花卉	梅花、垂樱、木芙蓉、水仙、绣球花、枫叶

0467-22-1191 休无休 所镰倉市二階堂710 JR镰仓站东口坐京急公交往大塔宫方向，花费10分钟，终点站下，步行15分钟 P10个停车场

MAP附录②P.18 G-3

镰仓时代现存的唯一庭园

庭园（国家名胜景区）
●ていえん（くにのめいしょう）

必看景点

一代名僧兼园艺家的梦窗国师，充分利用镰仓石的岩石基底，完成了这样的庭园。于1970年进行了复原修建。

时刻告诫身处何方皆辛苦

何地都辛苦地藏
●どこもくじぞう

对想从贫苦中脱离的守堂人，"无论在哪都艰苦"苦难在哪儿都是相同的，这样告诫道。

依靠三山的名胜庭园及花之寺

本寺位于镰仓东北方向，临近被称为『镰仓的阿尔卑斯的天园』。寺庙背后的山顶上有一览亭，据说可以看到富士山（非公开）。在岩石上运用雕刻技艺，由梦窗国师打造的这一庭园，是目前镰仓仅存的一座镰仓时代的庭园。有水仙等植物，因花之寺而闻名。

还有一个庭园也是不容错过

鹤龟之石庭
●つるかめのせきてい

正殿前的一角，亲手打造银阁寺庭园的田中泰阿弥，其作成的石庭在眼前铺展开来。

赏花好去处

✿=赏花场所

绣球花
6月上旬至7月上旬
往正门路上的石阶两侧

通往正门路上的台阶两层为主，直到庭园都有绣球花开放。花朵有紫色和粉色等众多颜色。

水仙花
12月上旬至2月上旬
正殿前的庭园

正殿前满种的水仙，开花便是镰仓春天来临的讯息。也有说镰仓的春天便是从这瑞泉寺的水仙开始。

木芙蓉
8月下旬至9月下旬
正殿前的庭园

感觉有什么要出来一样的古墓

貉之塚
●ムジナづか

传说中，貉会幻化成老人，就有这么一个长满苔藓的墓了。

原来如此！

历史

梦窗国师选择了与禅宗寺院相适应的名胜，于1327年建立这座寺院。它属于临济宗圆觉寺派。此后，足利尊氏的第四子即镰仓的一代将军足利基氏，经过他的振兴，本寺成为镰仓将军足利家的菩提寺。位于镰仓五山之后的十刹之首。

梦窗国师
自镰仓时代至南北朝时代，以瑞泉寺为主，同时兼净智寺、京都南禅寺等寺院的住持。同时也是知名的园艺家，除了瑞泉寺，京都天龙寺等的庭园也是出自梦窗之手。

探访镰仓最古老的杉本寺

すぎもとでら

必看景点 仁王像

强有力地守护者观音菩萨的金刚力士像

●におうぞう

沿着金泽街道处的石阶往上，不一会就能看到茅草造的仁王门。在它的两侧分别是被称为运庆作的阿形和哞形的金刚力士，呈勇猛姿态守护着这片土地。

赏花好去处

红叶 11月下旬至12月中旬 顺着石阶、正殿周围

石阶上的青苔在冬季绿的鲜明只时，红叶也是赤色耀眼。

梅 2月上旬至3月上旬 石阶两侧、钟楼附近

石阶的两边红梅和白梅竞相开放。而钟楼附近开放的红梅，无疑平添色彩。

快来收集吧！

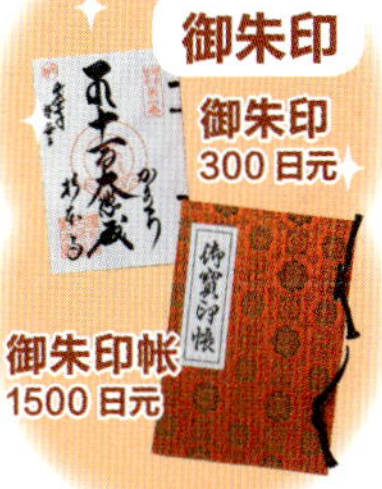

御朱印 300日元

御朱印帐 1500日元

拜谒镰仓的佛教圣地 先从最古老的寺庙开始

通往正门和正殿的石阶，在漫长的岁月里早已磨损，苔藓丛生，现在已禁止通行。如果前来参拜可走新建的台阶。这里是镰仓最古来的寺庙，印有“十一面杉本观音”的白色长条旗将正殿包围起来。周围立有饱经沧桑的石佛，气氛别致悠远。

历史&祭祀

于734年由僧人行基开山建立的这座寺庙是镰仓最古老的寺庙。也是镰仓少数的天台宗寺院的一座。在火灾时使杉树免于被烧毁，由此便有了杉本观音。这里放置着行基亲手刻制的十一面观音。986年，僧人源信受花山天皇之命，刻制十一面观音，并安置于坂东第一号札所。进入镰仓的源赖朝也来此参拜，推动其兴盛。来这里巡礼和参拜一号札所的人络绎不绝。

- 4月8日 浴佛节(花祭)
- 8月10日 四万六千日大祭
- 12月31日 新年大护摩供
- 每月1日、18日(2月1日、8月1日除外，13点半开始)观音护摩供严修

参观指南

参观所需时间	20分钟
参观费	200日元、小学生100日元
参观时间	8:00~16:15
可观赏花卉	梅花、樱花、山茶花、紫藤、红叶、紫薇、石蒜花、芙蓉

☎0467-22-3463 休无休 所镰仓市二阶堂903 交JR镰仓站东口出发，坐京急公交往镰仓灵园正门前太刀洗方向，约8分钟，杉本观音处下车即到 P无

MAP附录②P.18 E-4

在觉圆寺遇见多彩的佛像

かくおんじ

中世纪的自然风景和众多佛像

觉圆寺所在的山谷没有受到都市化的影响，最大程度地保留了中世纪镰仓的面貌。景区内阻挡了阳光的大树中间便是茅草盖的正殿药师堂、地藏堂和爱染堂等。这里远离闹市喧嚣。药师如来像、日光·月光菩萨像、十二神将立像、黑地藏等在这里，于静默中观岁月变迁。

百八窟墓群

长眠于谷底的“百八窟墓”

●ひゃくはちやぐらぐん

相当于后山的鹫峰山，山顶附近的山涧里坐落着百八窟墓群，规模巨大。

快来收集吧！

御朱印 300日元

赏花好去处

红叶 11月下旬至12月中旬 正殿药师堂前等

这里的枫叶据说是镰仓最美，色彩鲜明艳丽。

紫薇 7月下旬至9月上旬 山门旁

红色的紫薇花盛夏开放，美得让人忘记炎热。。

历史&祭祀

镰仓幕府第2代执政人北条义时主持建造了大仓药师堂。至1296年第9代执政者北条贞时时，因畏惧已是第三次来袭的元军，他将药师堂作为觉圆寺。镰仓幕府灭亡之后，后醍醐天皇将其作为足利氏的祈愿地，这里也受到镰仓将军足利氏的诸多庇护。因废佛毁释而被废寺的理智光寺的佛像也被供奉于此。

- 8月10日 黑地藏缘日(9号半夜时分至10号白天为止)

参观指南

参观所需时间	50分钟
参观费	500日元(中小学生200日元
参观时间	10:00~ 15:00(每隔1小时就会有人带着参观，除了周末和节假日的12:00)
可观赏花卉	梅、莲花、红叶、紫薇

☎根据情况而定，非公开 休8月、12月20日至次年1月7日、雨天及暴风雨天气 所镰仓市二阶堂421 交JR镰仓站东口坐京急公交往大塔宫方向约10分钟，终点到站步行12分钟 P无

MAP附录②P.18 D-1

必看景点 爱染堂

供奉着给予人们生命力的爱染明王

●あいぜんどう

进入山门后映入眼帘的正是这爱染堂。据说爱染明王对于人类的欲望、烦恼这些东西一股脑儿地照单全收，将这些转化为生命力。

金泽街道·二阶堂的 珍藏 隐匿之餐馆

这是立于住宅街中寂静的似隐居的餐馆。在这里享受远离喧嚣的珍贵片刻吧。下面来介绍回头客源源不断的优质餐厅。

推荐菜单

每月轮换午餐 3780日元

严选食材可以品味到出众情怀的一道菜。午餐和晚餐的套餐均是主打料理。

品尝优质料理的特别时间

值得一试!

在这里品尝使用本地食材制作而成的精致午餐

使用地道食材，各种食材融合完美，在口味上我们也力求整体口味的平衡。

法国料理

Nature et Sens

●ナチュールエサンス

0467-61-3650

MAP 附录②P.19 C-3

店内料理是法国食材和国产食材的优质体现。法国学成归来的河洼主厨制作的这种口感纯正又清爽的料理，可以从中品味到自然的奥义。

休星期三 L11:30~13:30(15:30关门)、17:30~20:00(22:00关门) 所镰仓市雪之下3-6-39 JR镰仓站东口出发步行15分钟 P3个停车位

➔店内多使用黑白两色，整体基调安静稳重，营造优雅时尚的氛围

➔位于住宅街的这家餐馆给人如同被邀请到家中做客的感觉

在附录①中有介绍!

金泽街道 ➔ 附录①P.9

石窑花园露天餐厅

二阶堂 ➔ 附录①P.10

cafe kaeru

值得一试!

红叶谷中的中式餐馆，在这里享受健康的中国菜

地处大自然中，完全的隐居式餐馆，料理口味清淡精致，得到一致好评。

➔从镰仓站打车单程大约1000日元到达

推荐菜单

凛林昼御膳 2700日元

在中国菜的做法基础上，吸取精进料理的方式制作，御膳口味是高级的清淡感，魅力十足。具体菜式每月都会更换。

在安静的餐馆里享受养生健康的中国菜

中国菜

镰仓 凛林

●かまくらりんりん

0467-23-8535

MAP 附录②P.18 G-3

瑞泉寺的正门边再往里一点，本店位于红叶谷中间。白天晚上都是完全预约制，使用本地食材制作，精致又和谐的中国菜人气不可抵挡。

休不定期休息 L11:00~14:30(闭店为15:00)、17:00~19:30(L.O.)(预约制) 所镰仓市二阶堂725-4 JR镰仓站东口坐往大塔宫方向的京急公交，10分钟后终点站下车，步行15分钟 P6个停车位

料理充满温馨治愈的力量 深受喜爱的意大利风格

值得一试!

仿佛建在大自然里的一家温馨的小餐馆

小餐馆四周绿茵环绕。不仅是外观，餐厅里面手工制作的小摆设也很可爱。

推荐菜单

A套餐 1944日元

搜集意大利和日本各地的优质食材制作而成的料理。面包和甜点均是手工制作。

意大利料理

ACCI

●アッチ

0467-53-8184

MAP 附录②P.18 D-2

位于谷户的意大利亚餐厅。餐厅有小院子，天气好的时候还会有露天座位。本店的主厨在意大利长年研习料理，做出的人气料理让人拥有温暖热情的感觉。

休星期二、每月第2个星期三 L11:30~14:30(15:00关门)、18:00~20:30(21:00关门) 所镰仓市二阶堂411-2 JR镰仓站东口坐京急公交往大塔宫方向10分钟车程，终点站到站后步行5分钟 P2个停车位

➔店内装饰丰富多彩。可以在这里闲适地享用美食

值得一试!

可以在这里品尝和比较不同品种的荞麦面

在每天更换的菜单里，有使用北海道到九州各具特色的荞麦粉制作的面条。可以品尝两种比较。

十切的荞麦面 爽滑的口感

日式料理

手打荞麦面 千花庵

●てうちそばちばなあん

0467-22-6517

MAP 附录②P.19 C-3

绝不使用增稠剂的纯正十切荞麦面条，入口爽滑，弹性十足。招牌料理是可以品尝到香味、劲道、滑溜程度等不同的"吃吃比比"系列。

休星期一 L11:00~15:00(根据面条售卖情况) 所镰仓市西御门2-6-13 JR镰仓站东口坐往大塔宫方向的京急公交，6分钟到岐道下车，步行3分钟 P无(附近有免费停车场)

➔周末和节假日可能需要排队

推荐菜单

炸虾与炸蔬菜套餐笼屉 1890日元

十切荞麦面配上大块爽口的炸虾套餐。如果要品尝比较，需再点一份。

鹤冈八幡宫·小町路 P.40
镰仓站西口 御成路·钱洗弁财 P.58
长谷·由比滨 长谷寺·镰仓大佛 P.70
北镰仓 圆觉寺·建长寺 P.84
金泽街道·二阶堂 报国寺 P.98
大町·材木座 P.106
稻村崎·七里滨 P.114

沿着古街，值得一去的地方

金泽街道·二阶堂

●かなざわかいどう・にかいどう

区域指南

在镰仓时代，金泽街道用来运输从三浦半岛而来的海产。如今，作为静雅的住宅街拓宽后，这里有了许多氛围安静的古刹与名店。

附录②MAP P.18

介绍见附录！

休耕庵→附录①P.8
喜泉庵→附录①P.8
石窑花园露天餐厅→附录①P.9
cafe kaeru→附录①P.10

MAP 附录②P.19 C-4

Bergfeld

0467-24-2706 购物

地道的德式面包，人气爆棚

无论是胚芽面包，还是用自家酵母制作的lai麦面包等，在这家老店都可以品尝到纯天然无添加的德式面包。采取传统制法，面包微酸，咀嚼中美味扩散，直击味蕾。

休 星期二、每月第3个星期一 9:00~18:30
所 镰仓市雪之下3-9-24 JR镰仓站东口坐往大塔宫方向的京急公交，6分钟后岐道下车即到
P 2个停车位

店内也有美味的咖啡

MAP 附录②P.18 D-5

COCHICHIKA

0467-23-8229 咖啡

西式口味的舒适咖啡馆

店内装饰整体风格呈现的是欧洲家庭的生活状态。以白兰地腌渍的巨峰葡萄为主，同时将8种水果放入壶中煮成的"水果茶"（1000日元）是招牌产品。

休 星期一、二（节假日正常营业） 11:00至日落
所 镰仓市净明寺1-1-29 JR镰仓站东口坐往大塔宫方向的京急公交，6分钟后岐道下车，步行5分钟
P 无

在这里享受下午茶时光

MAP 附录②P.18 E-5

RAKU

●ラク

0467-23-8822 购物

丰富日常生活的演出物品

这是从伊贺、信乐及美浓等地购入、售卖陶器与杂货的一家小店。主要经营陶器，也有玻璃制品、漆器和亚洲地区的小杂货等。

休 星期日、星期一
11:00~17:00
所 镰仓市净明寺2-2-2
JRR镰仓站东口坐往镰仓灵园正门前太刀洗行方向的京急公交，8分钟后杉本观音站下车，步行3分钟
P 1个停车位

隐藏在安静的住宅街里的小店

MAP 附录②P.19 C-4

LA PORTA

●ラポルタ

0467-55-9828 用餐

注重原汁原味的美味

木质与传统日式灰泥的自然风装潢，质感高级，令人愉悦。追求原汁原味的料理，力求展现食材本身的美味。

休 星期三 11:30~21:00（L.O.）
所 镰仓市雪之下4-3-20 JR镰仓站东口坐往大塔宫方向的京急公交，6分钟后岐道站下车即到
P 3个停车位

用牛筋肉和蔬菜烹制成惊奇通心粉 1400日元

MAP 附录②P.18 D-3

荏柄天神社

●えがらてんじんじゃ

0467-25-1772 观光

可以实现学业有成的人气天神

这里祭祀的神是学问之神菅原道真公。考试季参拜的殿舍的墙上挂满了祈祷合格的绘马（小木板）。景区内还有154名名漫画家的河童画作，以及将它们做成浮雕的画笔冢。

休 无休
8:30~16:30
¥ 免费参观
所 镰仓市二阶堂74 JR镰仓站东口坐往大塔宫方向的京急公交，7分钟后天神前下车即到
P 无

正殿为国家指定重要文化财产

MAP 附录②P.19 C-4

镰仓火腿工坊ALTE STADT

●かまくらハムこうぼうアルトシュタット

0467-22-6181 购物

原汁原味的正宗火腿专卖店

这是手工制作镰仓火腿香肠的专卖店。全部使用新鲜猪肉与牛肉，将添加剂用量控制到最低，樱花木精心熏制而成。

休 无休
10:00~18:30
所 镰仓市雪之下3-9-24黑川大厦1楼
JR镰仓站东口出坐往大塔宫方向的京急公交，6分钟后岐道站下车即到
P 1个停车位

本店也出售正宗德国进口的火腿与香肠套装

MAP 附录②P.19 B-4

HISAGO亭

●ひさごてい

0467-24-1882 用餐

回味绵长的豆腐怀石料理

位于镰仓时代的北条执政的宅地，使用了海军大将于昭和初期建造的府邸。浓郁酱油中品尝的腐竹与豆腐的料理，清淡却回味绵长。

休 星期四（节假日正常营业）
11:30~14:00（L.O.）、17:00~20:00（L.O.、饮品L.O.20:30）（晚上为预约制） 所 镰仓市小町3-8-7
JR镰仓站东口出发步行20分钟 P 3个停车位

豆腐怀石睦膳 4536日元

MAP 附录②P.18 E-5

左可井

●さかい

0467-24-7759 用餐

入口即化的绝佳口感

店主在自家独立户经营的一家人气海鳗丼店铺。店主每天会亲自确认海鳗是否为活体后再进货。滑嫩香醇、入口即化的海鳗可谓绝品。

休 星期二，每月第一、三个星期三（节假日时第二天休息） 11:30~14:30（L.O.） 所 镰仓市净明寺2-1-31 JR镰仓站东口坐往灵园正门前太刀洗行方向的京急公交，8分钟后杉本观音站下车即到 P 无

海鳗盖浇饭套餐 1490日元

行走在围绕着观光景点的安静的小道上吧

悠闲地漫步到海边吧

大町材木座相对比较宁静，残留着能让人平静下来的氛围，
在这里散步是一种享受。享受着美食，向着大海悠闲地散散步吧。

富有魅力的复合设施是大町的路上标志

START　JR镰仓站

步行5分钟

1 Walk大町中逛逛杂货

●ウォークおおまち

根据店铺而各异　MAP附录②P.14 G-2

2011年开业的复合设施。手工面包、杂货、西装、古书等，能够表现店主的精益求精，这是家富有个性的商店。作为时尚区域的象征般的存在，而受到注目。

休 L 根据店铺不同　所 镰仓市大町1-1-13　JR镰仓站东口开始步行5分钟　P 无（周边有收费停车场）

←像是把中庭包围起来一样的店铺

→有Trois Famille（→P.110）等店铺

步行4分钟

2 GREPERIE ARMOERIQUE中吃午餐

0467-22-7186　MAP附录②P.14 G-2

位于住宅区的果酱煎饼。除了甜果酱煎饼外，也备有"荞麦粉果酱煎饼（鸡蛋火腿奶酪）"（940日元）等主食煎饼。同时推荐手工冰淇淋。

休 星期四、第三个星期三　L 9:00～17:00（L.O.）　所 镰仓市大町2-2-34-1　JR镰仓站东口步行9分钟　P 无

位于住宅区的讲究的果酱煎饼

果酱煎饼 740日元

↑拥有香柠檬油和橘子香气的清爽人气果酱煎饼

↑住宅街的某个店铺，店口有着发过国旗的标记

↓能在平静的店内享受手工果酱煎饼和甜点

还有这样的店！ 镰仓 百苑

●かまくらももぞの

0467-22-1922　休 星期五　L 11:00～19:00（19:30关门）　所 镰仓市大町1-3-16　JR镰仓站东口步行10分钟　P 无

↑山药丝扁面 1450日元

每天早上就开始准备工作的手打乌冬店里制作充分入味的秘传乌冬扁面。每次咀嚼，小麦的芬芳都在口腔里扩散。

MAP附录②P.14 G-2

在特集中有介绍！

大町 → P.24 谷物咖啡厅 飞船

大町 → P.31 大国

大町 → P.26 ESSELUNGA

材木座 → P.35 HOA CAFE

路线指南 约4小时

START 镰仓站 东口 → 步行5分钟 → 1 Walk大町（需要30分钟）→ 步行4分钟 → 2 GREPERIE ARMOERIQUE（需要1小时）→ 步行即到 → 3 日进堂（需要10分钟）→ 步行即到 → 4 北村牛肉店（需要10分钟）→ 步行20分钟 → 5 光明寺（需要1小时）→ 步行5分钟 → 6 材木座海岸（需要40分钟）GOAL

大町 材木座

おおまち ざいもくざ

是这样的地方！

这里是从镰仓站东口的若宫大路一直向大海延续的区域。大町是镰仓时代的商业中心，现在则有着宽广闲适的风景。由材木商人的公会演变而来的材木座富有风情的小路，仍残留着别墅区的面貌。

从镰仓站去的交通方式

镰仓站

步行12分钟 → 妙本寺（→P.109）

公交9分钟 → 光明寺（→P.108）

游览方式要点

以县道311号线和小町大路为中心的观光

沿着县道311号线，聚集着寺院和店铺，很适合从镰仓徒步行走。推荐乘坐通向材木座景点的观光公交。

区域MAP

名园花朵十分美丽 净土宗的大本山

4 北村牛肉店
里买土豆肉末炸饼
●きたむらぎゅうにくてん

✆0467-22-1856　MAP 附录②P.14 G-2

这是延续90年以上的精肉店。大量使用奢侈的北海道产男爵土豆和和牛肉末，务必品尝其充分发挥原材料的朴素的美味。

休 星期二，第3个星期三　L 9:00～18:30　所 镰仓市大町1-2-13　JR镰仓站东口步行8分钟

散步途中想吃的热气腾腾的土豆肉末炸饼

土豆肉末炸饼 120日元

↑有着过去令人怀念的味道，从成人到小孩都有其拥护者

炸牛肉饼 120日元

↑充分体会和牛的美味，能感受到其优秀肉质的商品

↑把刚刚炸好的肉饼用纸包好递过来时的关心，让人怀念

步行20分钟

5 光明寺参拜
●こうみょうじ

→P.108

第4代掌权的北条经时在1243年开设的净土宗的本山。在境内有三尊五祖的的石庭、记主庭园等名园。樱、杜鹃、莲花等花四季应时令开花，是赏花的好去处。

→2名以上预约的话，还可以品尝精进料理（仅限午饭，4500日元起）

↑记主庭园的莲花在7月开放，会举办观莲会

能品尝精进料理！

步行5分钟

GOAL

6 材木座海岸散步
●ざいもくざかいがん

→P.35

作为平坦的海水浴场，海岸一直被人青睐。光明寺、九品寺等富有历史的寺院神社就在附近。在海水浴的季节以外，可以享受明媚的风景。一定来玩一次。

←海和山的对比所营造的景色令人心醉。在晴朗的日子能很清楚地看到富士山

留有历史痕迹的风光明媚的海岸

除了在散步的当地人外，节假日来冲浪的人也很多

注意！
最近，携带食物来海边后遭到鸢袭击的事件急增！拿出食物时请注意！

←在海边捡贝壳和海玻璃（被海水削碎的玻璃瓶）也是一种乐趣

笔记 在海边要做的事
- 尝试寻找樱蛤和海玻璃
- 眺望美丽的夕阳

步行即到

步行即到

3 日进堂里买面包
●にっしんどう

✆0467-22-0479　MAP 附录②P.14 G-2

点心面包和熟食面包等，古色古香的同时，也备有常规的面包。当地的幼儿园和学校也常常在此大量批发。在散步的同时，请一定品尝被本地人爱着的面包吧。

休 无休　L 6:00～18:00　所 镰仓市大町2-2-3　JR镰仓站东口步行8分钟　P 无

令人怀念的面包

令人怀念的面包

←已经成为常规的人气商品。备有丰富的奶油种类

奶油面包 140日元

←素朴的形状和令人怀念的味道，成人也想吃的面包

→因为其人气，刚过中午，有些商品就卖完了

感受着海风在漫步 光明寺

こうみょうじ

写着“天照山”的大牌匾

1436年间由后花园天皇御笔，匾额纵长约180厘米、宽约90厘米。

必看景点

以镰仓市内最大规模而闻名

山门

●さんもん

高达约20厘米的双重门。一楼是和式风格，二楼是罕见的禅宗式风格。于1847年间重建。

纪念法然上人800年忌而建

大圣阁

●だいせいかく

庭院的一角有一个大圣阁，佛堂的二楼坐落着3座阿弥陀佛像。

古代莲也在这儿怒放

记主庭园

●きしゅていえん

有以莲池为中心的庭院和假山庭园。莲池一到夏天，鲜红的莲花就会盛开。

大屋根彼方的富士山

里山的展望

●うらやまのてんぼう

令人窒息的美景在这里铺展开来。眼前就是本堂大屋根和相模湾。在稻村崎的背后能看见富士山下的原野。

©鎌倉市観光協会

参观指南

参观所需时间 1小时

参观费 免费

参观时间 6:00~17:00（11月至次年3月7:00~16:00）

祈愿 消除厄运

可观赏花卉

樱花、杜鹃、莲花、绣球花、彼岸花

📞0467-22-0603 休无休

所 鎌倉市材木座6-17-19 JR镰仓站东口坐京急公交经由小坪往逗子站方向约9分钟、光明寺下车 P40个停车位

MAP附录②P.8 E-5

赏花好去处

樱花 4月上旬

山门、本堂

在宽敞的境内，染井吉野(樱花的一个品种)背靠着山门和本堂盛放。即使在镰仓，这也是屈指可数的人气赏樱景点。

莲花 7月中旬至8月中旬

庭院内的莲池

7月会举办观莲会(收费)，从清晨开始来观赏花开的游客就络绎不绝，是夏季镰仓的风物诗。一部分是因为古代的大贺莲也

杜鹃花 5月下旬至6月上旬

石庭

绣球花 6月上旬至下旬

本堂周围

彼岸花 8月

院内广场

大伽蓝的寺院 净土宗的大本山

在材木座海岸附近建造的净土宗的大本山，被认为是镰仓最大规模的山门是非常壮观的二层楼建筑。于1698年建立的本堂也因是镰仓地方的最大级别而闻名，据说就连关东大震灾也能抗住。绿青的大屋根是就算从由比滨海岸也能够看清的地标建筑。境内，有小堀遠州作和声名远扬的记主庭院。古代莲花也会盛开的莲池，每年都举办观莲会，许多观赏家在这里聚集。宽敞的境内广场也成为附近人们的休息场所。「从本堂里山的展望」是神奈川县50个风景名胜地之一。

快来收集吧！

御朱印

御朱印 300日元

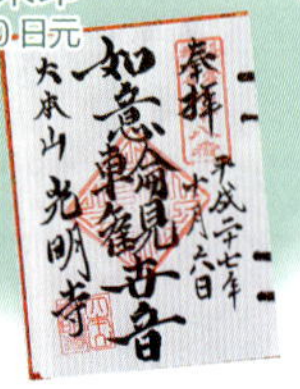

小专栏

精進料理和写経体

通过预约可以品尝到精進料理，只提供午饭，有4500日元和5500日元的两种定食。预约提前2个月开始，每个月的第二个星期三(10：00接受预约)不予约也可以体验写经，收

这里也可以一起去！

祭祀

- 1月25日　御忌会、写经会、法话
- 2月15日　涅磐会、写经会、法话
- 2月上旬　初午例大祭
- 3月下旬　鉴樱会
- 4月8日　灌佛会(释尊降诞会)、写经会、法话
- 5月第3个星期日　秋叶三尺坊大权现例大祭
- 7月下旬　鉴莲会
- 10月12日~15日　十夜法要
- 12月25日　佛名会(擦身式)、法话

北条经时

北条执权的第4代，因其父亲早逝，19岁就任。但是在位不满4年就将执政权让给了其弟第5代时赖之后，出家了。他出家后不久就结束了23岁的短暂人生。

原来如此！

历史

由第四代执权的北条经时，建立于执权时代，1243年，原本起源于佐助谷的莲华寺，迁到现在的所在地后成为了光明寺。近年成为净土宗关东第一寺而兴盛起来，是净土宗“御十夜”发祥的寺庙。

漫步在绿茵环绕的妙本寺 放松身心

みょうほんじ

供奉着木制的日莲圣人像写经体验

祖师堂

●そしどう

写经体验

位于景区内正面的祖师堂，是镰仓最大的殿堂。在这片开放式的区域内肃穆静立。

浓艳色彩的雕刻复活

二天门

●にてんもん

必看景点

于2011年修复成建造时的样貌。印度红涂饰的大门，雕刻穿上艳丽的颜色，苏醒过来。

中间的龙引人注目

在他的两三步后面拍手的话，仿佛能听到龙啸的声音

快来收集吧！

御朱印

御朱印 300日元

长满青苔的墓穴在诉说

比企一族的墓穴

●ひきいちぞくのはか

一族的墓穴横建在祖师堂前。这个墓穴仿佛在诉说一族的悔恨

赏花好去处

凌霄花 7月上旬至8月上旬

祖师堂前

花朵相继开放又凋落，地面都被花瓣染色了。

红叶 12月上旬至下旬

二天门 祖师堂周围

据说这里是镰仓可以最晚看到红叶的地方。

历史&祭祀

比企能员的遗孤能本于1260年为了吊唁祈福比企一族，在日连选好址，建造了法华堂，就是如今的妙本寺。

比企一族

比企一族是如今在埼玉县比企郡仍留下其名字的豪门望族。深得源赖朝的信任，最后被北条氏灭族。

- ●1月2日　蛇苦止大明神正月大祭
- ●2月15日　释尊涅槃会
- ●4月8日　花祭
- ●4月13日　千部会法要

开放的空间里，应季花朵色彩斑斓

进入大门，是一段缓坡参道。两边大树遮天蔽日，夏天可以避暑。走上台阶，是色彩艳丽的二天门。穿过大门，迎面便是镰仓最大的木制佛堂建筑祖师堂。春季有海棠和三色堇，夏天有绣球花和凌霄花，十分美丽。

参观指南

参观所需时间	40分钟
参观费	随个人意愿
参观时间	9:00~17:00
祈愿	病痛康复

可观赏花卉

凌霄花、红叶、海棠

0467-22-0777 休 无休

所 镰仓市大町1-15-1 JR镰仓站东口出发步行12分钟

P 无

MAP 附录②P.14 H-1

在安国论寺追寻日莲的足迹

あんこくろんじ

传教活动与受难的遗迹

御小庵

●おしょうあん

必看景点

就是蛰居在对着本堂（正殿）的御小庵和其深处的御法窟（御言屋）里，日莲起草了"立正安国论"。南面窟（照片）就是法

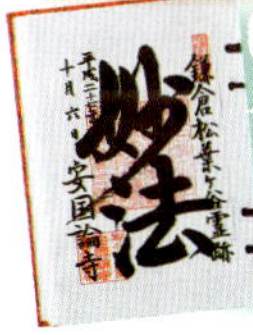

快来收集吧！

御朱印

御朱印 300日元

日莲也曾在此散步

富士见台

●ふじみだい

寺庙周围的山都是溜达的好去处，在这些地方可以眺望市内和富士山。

红梅开放，明丽鲜艳

本堂

●ほんどう

从正门到石板参道，再到本堂，本堂旁有色彩鲜艳的红梅开放。

赏花好去处

梅 1月中旬至3月上旬

本堂旁

花朵都是大朵的红梅，色彩艳丽。景区里面一下子就会变得繁华似锦。

杜鹃花 5月下旬至6月上旬

正门前的石阶等

正门前都是正红和粉红的花朵。景区内还有白色的杜鹃花。

历史

奠基人日莲于1253年，从千叶县进入镰仓，以安国论寺所在的松叶谷为中心开展传教活动。他在1260年，于境内的御法窟完成"立正安国论"人，并向前执政人北条时赖提出意见。

日莲

他认为地震这类的自然灾害说到底都是由内乱引起的，应当信奉法华经。即使被对立派的宗教攻击，他仍然没有停止传教。

日莲传教的痕迹留存在区域内

据传，这里建造有日莲传教的根据地草庵迹。可以去周围的山散散心，那里有梵钟、富士见台等地。日莲在这里对着富士山诵读法华经。景区内留有传教与法难的史迹。树龄达300年的山茶花、梅花和山樱等，色彩绚丽。

参观指南

参观所需时间	30分钟
参观费	100日元
参观时间	9:00~16:30
祈愿	除厄运、学业有成、停止牙痛

可观赏花卉

梅花、杜鹃花、山茶花

0467-22-4825 休 星期一（节假日照常开门） 所 镰仓市大町4-4-18 JR镰仓站东口出发步行15分钟 P 无

MAP 附录②P.14 H-3

大町·材木座

在时尚的街上探寻时尚的物件吧

逛遍杂货店

个性的商店遍布的大町，作为一个时尚商圈人气迅速上升中。据说这里有杂货商店，风格独特的商店也有很多。闲逛的时候看看自己喜爱的东西吧！

Walk大町

●ウォークおおまち

→P106

大町云集了众多独特的店铺，是这里的标志建筑。这里介绍其中3家店。

经营手工制作的衣服和杂货

Trois Famille

●トロワファミーユ

0467-61-2253　Walk大町内

MAP附录②P.14 G-2

家族经营的服装杂货店。本店使用麻布织料和自由印花布料等面料，以受成年女士喜爱的概念设计款式，接受手作服装的预定。同时兼营一些手工品。

休星期一、二　L11:00～18:00(星期四营业至17:00)　所镰仓市大町1-1-12 Walk大町内　JR镰仓站东口出发步行5分钟　P无

总店也收集古着首饰

三色堇贴花 450日元

手工品种也有外国制物品

自由的手绢 800日元

受欢迎的基本款式。也有面部用毛巾

包 2000日元

上面绣有蝴蝶结的包包。共5色可选

自由印花面料的纺缝绣背心 15200日元

各种尺码价位同等，部分接受定制

这里网罗了众多海洋风的商品

Mermaid Island

●マーメイドアイランド

0467-53-8099　Walk大町内

MAP附录②P.14 G-2

氛围柔和温馨，容易融入生活。海洋是杂货的主题，在店内可以明显感觉到。进入这里，主人的感觉强烈，传统的商品都是从美国和加拿大直接进口的。

休星期一，其他不定时休息　L11:00～18:00　所镰仓市大町1-1-12 Walk大町内　JR镰仓站东口出发步行5分钟　P无

店内满是色彩绚丽的小商品

钱包 3780日元

平房式360的包包也可以装很多东西

迷你包 3780日元

鲸鱼的图案很可爱，里面可以放下小物件

聚集众多独特的书和杂货的店面

books moblo

●ブックスモブロ

0467-67-8444　Walk大町内

MAP附录②P.14 G-2

书籍除了新刊行的和古书之外，也有个人的自费出版物和地方出版社的商品，这里还收集了充斥着店主独特的个人风格的物品。店里还出售书皮等充满个性的杂货。

休星期一　L10:00～18:00　所镰仓市大町1-1-12 Walk大町内　JR镰仓站东口出发步行5分钟　P无

收藏各种种类书籍的店铺

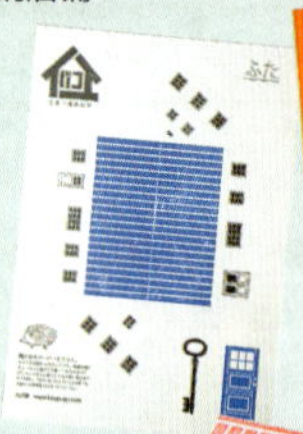

纸工艺 IE-BAKO 1张 648日元

组装起来的家形状的盒子（下）。盒子和盖子部分是另售的

成品

将盒子和盖子各种零配件组装在一起，完成！

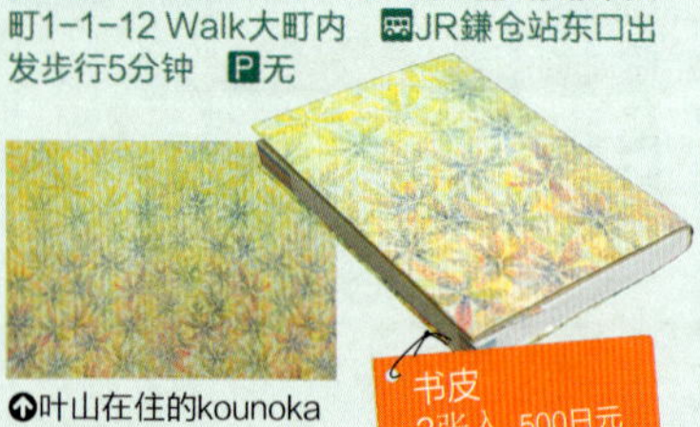

书皮 3张入 500日元

叶山在住的kounokanae设计的作品

大町·材木座散步MAP

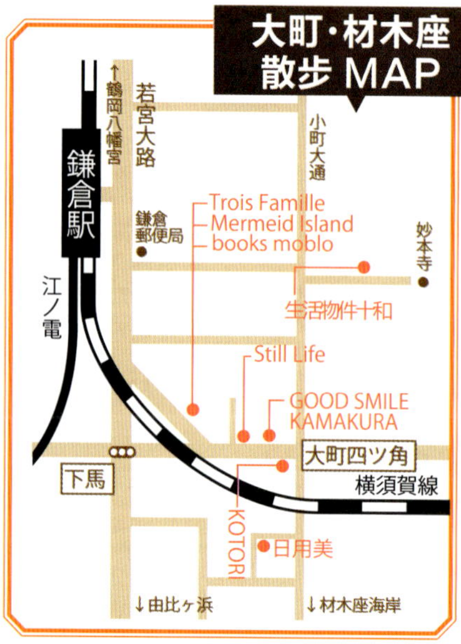

鹤冈八幡宫·小町路 P.40
镰仓站西口 御成路·钱洗弁财天 P.58
长谷·由比滨 长谷寺·镰仓大佛 P.70
北镰仓 圆觉寺·建长寺 P.84
金泽街道·二阶堂 报国寺 P.98
大町·材木座 P.106
稻村崎·七里滨 P.114

海滩边的小杂货店

GOOD SMILE KAMAKURA

●グッドスマイルカマクラ

0467-39-6624　MAP附录②P.14 G-2

这是一家以感受海洋的气息为主题来出售商品的杂货店。以原创商品为主，二十世纪六七十年代的库存旧物、采用古着材质制作的衣服等，也是本店的特色。

休不定期休息　L12:00～18:00　所镰仓市大町1-2-15 KANAROA B　交JR镰仓站东口出发步行7分钟　P无

⊙県道311号線沿いに位置し、鎌倉駅から徒歩7分ほ

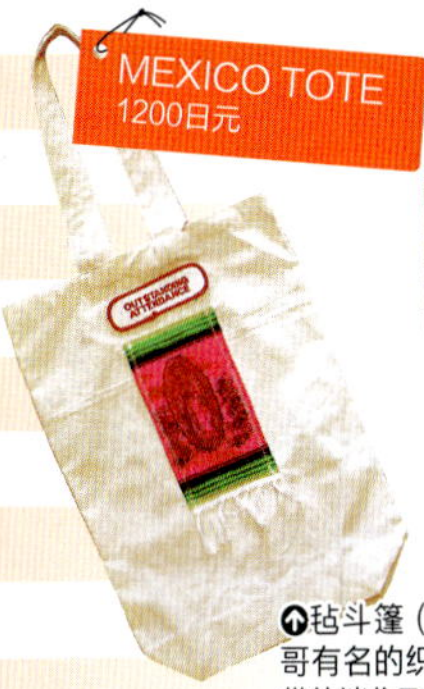

⊙毡斗篷（在墨西哥有名的织料）附带的迷你TOTE

⊙复古面料制作，配色丰富的迷你化妆包

由手工活儿延伸的各种作品

生活物件十和

●くらしのものとわ

0467-95-3282

MAP附录②P.14 G-1

店铺位于妙本寺前，网罗各种日常杂物。店里聚集了易上手又经用的传统手工制品。价格也多是可以接受的范围之内，可以无负担地购买。

休星期一　L11:00～17:30　所镰仓市大町1-16-19 KAYA gallery 1层　交JR镰仓站东口出发步行7分钟　P无

⊙相模原市在住的陶艺家的作品

⊙可以种一些小型的植物花朵的玻璃器皿

⊙用京都的迁和金网制作而成的铜制滤茶器

⊙尽是一些让人情不自禁想入手的东西

⊙用胡桃和桴树制作而成，极好用

可以作为伴手礼的别致文具

KOTORI

080-7008-7188　MAP附录②P.14 G-2

店主因对文具的喜爱之情日甚一日，从而开了这家文具兼杂货店。店内有传统的文具，也出售可以把玩的小商品，光是看着这下小玩意儿就会觉得心情愉悦。原创商品也有不少。

休星期一不定期休息　L11:00～18:00　所镰仓市大町2-1-11　交JR镰仓东口出发步行8分钟　P无

⊙全玻璃搭建的店面样式让人不自觉地想要进去看一看

⊙色彩鲜艳的设计感原创手巾

⊙可以别在帽子或包之类的物件上的原创胸针

云集优质的复古杂货

Still Life

●スティルライフ

0467-22-2061

MAP附录②P.14 G-2

这里云集了自大正时代至昭和40年代的复古杂货。即使是日本制造，也充斥着欧美风格的时髦物件充满魅力。本店商品均物美价廉。

休星期一、二　L12:00～18:00　所镰仓市大町1-2-21　交JR镰仓站东口出发步行7分钟　P无

⊙汇集了样式和色彩都是纯天然的杂货

⊙圆滚滚的可爱的筐子。日本制造，结实可靠

⊙形状颜色和谐、质朴自然的杂货聚集于此

⊙配色鲜艳、夺人眼球的复古物件

来邂逅让生活多彩的日用品吧

日用美

●にちようび

0467-50-0700

MAP附录②P.14 G-2

从木工、金属工艺、织物到陶器和玻璃器皿等，网罗丰富生活的杂货。也会举办一些展示会和手作工坊等。接受木制家具的定制。

休星期一～三　L11:00～16:00（周末营业至18:00）　所镰仓市材木座1-9-29　交JR镰仓站东口出发步行13分钟　P无

⊙木工家与金属工艺家合作作品

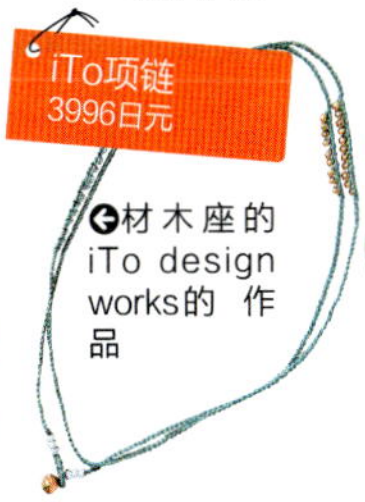

⊙材木座的iTo design works的作品

⊙现住在镰仓的陶艺家林彩子的作品

⊙玻璃工艺家AKINOYOOKO的作

⊙店内的作品都被美美地呈现出来

飘散着海水气息的地方

大町·材木座

●おおまち·ざいもくざ

区域指南

大町在镰仓时代已成为商业中心。离海很近，如今也保留着闲适自在的氛围。这个地方的特点就是有许多个性的小店。

附录②MAP P.14

介绍见特集！

谷物咖啡厅 飞船→P.24
ESSELUNGA→P.26
大国→P.31
龟时间→P.34
HOA CAFE→P.35

MAP 附录②P.14 H-2

祇园山展望台

●ぎおんやまてんぼうだい

无 观光

从山顶眺望大海

从八云神社出发进入山路，走5分钟左右就会看到展望台。这里视野开阔，从山顶可以看到街市与由比滨，稻村崎也是一览无余。空气清新的时候还能看到富士山和丹泽山。登山途中在这里休息一下也不错。

自由参观　所镰仓市大町3

JR镰仓站东口出发步行20分钟　P无

海风轻拂，身心愉悦

MAP 附录②P.14 G-2

安养院

●あんよういん

0467-22-0806 观光

杜鹃花美丽地绽放，与北条政子有因缘的寺庙

1225年，北条政子为了给过世的丈夫源赖朝祈福，建造了长乐寺，前身也叫净土宗。院内有被指定为自然保护植物的巨型杉木柏木等。5月，色彩鲜艳的锦绣杜鹃花开放不可不谓经典。

休7月8日、12月29～31日　8:00～12:00、13:00～16:30　¥门票100日元　所镰仓市大町3-1-22

JR镰仓站东口出发步行12分钟

P3个停车位

院内有北条政子的供养塔

MAP 附录②P.14 H-2

妙法寺

●みょうほうじ

非公开观光 观光

作为镰仓的"苔寺"，深受欢迎

据传这里是日莲圣人来到镰仓后，为了传教最开始搭茅草屋的地方。榉木造的正殿和青苔丛生的石阶都十分值得一看。

休7～9月和12月至次年3月的星期一～星期五（节假日也可以参观）

9:30～16:30

¥布施300日元

所镰仓市大町4-7-4　JR镰仓站东口出发步行15分钟

P无

景区深处，位于正殿背面的石阶

MAP 附录②P.14 G-4

九品寺

●くほんじ

0467-22-3404 观光

新田义贞创建的寺庙

1336年，为了纪念供奉攻打镰仓时战死的北条方士兵，新田义贞在大本营建立了这座寺庙。正门和正殿上悬挂的牌匾"内里山""九品寺"的文字为义贞亲笔书写。

休无休　9:00～16:00　¥门票志纳

所镰仓市材木座5-13-14　JR镰仓站东口坐往小坪经由逗子站方向的京急公交，7分钟后九品寺下车即到

P无

有药师如来像（国宝馆藏）和石像阎魔大王像等寺宝

MAP 附录②P.14 G-1

和服藏人宫本

●きものくろうど みやもと

0467-22-0602(0120-15-0602) 游玩

享受穿着和服在镰仓散步的乐趣吧

在老字号和服店会举行一日和服租赁的活动，事前预约的话，完全可以穿出来在镰仓逛一遍。穿的部分都由店员完成，自己只需要准备短布袜。

休無休（年末年始は不定休）

10:00～18:00

所镰仓市大町1-8-20　JR镰仓站东口步行6分钟

P6个停车位

租赁费包括穿衣部分在内10800日元起

MAP 附录②P.14 H-2

大宝寺

●だいほうじ

0467-22-2973 观光

祭祀着义盛的守护神

常陆的直属家臣佐竹氏的宅邸所在地，竹义盛在这里出家，于1399年建造多福寺。后来改变信仰信奉日莲宗，这里就变成了大宝寺。这里祭祀着大多福稻荷大明神。附近还有新罗三郎义光的墓穴，可以多走几步去看看。

院内自由　所镰仓市大町3-6-22

JR镰仓站东口出发步行20分钟　P无

远离喧嚣的氛围

MAP 附录②P.14 G-1

常荣寺

●じょうえいじ

0467-22-4570 观光

"牡丹饼寺"的爱称亲近友好

日莲圣人遭遇法难，被送到刑场的途中，住在这里的老妇人送上了牡丹饼，"牡丹饼寺"的称呼由此而来。据说后来日莲奇迹般免于受刑。去这个饱含心意的"牡丹饼寺"看看吧。

休无休　6:00～17:00　¥门票免费

所镰仓市大町1-12-11

JR镰仓站东口出发步行10分钟　P无

每年9月12日牡丹饼在飞扬

MAP 附录②P.14 G-1

KAYA gallery+studio

●カヤギャラリープラススタジオ

根据店铺不同有变动 游玩

妙本寺正门里建造的复式空间

将古民居充分改造的一栋别墅，这里是集结画廊（画廊至2016年末为止暂停营业）、商店和餐馆的艺术及租赁画展空间。位于林荫围绕的正门里，沉静安然。也会举办面向孩子的展览会。

休根据店铺不同　所镰仓市大町1-16-19

JR镰仓站东口出发步行7分钟　P无

参观之后眺望一下吧！

MAP 附录②P.14 G-1

谷口屋

●たにぐちや

☎0467-22-2291 购物

可以打包20种以上的饭团回去

位于本觉寺门口的一家米店所经营的饭团店。每天早上开店的时候，就有20种以上的饭团摆放好，可以打包回去。甜点的菜单也十分精心。其朴素难忘的美味吸引了众多回头客。

休星期四、五 L10:30～15:30（16:00关门） 所镰仓市小町1-11-3 JR镰仓站东口出发步行7分钟 P2个停车位

海带饭团130日元（招牌）与五彩花饭团140日元

MAP 附录②P.14 G-2

吃了还想吃的甜甜圈

☎0467-23-7680 购物

量足味美的甜甜圈

过去只有在有活动时才会出售的甜甜圈，终于在期待中开了它的实体店。店里通常有五六种甜甜圈，也有一些季节特色的口味。松软的甜甜圈一吃就上瘾了。

休星期二～星期四 L9:00～售完即止 所镰仓市材木座1-3-10 1楼 JR镰仓站东口出发步行8分钟 P无

肉桂的口味很棒（肉桂糖）250日元

入口即化的清甜口感"柠檬"2250日元

MAP 附录②P.14 F-4

ALOHA CUBE

●アロハキューブ

☎0467-22-5970 用餐

面向材木座海岸的咖啡馆和餐厅

它们位于材木座海岸的入口处。丰富多彩的原创料理，无论哪一道都实惠美味。穿着泳衣或者潜水衣进店也没问题，在海里游过泳过来吃个饭休息一下未尝不可。

休星期三、四 L11:00～21:30（22:00关门） 所镰仓市材木座5-15-20 JR镰仓站东口坐往小坪经由逗子站方向的京急公交，8分钟后材木座下车即到 P无

店里也出售小商品T恤之类的东西

MAP 附录②P.14 G-4

MONZA丸前田水产

●もんざまるまえだすいさん

☎0467-22-2960 购物

将捕获的小鳀鱼清水滤过之后可以当作特产

这里直售在相模湾捕到的过水的鳀鱼。肉质富有弹性，新鲜营养。"过水鳀鱼"是一袋180克（570日元）。也出售像章鱼这样的其他水产品。

休暴风雨天、非鳀鱼捕鱼季节 L9:30～17:00 所镰仓市材木座6-3-32 JR镰仓站东口坐往小坪经由逗子站方向的京急公交，7分钟后于九品寺下车即到 P无

小沙丁鱼有油炸和晒干两种

MAP 附录②P.14 G-1

米町MAFINN

●こめまちマフィンズ

☎070-5368-2702 购物

口感柔和的马芬蛋糕

外皮酥脆，内里湿润，一口下去就可以感受到微微的幸福感。口感柔和的马芬蛋糕大受欢迎。仅使用蜂蜜的原味，每天更换10多种的马芬蛋糕。

休星期一～星期四 L10:00～17:00（售完即止） 所镰仓市大町1-1-2 JR镰仓站东口出发步行7分钟 P无

柔润口感"原味"180日元

微咸的"芝士奶油"240日元

MAP 附录②P.14 H-2

zebrA

●ゼブラ

☎0467-40-6656 用餐

不分种类，提供菜单

充分使用湘南地区的蔬菜和鱼类作为食材制作料理的餐厅。这里汇集了中国菜、意大利亚、和式料理等不分种类的菜单。像披萨这样的也可以外带回家，十分方便。

休星期一 L11:30～13:30（L.O.）、18:00～21:30（L.O.） 所镰仓市大町2-15-1 JR镰仓站东口出发步行13分钟 P4个停车位

"日换意面套餐"1706日元

溜达之后去镰仓地区唯一的温泉浴池

CLOSE UP

这家自1955年营业以来，一直是深受当地人喜爱的温泉浴池。值班处也是古色古香的氛围，高高的天花板和宽敞的浴池，十足的开放感。能缓解你游玩的疲劳。

已经完全融入当地的一部分

清水汤

●しみずゆ

MAP 附录②P.14 G-3

☎0467-22-4697 休星期一、三、五（节假日正常营业） L15:00～21:00 ¥入浴费470日元 所镰仓市材木座1-10-24 JR镰仓站东口出发步行15分钟 P6个停车位

MAP 附录②P.14 G-2

mbs 46.7

●エムビーエスよんじゅうろくてんなな

☎0467-81-5541 购物

分别使用4种酵母制作的面包

使用4种自家制作的酵母，店内当场揉面和现烤制的面包有很多忠实的粉丝，打烊时间前就售空是常有的事。长棍面包啊、三明治啊、水果类的面包等，平时店里都会上16~20个种类的面包。

休星期一，每月第1、2个星期二（节假日正常营业） L11:00～18:00 所镰仓市大町1-1-3 WALK大町1-101 JR镰仓站东口出发步行5分钟 P无

含有红葡萄酒腌渍的无花果"ICHIKURU"280日元

甜度适中"越桔与芝士奶油面包"380日元

MAP 附录②P.14 G-4

梵藏 自家挽工房

●ぼんぞう じかびきこうぼう

☎0467-73-7315 用餐

首先要数配合盐和芥末食用更佳的十切面条

这家店出售十切荞麦细面。用茨城产的荞麦自家制成荞麦粉，分别用富士山顶的水、丹泽的水以及阿苏山的温泉水来擀面。烹制后的荞麦面汤也很受欢迎。

休星期四 L11:30～14:30（15:00关门）、18:00～20:30（21:00关门）（面条售完就打烊）（晚上为完全预约制） 所镰仓市材木座3-17-33 JR镰仓站东口坐往小坪经由逗子站方向的京急公交，7分钟后于九品寺下车即到 P2个停车位

镰仓蔬菜和鳀鱼荞麦面1550日元（招牌）

海景餐厅

午餐&咖啡厅

连接镰仓和江之岛的沿海两岸，都是可以近距离感受到海风的餐厅和咖啡厅。尽情享受旅游胜地的气氛吧。

眺望远方富士山的美景，品尝南意大利的美食

推荐菜单

经典午时套餐 1890日元~

使用当地鱼贝制作而成的套餐。主要内容一年会变更好几回。星期六、星期日和节假日为2580日元。

↑富有异国情调的外观。店名来源于南意大利的一处景区

咖啡菜单

本店自制提拉米苏 650日元

七里滨

西餐厅AMARUFII

海景重点

从露天座位左边可以看到三浦半岛，右边可以看到富士山。

☎0467-39-1151　MAP附录②P.20 E-2

使用从邻近的鱼港购入的新鲜鱼贝及当地农户家种的蔬菜等，在这里可以一边品尝南意大利美食，一边欣赏绝美风景。

休无休　L 11:30~14:45（15:30关门）、17:00~21:00（22:00关门），周末、节假日11:00~21:30（22:00关门）　所镰仓市七里滨1-4-8　交江之电七里滨站出发步行3分钟　P 21个停车位（包括公共部分）

遥望稻村崎的海洋，这里是海岸老字号餐厅

推荐菜单

午餐 1857日元

是8种午餐中的一种，附带沙拉和饮料，分量很足。

咖啡菜单

严选水果原榨果汁 每种648日元

稻村崎

MAIN SANDISSYU

☎0467-24-0235

MAP附录②P.20 H-3

全场都可以欣赏海景，眼前稻村崎的海洋宽阔无边。在这里除了能品尝使用新鲜的鱼贝做成的西餐，还可以喝到各种各样的鸡尾酒。

休无休　L 11:00~22:00（23:00关门）　所镰仓市稻村崎1-16-13　交江之电稻村崎站出发步行4分钟　P 38个停车位

海景重点

坐在使人身心舒畅的沙发上观赏海景，不失为好的选择哦！

↑富有开放性的露天座位

介绍见特集·附录①!

七里滨 → P.23 珊瑚礁 总店

稻村崎 → P.25 龙蒂的小酒馆

七里滨 → P.25 Amalfi Della Sera

稻村崎 → 附录①P.4 YORIDOKORO

七里滨 → 附录①P.6 Pacific DRIVE-IN

七里滨 → 附录①P.6、P.25 bills 七里滨

七里滨 → 附录①P.7 AMALFI CAFFE

七里滨（しちりがはま）稻村崎（いなむらがさき）

是这样的地方啊！

沿着海岸线，视野超群，晴天的时候甚至可以看到伊豆半岛和富士山。国道134号是绝佳的兜风路线。沿路有许多餐馆和景点。

从镰仓站出发的路线

镰仓站

电车14分钟 → 七里滨站

电车11分钟 → 稻村崎站

步行策略

值得一看的地方都排列在海岸边，因此我们就沿着海边走走吧

步行主要是沿着国道134号前行。大概要走相当于江之电路线的3站路那么远，但是一路上道路都很平坦好走，可以一边悠闲地散步，一边观赏风景。

区域MAP

静冈八幡宫·小町路 P.40
镰仓站西口 御成路·钱洗辨财天 P.58
长谷·由比滨 长谷寺·镰仓大佛 P.70
北镰仓 圆觉寺·建长寺 P.84
金泽街道·二阶堂 报国寺 P.98
大町·材木座 P.106
稻村崎·七里滨 P.114

遥望地平线的楼台上的日式料理店

海景重点
饭后在露天卡座悠闲地享受甜点吧

←店铺的玄关处，江之电就从它前面驶过

稻村崎

海菜寺

●うなじ

0467-22-1416

MAP 附录②P.20 G-3

以海浪的声音为背景音乐，在这家和式料理店可以悠闲地品尝美食。使用镰仓蔬菜和鱼贝，一年四季都可以品尝到各种料理组成的套餐和特制膳食。

休星期三 L12:00~18:30(21:00关门) 所镰仓市稻村崎3-7-11 电江之电稻村崎站出发步行5分钟 P无

推荐菜单
时令海菜寺御膳 4158日元~
以新鲜的镰仓蔬菜为主，同时可以品尝到相模湾当地的鱼和叶山牛排的豪华组合。

推荐菜单
鳄梨汉堡配蔬菜肉酱沙司 1650日元
米饭、沙拉并附加饮料的套餐。酱料的种类每3周更换一次。

在视野绝佳的露天卡座饱餐原创料理

七里滨

Double Doors 七里滨店

●ダブルドアーズしちりがはまてん

0467-33-1593

MAP 附录②P.20 E-2

靠近国道134号，七里滨一览无余。菜单里主要是意大利、墨西哥与本国风味的原创美食。

休无休 L11:00~22:00(23:00关门)、饮品22:30(L.O.) 所镰仓市七里滨东2-2-2 电江之电七里滨站附近 P无

←本店设有露天卡座，可携带宠物进店

咖啡菜单
肉桂香蕉小法式烤吐司 600日元

海景重点
可以一览七里滨的露天卡座。外面的座位出乎意料很安静。

七里滨

SICILIANA

0467-81-4880

MAP 附录②P.20 E-2

靠近就会感觉到那种轻松氛围的意大利酒馆。本店提供的料理，使用相模湾捕捞的鱼贝，和镰仓的蔬菜搭配，尽可能做到原汁原味。

休星期四，第2、4星期五 L12:00~21:00(L.O.) 所镰仓市七里滨1-13-12Kama kura310大厦2楼 电江之电七里滨站附近 P2个停车位

↑对着沿七里滨的"SICILIANA"的看板

推荐菜单
嫩鸡腿肉与当天的意面组成什锦拼盘(午餐) 1580日元~
炭火烧烤的鸡腿肉香气四溢，很受欢迎。口味有3种可选。

咖啡菜单
时令意大利冰激凌 380日元

沉醉于七里滨的美景里

海景重点
从窗边看到的夕阳非常美丽，过往的车辆也不在意了。

沿海岸线的绝美风景，魅力十足

稻村崎·七里滨

●いなむらがさき·しちりがはま

区域指南

沿着海岸线，国道134往远方无尽延长，是一条绝佳的兜风路线。沿着国道走，从江之电看到的风景也是无与伦比的。

附录②MAP P.20

介绍见特集·附录！

YORIDOKORO→附录①P.4
Pacific DRIVE-IN →附录①P.6
bills 七里滨 →附录①P.6、本誌P.25
AMALFI CAFFE→附录①P.7
珊瑚礁 本店→P.23
TABERUNA RONDIINO→P.25
Amalfi Della Sera→P.25

MAP 附录②P.20 F-2

Le Trianon

用餐

☎0467-32-1111（镰仓王子大酒店）

提供富有变化的新型法式料理

从这家玻璃墙装修的餐厅，七里滨的景色可以一览无余。本店选用的食材均是为相模湾捕捞和采摘的，原汁原味、丰富多彩的法式料理。

休 无 休 L 7:00～9:30（10:00关 门）、11:30～14:30（15:00关门）、17:00～20:00（20:30关门）
所 镰仓市七里滨东1-2-18镰仓prince hotel2楼
交 江之电七里滨站出发步行8分钟 P 130个停车位

←闲适得品尝这里的正宗法式料理，很受欢迎

MAP 附录②P.20 E-1

灵光寺

●れいこうじ

观光

☎0467-31-6547

与日莲求雨传说有关系的寺庙

建在楼台上属于日莲宗的寺庙。1271年的大干旱时，日莲在诵读法华经来求雨，狂风呼啸，大雨将至，因此建造了这座寺庙。

L 院内自由 所 镰仓市七里滨1-14-5 交 江之电七里滨站出发步行10分钟 P 无

←在日莲求雨的地方建造

MAP 附录②P20. E-2

镰仓KATSU亭ARA珠七里滨总店

●かまくらかつていあらたま しちりがはまほんてん

用餐

☎0467-31-0021

能够品尝到使用山百合猪肉的炸猪排

本店的炸猪排是神奈川县产的猪肉制作而来。从店里可以将湘南的海一览无余。还有打包区，可以在那买到便当。（预计2016年3月业务有变动）

休 无休 L 11:00～21:00（22:00关门） 所 镰仓市七里滨1-3-18 交 江之电七里滨站出发步行2分钟 P 18个停车位（公用）

←ARA珠季节御膳2484日元

MAP 附录②P.21 B-2

满福寺

●まんぷくじ

观光

☎0467-31-3612

与源义经有渊源的真言宗寺院

这里是僧人行基建造的真言宗大觉寺派的寺院。在壇浦之战中讨伐平家的源义经，惹怒其兄源赖朝，被阻止进入镰仓，为了得到兄长的允许，他写了封“腰越状”，据说就是在这里准备此事的。

休 无休
L 9:00～17:00
¥ 门票200日元、中学生100日元
所 镰仓市腰越2-4-8 交 江之电腰越站出发步行3分钟 P 无

←与源义经有渊源的残留史迹的寺院

MAP 附录②P.20 F-3

七里滨

●しちりがはま

观光

☎无

当选“日本海岸百选”的人气海滩

位于稻村崎和小动岬之间的广阔海岸。最近的七里滨站旁边是帆板运动地，这里的海上运动也很流行。散步时间自由镰仓市七里滨从江之电七里滨站出发

L 散步自由 所 镰仓市七里滨 交 江之电七里滨站出发步行3分钟 P 无（临近有收费停车场）

←空气好的时候，可以清晰地看到富士山

MAP 附录②P.20 F-2 まっぷる 1401-0600

鱼亭

●おさかなてい

用餐

☎0467-31-9890

使用鱼港直送的沙丁鱼制作的料理

这是家传统店铺，使用本地腰越港新鲜捕捞的鱼制作料理。据评价在这里可以品尝到特别美味的沙丁鱼，生鱼片自不用说，鱼圆也一定要尝一尝。

休 星期四 L 11:30～14:30（L.O.）、17:00～21:30（L.O.）
所 镰仓市七里滨东3-1-9 交 江之电七里滨站，乘坐江之电公交七里滨循环线，2分钟后在樱花步行街入口下车即到 P 10个停车位

←B套餐寿司、炸紫苏叶、鱼丸汤）2808日元

MAP 附录②P.20 E-2

AMALFI DOLCE

●アマルフィドルチェ

咖啡

☎0467-38-1911

除了蛋糕，烤制点心也很受欢迎

除了含柠檬的蛋糕，这里还云集了布丁啊蛋糕卷等意大利原汁原味的甜点。法式油酥蛋糕、饼干等烤制点心十分丰富。

休 无休 L 10:00～19:00 所 镰仓市七里滨1-2-4
交 江之电七里滨站附近 P 18个停车位（公用）

←富含柠檬浓缩汁的DERITSUIA · RIMOONE”400日元

MAP 附录②P.20 H-3

镰仓海滨公园（稻村崎）

●かまくらかいひんこうえん（いなむらがさき）

观光

☎0467-45-2757（镰仓市公园协会）

沉醉在湘南的绝美景色里

经常成为电影场景的海滩作为帆板运动的发祥地很有名。江之电从稻村崎站到镰仓高中前站为止驶过海岸线，从车窗可以看到大海。

L 散步自由 所 镰仓市稻村崎1-19 交 江之电稻村崎站出发步行5分钟 P 无（附近有收费停车场）

←从海边可以看到富士山和江之岛

MAP 附录②P.20 G-3

R OLD FURNITURE

●アールオールドファニチャー ☎0467-23-6172 购物

位于路边的和式家具店

古董家具和杂物等，本店买进很久以前流传下来的物品，然后再次出售。店里陈列着从明治时代到昭和初期具有使用感的家具和杂货。

休星期一、二 L12:00至日落 所镰仓市稻村崎3-7-14 🚃江之电稻村崎站出发步行4分钟 P无

←怀旧情怀的装修风格引起乡愁

MAP 附录②P.20 G-3

稻村亭

●いなむらてい ☎0467-24-8101 购物

小火烘焙，碳烤猪肉

这是一家沿着江之电的线路，具有60年历史的烤猪肉店铺。一代一代相传的秘诀，使用自家特制的锅，在木炭中一条一条烤制好猪肉。

休星期二、第3个星期三 L9:30～18:30 所镰仓市稻村崎1-13-25 🚃江之电稻村崎站出发步行3分钟 P1个停车位

←人气商品碳烤猪肉1份900日元～

MAP 附录②P.20 H-2

和食处Tsukiyama

●わしょくどころつきやま ☎0467-23-6772 用餐

在优质的环境里享受一顿讲究的美食

这是远离城市的喧嚣的隐秘和式餐厅。安静优雅的空间里，本店提供的是"在家里尝不到的感动"更讲究耗费功夫制作的料理。

休星期一(节假日为翌日休息) L11:30～14:00(L.O.)、17:30～20:00(L.O.) 所镰仓市稻村崎1-12-10 🚃江之电稻村崎站出发步行3分钟 P4个停车位

←店里除了和室之外也有洋式房间

MAP 附录②P.20 H-3

稻村崎温泉

●いなむらがさきおんせん ☎0467-22-7199 温泉

据评水质可以让皮肤更加光滑细腻

这里是位于国道134号路边的当日往返温泉。泉水据说有"美人水"之称，是富含钠元素与苏打水的矿物泉水，可以使皮肤变得光滑细腻。

休不定期休息 L9:00～20:00(21:00关门) ¥1400日元(未满18岁不可进入) 所镰仓市稻村崎1-16-13 🚃江之电稻村崎站出发步行5分钟 P38个停车位

←除了桑拿和凉水浴形式的室内浴池，也有露天浴池

MAP 附录②P.21 D-2

SEVEN MILES CLUB

☎0467-32-7580 购物

从夏威夷批发杂货出售

本店从夏威夷等海外购进大量的杂货和衣服，再出售。贝壳制的小首饰很受欢迎。还有小宝宝穿的衣服、靴子等。

休星期一 L11:00～19:00 所镰仓市七里滨2-17-9 🚃江之电镰仓高校前站出发步行3分钟 P2个停车位

←品种丰富很热闹拥挤的店内

MAP 附录②P.20 F-2

料理番SARAI

●りょうりばんさらい ☎0467-31-0803 用餐

新鲜的海鲜美味十足

本店提供健康安全，有益身体的料理。最受欢迎的是"海鲜沙拉"。使用时令的本地鱼与蔬菜拌上自家制作的腌渍沙拉调料。

休星期三(节假日正常营业)、其他不定期休息 L11:30～14:30(15:00关门)、17:00～21:00(21:30关门) 所镰仓市七里滨东3-1-11 🚃江之电七里滨站出发步行15分钟 P5个停车位

←人气"海鲜沙拉"1620日元

旅行贴士！

急坡『七高大道』知道的人都明白它是观景大道

在镰仓王子大酒店和七里滨高中之间的坡道，称为「七高大道」。如果骑自行车上坡时会非常困难，但是乘坐江之电驶过时，能够眺望到大海，因而它成为观景大道，屡屡在电视中露面。这里看到的海与在岸边看到的是不同的，有一种别样的魅力。

←从七里滨站走过来要5分钟多

MAP 附录②P.20 F-2

MAP 附录②P.20 E-2

CherShore

●シェルショア ☎0467-33-2198 购物

以加利福利亚与夏威夷海岸为基础风格的店铺

2008年开业的人气商店。本店以与大海相似的轻松氛围为主，无论是成人小孩，商品种类丰富。

休无休 L12:00～18:00(周末～19:00、7～9月11:00～) 所镰仓市七里滨1-1-1 WEEKENDHOUSE ALLEY 1楼 🚃江之电七里滨站附近 P41个停车位

←店内装修时尚明亮

MAP 附录②P.20 F-2

Lumiere du b

☎0467-81-3672 购物

出售有机食材制作的面包

本店多数售卖有机食材制作的面包。使用时令水果制作的面包，或者用斯佩尔特小麦制作的面包等，店内共有20多个品种。

休星期日、一 L11:00～19:00 所镰仓市七里滨东3-1-30-101 🚃江之电七里滨站出发步行15分钟 P2个停车位

←有益身体的烤面包

了开山建造的道路

巡游7个主要通路

通称“镰仓七口”

三面环山的镰仓，以上都是作为陆路而挖掘的古道。现在也保留着当时的风格，去人称“镰仓七口”的道路看看吧。

通路是什么?

为了老百姓与军事物资的通行输送而开山建造的道路。四面环着大山与海洋的镰仓，虽然说这样的地形有利于防御敌军的进攻，但也限制了物资的输送与老百姓的通行，为了解决这一问题，据说北条泰时开山炸路，才有了这通路。镰仓现在留下来的主要是7条通路，被称为“镰仓七口”。

●かめがやつさかきりどおし

龟谷坂通路 史跡

北镰仓区域

这是连接北镰仓的山之内到扇谷的道路。传说中这条路连乌龟看到都会望而却步、放弃前行，十分凶险，因此取了这个名字。以前从山崖上掉落下来的石头堵住了道路，因此是条相当危险的道路，但是现在重新铺装了之后，虽然坡道比较吃力，但是总归好走了不少。初夏时节，山之内那边可以边走边欣赏开放的绣球花。

所镰仓市扇谷、山之内　JR北镰仓站出发步行15分钟

MAP附录②P.16 E-4

乌龟也望而却步的急坡

绿荫围绕的古道

↑绿荫环绕的幽静道路，如今作为日常道路，很多本地人也在此通行

→通路的顶部附近的岩壁上，六地藏立于此

●こぶくろざかきりどおし

巨福吕坂通路 史跡

北镰仓区域

在这里感受庚申塔和道祖神的石制建筑等名胜古迹

→被称为“镰仓坂洞门”的是巨福吕坂的新路。道路上方安装有遮阳棚

这条路是鹤岗八幡宫背面的雪之下方向一直去往北镰仓的。据说是1240年，奉北条泰时之令人开拓的道路。这条道路现在因为中间有私人土地，所以已经不能通行，想要通过这里去北镰仓是行不通的。旧道的东边是县道21号方向，这里就成为巨福吕坂的新路。

所镰仓市雪之下2　JR镰仓站东口出发步行15分钟

MAP附录②P.16 F-5

←登上左边的阶梯，这里是通向青梅圣天社的道路

●あさいなきりどおし

朝夷奈通路 史跡

金泽街道·二阶堂区域

这是从横滨的金泽地区进入镰仓地区的通路，现在也维持着旧日模样。过去是运输关东物资的重要通道，至今还流传着这里是武将和田义盛的三子朝夷奈义秀一夜之间开拓出来的传说。坡道的高低差不大，没有那么陡峭，算是一条相对好走的通路。

所镰仓市十二所、横滨市金泽区　JR镰仓站坐往十二所方向的京急公交，十二所神社前下车，步行10分钟

MAP附录②P.8 G-3

↓岩壁上可以看到几个窟墓，抬头的位置有无形的压迫感

↓是直接雕于岩壁之上的佛像，似乎是为了守护来往的过路人，一直微笑着

这条重要通路中间粗削去留下的岩壁上，雕刻着磨崖佛。

↓脚下容易打滑，注意安全

仍然明显保留着昔日的残影,七口的长路还在继续

古道险恶,体会真正的通路中的奥妙

↑这个地方被称作“大空洞”，拔开狭窄的遮蔽，里面别有洞天

↑也有阶梯，据说为后世所造

↓曼陀罗堂窟墓群。开放时间有限制

●なごえきりどおし

名越通路 史跡

大町·材木座区域

这条道路连接三浦半岛与镰仓，据说是为了海上交易而开拓的主干道。路的名字据说是从“难越”变化而来，才有了现在的“名越”，是为了表达想要走完这条路是非常不容易的意思。如今它因坡度过于陡峭、不好下脚等原因仍然是非常危险的道路。

所镰仓市大町、逗子市小坪、久木　JR镰仓站坐往逗子方向的京急公交，名越站下车，步行25分钟

MAP附录②P.8 F-5

镰仓知乎关键字

●かまくらござん
镰仓五山

“五山”是指向南宋时代的中国学习而来，禅宗寺院的等级制度。为了制约实力日益增长的寺院，北条氏采用这一制度。镰仓时代还有“尼五山”这样的尼姑庵的等级制度，现在留下的只有东庆寺。

←游客络绎不绝“镰仓五山”之首的建长寺

一位 建长寺	MAP附录②P.16 F-4	二位 圆觉寺	MAP附录②P.16 D-1
三位 寿福寺	MAP附录②P.12 G-3	四位 净智寺	MAP附录②P.16 D-3
五位 净妙寺	MAP附录②P.18 F-4		

→传说中梶原景时清洗刀上的血渍，而用的是朝夷奈通路的水

●かまくらごすい
镰仓五水（镰仓五名水）

在水质恶劣的镰仓，于江户时代选出了5处泉水。分别是钱洗辩财天的钱洗水、朝夷奈通路的梶原太刀洗水、名越通路的日莲乞水和现在已经消失的建长寺前的金龙水及不老水。

梶原太刀洗水	MAP附录②P.8 G-3
金龙水（现无）	MAP附录②P.16 F-4
不老水（现无）	MAP附录②P.16 F-4
钱洗水	MAP附录②P.12 E-2
日莲乞水	MAP附录②P.8 F-5

●かまくらじっきょう
镰仓十桥

流过市内的滑川上有十座代表性的桥梁。过去都是富有情调的桥梁，现在几乎都是水泥制造，像夷堂桥、歌桥、琵琶桥这样的桥是现存的，还有像乱桥啊胜桥这样的残桥。

↑夷堂桥长为11米的短桥。位于本觉寺门前

歌桥	MAP附录②P.18 D-4		
筋违桥（现无）	MAP附录②P.19 B-4		
逆川桥	MAP附录②P.14 G-2	乱桥（现无）	MAP附录②P.14 G-3
裁许桥	MAP附录②P.14 F-1	针磨桥	MAP附录②P.20 H-2
夷堂桥	MAP附录②P.14 G-1	胜桥（现无）	MAP附录②P.12 G-3
琵琶桥	MAP附录②P.14 F-2	十王堂桥	MAP附录②P.17 C-1

←海藏寺的底脱井。位于正门前右边，里面蓄满了水

●かまくらじっせい
镰仓十井

离海很近的镰仓，过去非常珍惜冒出泉水的井，在这当中，把涌出名水的10口井称为“十井”。有极乐寺坂通路附近的星月之井、明月院的瓶之井、净智寺的甘露井、海藏寺的底脱井等。

铁之井	MAP附录②P.11 B-1	底脱井	MAP附录②P.16 D-5
泉之井	MAP附录②P.16 F-6	铫子井	MAP附录②P.14 H-3
星月井	MAP附录②P.15 B-3	六角井	MAP附录②P.8 E-5
瓶之井	MAP附录②P.16 E-2	甘露井	MAP附录②P.16 D-3
栋立井	MAP附录②P.18 D-1	扇之井	MAP附录②P.16 E-5

●やと
谷

山峦绵延，皱褶与皱褶之间的低谷就叫作“谷户”或“谷”。在这个低谷，可以建造道路，也有很多寺庙建在此处，街市由此发展起来。

↓平地很少的镰仓是山与谷构成的

●やぐら
窟墓

将山的岩表掏空做成墓穴。因为平地甚少，为了保证墓地可以使用，窟墓可以说是镰仓特有的产物。山顶也好，住宅街也好，都有保留，数量据统计在3000~4000。

↓门口大开的洞穴实际上是墓穴。在镰仓到处保留着

●けわいざかきりどおし
假妆坂通路

史跡

镰仓站西口区域

过去作为连接东京——琦玉方向与镰仓的道路，是重要的出入口，因此成为新田义贞攻打镰仓时的古战场。因其为防御上的重要场所，它的斜度可以说是“镰仓七口”中最为陡峭的。与其说是石阶倒不如说是岩阶铺成的道路比比皆是，距离较短。上坡后是源氏山公园。

所 镰仓市扇谷4以外　交 JR镰仓站西口出发步行20分钟

MAP附录②P.12 E-2

←露出岩石表面，富有生机的道路向远方延伸

镰仓鸟瞰图

南面有宽广的大海且三面环山的镰仓，中心地带是城市的瞭望楼，山担当着城墙的角色，通路则起着“城门”的作用。因为山峦众多，地势复杂也是其一大特征。

这里通路也很有名

●しゃかどうきりどおし
释迦堂通路

切断了住宅街，好似突然就出现一半的通路。洞门有崩塌的隐患，现在禁止通行。

→旁边还有葛原岗·里大佛远足路线

●だいぶつきりどおし
大佛通路

史跡

长谷·由比滨区域

保留在如今的大佛隧道的山上的，是连接长盘与长谷的道路。因其是在左右都有岩壁的情况下建造的狭窄坡路，阻挡道路的大石头到处都是，因此想要轻松走过去不太可能。这里还有窟墓群、苔藓丛生的道路，保留了古代的风情，酝酿出幽静玄秘的氛围。

所 镰仓市笛田、长谷　交 JR镰仓站坐往藤泽方向的江之电公交，大佛坡下车，步行4分钟

MAP附录②P.13 A-5

●ごくらくじざかきりどおし
极乐寺坂通路

长谷、由比滨区域

不仅是连接坂之下与极乐寺的道路，更是藤泽方向，甚至是连接京都与镰仓的西玄关。现在道路重新修整，已没有旧时的模样，以前据说高度与成就院的正门前等同。现在，这条路的坡度也没有那么陡峭，作为生活道路，平时不仅人来人往，更成为通车的道路。

所 镰仓市极乐寺2　交 江之电极乐寺站出发步行3分钟

MAP附录②P.15 B-3

↓一部分已经是混凝土的墙壁

人气酒店

开放的「好莱坞双人房」。睡得舒心的床与治愈系景色

在这里，江之岛岛上空气澄澈时您可以看到富士山

来到镰仓的度假宾馆优雅的旅居

七里滨 镰仓王子大酒店

かまくらプリンスホテル

位于高楼的全室海景酒店。客房里有很大开放感的窗户，透过那里能看见相模湾。还有能品尝法式菜的料理店与高尔夫练习场等设施，十分完备，在这里您能充分感受到度假气氛。

0467-32-1111
IN15:00 OUT12:00
¥T48351～55598日元／W48351日元／SU123433日元
所镰仓市七里滨东1-2-18
江之电七里滨站步行8分钟
P116个停车位
MAP附录②P.20 F-2

"西餐馆特里亚侬"，享受正宗的法式料理

能在长谷信步！展望大海的都市酒店

长谷 镰仓公园宾馆

かまくらパークホテル

镰仓大佛与长谷寺都在步行圈内。这是在海边建造的欧洲风格的酒店。馆内配备意大利亚的家具，西式房间与和式房间都完备。料理店除了使用本地生产食材的法国料理，也有和式料理店。

展现相模湾绝景的「海洋双人房」。独自占有碧海与夕阳景色吧

0467-25-5121
IN15:00(2016年3月前是14:00) OUT11:00 ¥26000～38000日元／SU6万～72000日元 所镰仓市坂之下33-6 江之电长谷站步行8分钟 P60个停车位
MAP附录②P.15 B-4

精通使用讲究的镰仓食材的「镰仓法式」

全开放型欣赏大海景色。将其作为观光的据点利用起来吧

娴静氛围的纯和风的课室、宽敞的空间

这位于片濑海岸的旅馆，去往江之岛

新鲜的海味充足的用餐也是在这里您

伫立片濑海岸惬意的旅馆

江之岛 纪伊国屋旅馆

きのくにやりょかん

落脚离海极近的位置娴静氛围的和风旅馆。不仅是江之岛，离片瀬江之岛车站也很近，这里是江之岛周边观光最好的选址。在这里您可以享受新鲜的海鲜美味，还可以去岩石浴池游玩等，在这里的悠闲自得惬意，也是魅力的一种。

0466-22-4247
IN16:00 OUT10:00 ¥8640～11880日元（1晚2餐） 所藤泽市片濑海岸1-13-16 小田急江之岛线片濑江之岛站前 P5个停车位
MAP附录③P.12 B-5

鲜艳的色彩魅力十足！湘南的海滨度假

大矶 大矶王子大酒店

おおいそプリンスホテル

这是与大矶长滩一同设立的度假酒店。这里眺望的视角绝佳，从海侧的客室能展现相模湾的绝景，从您居住的房间里也能看见富士山。料理店、酒吧娱乐室、网球场、高尔夫课程和保龄球中心等各项设施，在这里也有配备。

海风舒适的海景双人房

从镰仓坐电车大约30分钟。除了夏天之外还有很多充实的活动！

0463-61-1111
IN15:00 OUT12:00
¥T4395～26017日元／W6058日元～／SU13543日元～ 所大矶町国府本乡546 JR大矶站坐出租车7分钟 P400个停车位
MAP见右图

从大窗户那里享受对大海的眺望，在料理店享受绝佳的美味

※住宿费基本上是按两人一间的情况来算，其中一个人需要支付的费用。

\ 与酒店不一样的住宿体验！ /

小旅馆 试着去入住吧！

与酒店相比，您可以更为轻松地入住小旅馆。在个性房间里的住宿可以作为镰仓之旅的美好回忆。新客人也要试着去温馨的家庭式房间哦！

女性专用的多人贵宾室

进口砖一阶一阶堆砌而成，显现出厚重的外观。这里也有租赁自行车的业务

使用者聚集的前厅。作为小憩的场所这里一直是十分热闹的地方

也有各种活动的愉快房间

长谷·由比滨

IZA镰仓小旅馆&酒吧

イザかまくらゲストハウスアンドバー

从长谷车站步行两分钟就能到达的拥有绝佳选址的小旅馆。它给人以欧洲别墅般感觉的外观，还有讲究的室内景色也是其特征之一。里面也有酒吧。

0467-33-5118 IN15:00 OUT10:00 ¥多人间/3500日元~ 单人间/8000日元~ 所镰仓市坂之下11-7 江之电长谷站步行2分钟

MAP附录②P.15 B-3

时间从容流淌的小旅馆

湘南深泽

有炕炉的旅店 镰仓小旅馆

いろりのあるちいさなおやどかまくらゲストハウス

以前宫殿木匠为家族建造的没有使用钉子的房子

这里一如既往采用木制，也就是您现在看到的建成的住宅小旅馆，既有复古的感觉，也能感受到清洁温暖。原来的日式饭馆，配有超大的炕炉空间。

0467-67-6078 IN14:00 OUT10:00 ¥多人间/3000日元~、单人间/15000日元 所镰仓市常盘273-3 JR镰仓站东口乘江之电公交，方向为去往藤泽、梶梗山方向，乘坐15分钟，梶原口下车

MAP附录②P.9 D-3

共有的空间里有炕炉。因为地下有酒吧，您肯定想体验一下

房间有单间和男女分开的宿舍。行家亲手制作的和式褥子总是松松软软的

仅周末开放的小旅馆

长谷·由比滨

小旅馆 镰仓 乐庵

ゲストハウスかまくららくあん

娴静氛围的和室。就像古民家一般的古式构造

2015年5月开张的小旅馆。这里的客人包括一个人旅行或者是从海外而来的旅行者，各色各类。也没有厨房，所以您也能自己做饭。

0467-53-9666 IN15:00 OUT10:00 ¥多人间/3000日元 所镰仓市坂之下16-11 江之电长谷站步行3分钟※只有周末开放，2016年4月以后有变动。需要询问

MAP附录②P.15 B-3

因为这里位于从长谷车站步行三分钟的地方，对于观光也是便利的选址

公共的起居室。这里是为了方便各位旅行者之间的交流

日本画家 石田诗织氏在墙上绘制的日本画《华之间》

把古民家进行艺术性更新

从镰仓站的西口步行三分钟

艺术的作品装饰房间

镰仓站西口

Villa Sacra

ヴィラサクラ

改装了这个建造时间有80年以上的由古民家，美术家，写真家，日本画家等艺术家们共参与制作的小旅馆。以和为基准的个性房间，魅力十足。

0467-22-5311 IN16:00 OUT12:00 ¥单人间/4000日元~ 所镰仓市御成町13-29 JR镰仓站西口步行3分钟

MAP附录②P.11 A-4

从预约到入住 小旅馆使用流程

「小旅馆是怎样的地方？」「怎样使用呢？」为这样提问的新客人介绍使用流程。

1 首先是预约

因为小旅馆不能接收像宾馆那样多的人，所以推荐预约后再去。如果您是第一次预约，预约的时候要确认您比较在意的地方，所以用电话预约的方式比较好。

2 登记（入住）

登记的时间大致在15:00—16:00比较多。晚饭如果您是去外面吃的情况下，万一赶不上登记时间，需要提前跟店里取得联系。

3 晚饭在外面吃或者买回来吃

小旅馆一般不配备饮食。因此您最好选择外面用餐或者带回来吃。因为也有设厨房的房间，所以事先确认一下店里的设施比较好。

4 房间如果是合住您需遵守礼仪

虽然也有单人的房间，但宿舍这样的多人间是基本配置。因为房间是共享的，所以需要严守礼仪规范。

遵守礼仪舒适的旅居

5 早餐也是外食

因为不配备饮食，所以您可以去提供早餐的咖啡馆和料理店！如果是当天往返，在镰仓基本没有吃早餐的机会，所以享受只有小旅馆才有的机会吧！

6 退房出发

因为是自助，所以使用的寝具等需要您自己处理，集中行李退房。洗漱台等公共部分不要弄得乱七八糟，检查一下有没有遗忘的东西，然后就出发吧！

“喂！去镰仓！”全面介绍便捷又省钱的通道

镰仓交通指南

镰仓周边铁道路线图

1 从首都圈出发的铁路通道

从东京站或新宿站出发大约1小时到达。大多数情况下，使用自由票是比较省钱的，因此乘车前请务必购买自由票。（参照左边）

镰仓站成为观光的据点所在。JR横须贺线和JR湘南新宿线是要干线路。

前往镰仓站、北镰仓站，需搭乘横须贺线。乘坐与横须贺线相连的湘南新宿线，也无需换乘便可直接到达。乘坐小田急线从江之岛出发的观光路线也受欢迎。

知道就有用！ 4要点

1 湘南新宿线的换乘

JR湘南新宿线一直开往东海道本线（上野东京线）的横滨以西。户塚站交通比较便利，推荐在这里进行换乘。

2 无需换乘的安心线路

从东京站出发搭乘横须贺线的话，无需换乘就可到达。不用为路线问题烦恼就可到达，因此令人放心。

3 区域自由行的优惠券

不要忘了事先购买附有各种优惠的打折券。

4 去江之岛观光的话，请搭乘小田急线！

比起镰仓更想去江之岛的游客，小田急线是最佳选择。一直乘车到达片濑江之岛，在江之岛尽情观光游览吧。

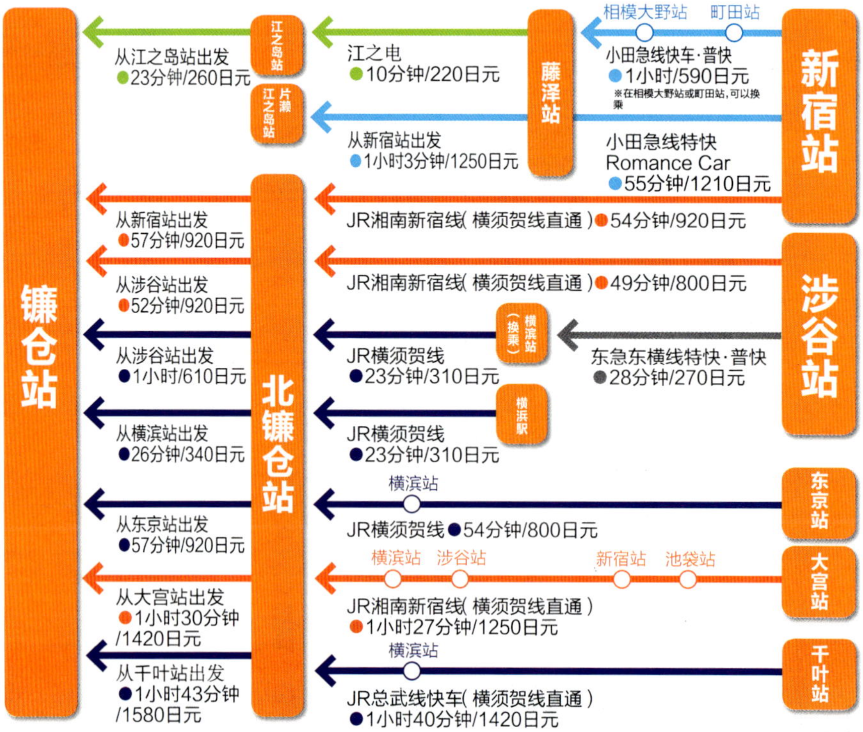

明智选择！自由票

镰仓观光的交通工具，自由票！

不仅可以自由随意搭乘电车以及公交，还在参观费以及餐饮费上给予优惠打折，十分划算。

1 在出发站购买比较划算

不管是在JR还是在小田急线，都有卖自由票的场所。
从出发站购买自由票的话，到镰仓的往返过程中可以得到充足优惠。

从JR到江之电·单轨列车，皆可自由乘坐
镰仓·江之岛月票

有效期1天

藤泽—大船—镰仓站之间的JR线普通列车（包括快车）的普通车自由席位和江之电·湘南单轨列车全线，这些线路范围内可自由搭乘。自由区域内的往返车票需要另外购买。

乘车自由区间

湘南单轨列车全线
↕
江之电全线
↕
JR藤泽站—大船站—镰仓站

成人	儿童
700日元	350日元

附赠优惠券 十分适用于乘坐小田急线来江之岛观光
江之岛·镰仓自由月票

江之电全线与小田急线藤泽站—片濑江之岛站，之间可以自由搭乘。并且以江之岛的旅游设施为中心，附赠优惠。

※ 出发站—藤泽之间的小田急线的乘车只限往返一次 ※ 有西武线版、相铁线版、东急田园都市线版

乘车自由区间

江之电全线
↕
小田急线藤泽站—片濑江之岛站

有效期1天

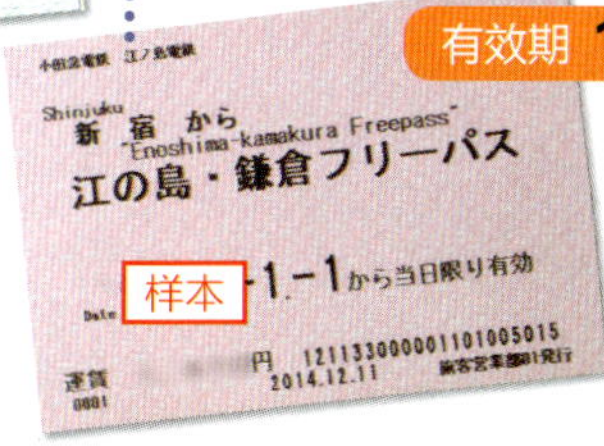

主要出发点	成人	儿童
●新宿站	1470日元	740日元
●新百合丘站	1170日元	590日元
●町田站	1020日元	510日元

在与汽车并行的区间中的江之电

连接江之岛与大船的湘南单轨列车

在镰仓文学馆，通过自由月票的提示，门票有折扣

在新江之岛水族馆，通过自由月票的提示，门票也可获得折扣

2 在镰仓中心部，用这个网罗各种路线

在镰仓中心部电车指定区间和5条路线内，可随意乘坐公交

附赠优惠券 镰仓自由环境票“赖朝票”

对于想要只在中心范围的自由票的人们来说，这个再合适不过了。贩卖场所在镰仓市综合案内所，以及江之电镰仓站·长谷站等。

※1月1～3日停止出售。不可预约购买

有效期1天

成人	儿童
570日元	290日元

公交5号线 乘车自由区间（从镰仓站东口出发）

北镰仓 / 净明寺 / 大塔宫 / 名越 / 大佛前

＋

乘车自由区间 江之电镰仓站—长谷站

3 想单独游玩的人，请使用这个

针对决定好游玩路线的人们，也有单独自由票

附赠优惠券 江之电一日乘车券 上下君

有效期1天

江之电全线范围内可随意搭乘，同时针对主要旅游设施也附赠优惠折扣。以江之电为中心游览，这种乘车券较为划算。江之电全站皆有出售。

乘车自由区间

江之电全线

成人	儿童
600日元	300日元

附赠优惠券 湘南单轨列车一日自由券

在湘南单轨列车各个站点的自动贩卖机皆有售卖。在湘南单轨列车全线范围内可随意搭乘，还附赠优惠，如在饭店就餐可享受折扣等。

乘车自由区间

湘南单轨列车全线

有效期1天

成人	儿童
600日元	300日元

2 从首都圈出发的私家车线路

前往镰仓的线路，一般是从横滨横须贺道路的朝比奈IC、日野IC或横滨新道终点出发。由于镰仓诸多地区存在堵塞现象，请熟练使用停车换乘系统（参照左页）

注意避免在干线道路的十字路口附近通行

镰仓在各方面对车辆通行制定了许多规定，这个地区交通堵塞现象经常发生。从横滨横须贺道路道路的朝比奈IC出发前往市中心的时候，经过逗子高原，再从小坪、材木座方向进入市中心的话，会比较顺畅。要想避开位于市北部镰仓街道（县道21号）的镰仓女子大前和小袋谷这两个交叉路口的交通堵塞，可以通过县道203号、302号穿过JR大船站的西口侧就可以了。另外，前往江之岛方向的时候，如果只是想顺畅到达的话，可以从镰仓，藤泽各个方向通过镰仓山、西镰仓地区。从横滨新道出发前往藤泽，途中的藤泽桥交叉路口处也是交通堵塞多发地点。前方左拐，从县道402号、312号行驶进入藤泽市街比较方便。

所需时间·费用	目的地	道路	出入口	经由					出发
1小时20分钟 1340日元	镰仓站	204	朝比奈IC	首都高速（途经羽田线、台场线、湾岸线、并木），横滨横须贺道路					霞关入口
1小时20分钟 2020日元	镰仓站	204	朝比奈IC	第三京滨道路 横滨新道、横滨横须贺道路	玉川IC	环状八号	用贺出口	首都高速	霞关入口
1小时15分钟 1290日元	大船站	23 21	日野IC	首都高速（途经羽田线、台场线、湾岸线、狩场线、狩场），横滨横须贺道路					霞关入口
1小时15分钟 1760日元	大船站	23 21	日野IC	第三京滨道路 横滨新道、横滨横须贺道路	玉川IC	环状八号	用贺出口	首都高速	霞关入口
1小时40分钟 1140日元	江之岛大桥	467 1	横滨新道终点	首都高速（途经羽田线、横羽线、三泽线），横滨新道					霞关入口
2小时 1340日元	江之岛大桥	134 204	朝比奈IC	首都高速（途经羽田线、台场线、湾岸线、并木），横滨横须贺道路					霞关入口

通行费用都是按普通车标准的一般费用，不使用ETC

停车 & 换乘的注意点

共用停车场
停车场是和一些停留普通车的人共用的，因此有时会出现混乱，请耐心等待。

注意停车时间
停车超过指定时间 4~6 小时的话，需要追加停车费用。

只限轿车使用
二轮车无法使用停车场，还请注意。

注意停车场的营业时间
除了稻村崎 24 小时营业以外，其他停车场则是如果超过该停车场的营业时间，则会直到第二天才能开车出库。

系统运作会暂停
全部的停车 & 换乘系统将在 7、8 月间暂停运作。而由比滨停车、换乘系统也会在 1 月 1 日 ~3 日期间暂停系统运行。

明智选择！

停车 & 换乘

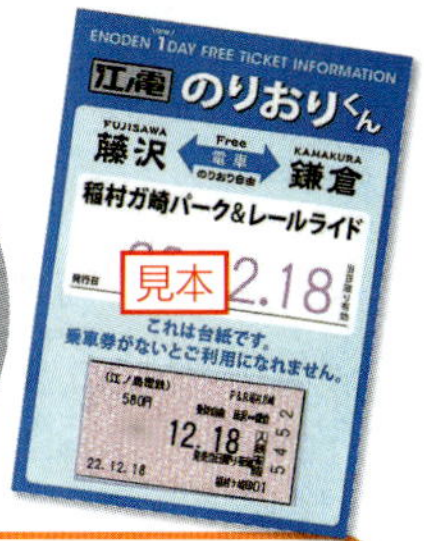

停车 & 换乘的使用步骤

❶ 从指定的停车场中选择汽车停靠点
镰仓周边有 4 所指定的停车场，根据自己想去的地点从中选择停车场。

❷ 拿着停车券前往申请处
停好车之后，拿着入库停车券前往申请处（停车场管理事务所或者江之电的车站）办理停车、换乘的申请。

❸ 拿着自由券GO！
手握江之电或公交的自由券，开启一日自由乘车的旅途。2 名分的自由券是包含在停车费用中的，好好利用这自由券，玩遍镰仓吧！

既有停车费和自由券组成套餐的特价优惠，更有旅游景点的折扣以及在赞助店的特别服务。

镰仓道路情况复杂，停车场也不多。因此不推荐开着私家车到处在旅游景点观光。于是，停车换乘系统的出现正是人们所希望的。停车场稍稍远离中心部，将车停在这里之后，使用自由券就可乘坐电车或公交到处观光。在镰仓周边有4家停车场使用这套系统，费用也十分划算。

停车&换乘停车场	江之岛 停车&铁轨换乘 江之电停车中心 MAP 丨右页	稻村崎 停车&铁轨换乘 稻村崎停车场 MAP 丨右页	七里滨 停车&铁轨换乘 七里滨海岸停车场 MAP 丨右页	由比滨 停车&换乘 县营由比滨地下停车场 MAP 丨右页
一辆车的费用	1500日元	1800日元	1800日元	1660日元
费用所包含的东西	停车费用5小时 + ●江之电镰仓站—江之岛站的 1日自由券 2名分 + 赞助神社·设施·商店等的优惠	停车费用6小时 + ●江之电全线(镰仓站—藤泽站)的 1日自由券 2名分 + 赞助神社·设施·商店等的优惠	停车费用5小时 + ●江之电全线（镰仓站—藤泽站）的 1日自由券 2名分 + 赞助神社·设施·商店等的优惠	停车费用 4 小时 + 停车场至镰仓站·鹤岗八幡宫循环的区间车(福酱号)乘车费用(只限周末和节假日) ※存在停运日 ●江之电镰仓站—长谷站的 1日自由券& ●路线5的公交指定区间(和镰仓自由环境票一样)的 1日自由券2名分 + 赞助神社·设施·商店等的优惠
超过停车时间应付的追加费用	200日元/30分钟	300日元/1小时	200日元/30分钟	200日元/30分钟
最近车站	从江之电江之岛站步行10分钟	从江之电稻村崎步行3分钟	从江之电七里滨站步行3分钟	从江之电和田塚站或由比滨站步行5分钟
卖票时间	9:00～17:00	9:00～17:00	9:00～16:00	9:00～15:00
停车场营业时间	4:00～23:00	24小时	9:00～21:00	9:00～18:00
自由券追加费用	成人1张400日元/儿童1张200日元	成人1张580日元/儿童1张290日元	成人1张500日元/儿童1张250日元	成人1张460日元/儿童1张230日元
停车场空位情况咨询电话	☎0466-23-2441	不能通过电话确认	☎0467-32-1111(镰仓王子大酒店)	☎0467-61-2869
停车场的使用申请场所	江之电江之岛站售票窗口	江之电稻村崎站售票窗口	停车场管理事务所	停车场管理事务所

东京
迪士尼乐园
游乐设施尽情畅玩吧!

函馆山夜景
山麓的彩灯
函馆山山顶展望台
16
函馆

鳗鱼盖浇饭

[皖]版贸登记号：12161622

图书在版编目（CIP）数据

轻松游日本．镰仓·江之岛 / 日本昭文社编著；王志壮，管左婷，胡悦译．-- 合肥：安徽科学技术出版社，2017.7
ISBN 978-7-5337-7272-7

Ⅰ．①轻… Ⅱ．①日… ②王… ③管… ④胡… Ⅲ．①旅游指南－神奈川 Ⅳ．① K931.39

中国版本图书馆 CIP 数据核字 (2017) 第 130488 号

Mapple magazine
KAMAKURA
まっぷるマガジン
鎌倉

First original Japanese edition published by Shobunsha Publications,Inc. Japan
Chinese (simplified Chinese characters only) translation rights arranged with
Anhui Science & Technology Publishing House through CREEK & RIVER Co., Ltd.

原书创作人员
原书编辑：昭文社编辑部　原书采访协助：相关各市町村观光科、观光协会、相关各设施
原书照片协助：Aflo、镰仓观光协会

■本杂志登载的内容为2015年11月~2016年1月采访、调查的信息。

本杂志出版后，餐厅菜单、商品内容、价格等各种信息有可能会发生变更。另外，也会出现因季节而产生的变动和临时休业等情况。此外，消费税调整后，价格有可能会发生变更。因此，部分设施只显示税前价格。使用本杂志之时，请务必事先确认过后，再计划出行。另外，若因本杂志登载的内容发生意外或者损害，本公司恕不赔偿，请事先知晓，灵活使用。

●关于本杂志刊登的地图

制作地图之时，得到了日本国土地理院院长的认可，同时使用了国土地理院发行的《万分之一地形图》《两万五千分之一地形图》《五万分之一地形图》《数字地图（国土基本信息）电子国土基本图（地图信息）》《数字地图（国土基本信息）电子国土基本图（地名信息）》《数字地图（国土基本信息）地理空间地图信息（数字地形模型）》《电子地图25000》《地理空间地图信息》。（批准号码：平27情使、第14-278623号，平27情使、第15-278623号，平27情使、第16-278623号）

QINGSONG YOU RIBEN LIANCANG JIANGZHIDAO

轻松游日本　镰仓·江之岛　日本昭文社　编著　王志壮　管左婷　胡悦　译

出 版 人：丁凌云　选题策划：张　雯　责任编辑：张　雯
责任印制：李伦洲　封面设计：武　迪
出版发行：时代出版传媒股份有限公司　http://www.press-mart.com
安徽科学技术出版社　http://www.ahstp.net
（合肥市政务文化新区翡翠路 1118 号出版传媒广场，邮编：230071）
电话：（0551）63533323
印制：合肥华云印务有限责任公司　电话：（0551）63418899
（如发现印装质量问题，影响阅读，请与印刷厂商联系调换）

开本：889 × 1194 1/16　印张：11　字数：600 千

版次：2017 年 7 月第 1 版　2017 年 7 月第 1 次印刷

ISBN 978-7-5337-7272-7　定价：56.00 元